U0498191

# 新中国农业经营制度变迁

XINZHONGGUO NONGYE JINGYING ZHIDU BIANQIAN

胡小平 等 著

西南财经大学出版社

中国·成都

图书在版编目(CIP)数据

新中国农业经营制度变迁/胡小平等著．—成都:西南财经大学出版社,
2019.12
ISBN 978-7-5504-4135-4

Ⅰ.①新… Ⅱ.①胡… Ⅲ.①农业经营—经济制度—变迁—研究—中国—现代 Ⅳ.①F329.07

中国版本图书馆 CIP 数据核字(2019)第 202649 号

## 新中国农业经营制度变迁

XINZHONGGUO NONGYE JINGYING ZHIDU BIANQIAN

胡小平 等著

责任编辑:高小田
封面设计:墨创文化
责任印制:朱曼丽

| | |
|---|---|
| 出版发行 | 西南财经大学出版社(四川省成都市光华村街55号) |
| 网　址 | http://www.bookcj.com |
| 电子邮件 | bookcj@foxmail.com |
| 邮政编码 | 610074 |
| 电　话 | 028-87353785 |
| 照　排 | 四川胜翔数码印务设计有限公司 |
| 印　刷 | 四川五洲彩印有限责任公司 |
| 成品尺寸 | 170mm×240mm |
| 印　张 | 19.75 |
| 字　数 | 297 千字 |
| 版　次 | 2019 年 12 月第 1 版 |
| 印　次 | 2019 年 12 月第 1 次印刷 |
| 书　号 | ISBN 978-7-5504-4135-4 |
| 定　价 | 98.00 元 |

1. 版权所有,翻印必究。
2. 如有印刷、装订等差错,可向本社营销部调换。

# 出版说明

　　文承千秋史，潮引万水东。

　　1949 年中华人民共和国的成立，是中国有史以来最伟大的事件，也是 20 世纪世界最伟大的事件之一，中华民族的发展开启了新的历史纪元。1978 年，在中国共产党历史上，在中华人民共和国历史上，实现了新中国成立以来具有深远意义的伟大转折，开启了改革开放和社会主义现代化的伟大征程，推动了中国特色社会主义事业的伟大飞跃。中国特色社会主义道路、理论、制度、文化，以雄辩的事实彰显了科学社会主义的鲜活生命力，社会主义的伟大旗帜始终在中国大地上高高飘扬，中华民族正以崭新姿态屹立于世界的东方！

　　习近平总书记指出："哲学社会科学研究要立足中国特色社会主义伟大实践，提出具有自主性、独创性的理论观点，构建中国特色学科体系、学术体系、话语体系。""70 年砥砺奋进，我们的国家发生了天翻地覆的变化。""无论是在中华民族历史上，还是在世界历史上，这都是一部感天动地的奋斗史诗。"深刻反映 70 年来党和人民的奋斗实践，深刻解读新中国 70 年历史性变革中所蕴含的内在逻辑，讲清楚历史性成就背后的中国特色社会主义道路、理论、制度、文化优势，是新时代中国哲学社会科学工作者的历史责任。

　　从新中国成立到改革开放之前，中国共产党领导人民进行社会主义革命和建设，探索适合中国实际情况的社会主义建设道路，虽然经历过曲折，但总体上看，全面确立了社会主义基本制度，实现了中国历史上最深刻最伟大的社会变革，取得了独创性理论成果，成就巨大，为当代中国的一切发展进步奠定了根本政治前提和制度基础，为开创中国特色社会主义提供了宝贵经验、理论准备、物质基础。改革开放以来，从开启新时期到跨入新世纪，从站上新起点到进入新时代，中国特色社会主义迎来了从创立、发展到完善的伟大飞跃，中国共产党在理论、实践、制度等方面全面推进科学社会主义进入新阶段，科学社会主义在中国焕发出强大的生机和活力。可以说，中国共产党对社会主义理想百折不挠的追求、坚持不懈的实践，以及取得的举世瞩目的成就，为 5 000 年的中华文明注入了新的基因，使中国由贫穷落后走上小康之路，同时也极大地影响和改变着世界历史的发展进程。

经济社会比较落后的国家在革命胜利后如何建设社会主义，是社会主义发展史上的重大历史性课题；而新中国成立 70 年来，中国共产党建设社会主义的实践探索，是对这一历史性课题的成功"解题"。从"出题"到"解题"，中国每时每刻都在发生变化，我们必须要在理论上跟上时代，不断认识实践规律，不断推进理论创新、制度创新，在聆听时代声音中展现出更有说服力的真理力量。

"制度是关系党和国家事业发展的根本性、全局性、稳定性、长期性问题。"中国特色社会主义制度，是当代中国发展进步的根本制度保障，集中体现了中国特色社会主义的特点和优势。我们坚持完善和发展中国特色社会主义制度，不断发挥和增强我国的制度优势，在经济、政治、文化、社会等各个领域形成一整套相互衔接、相互联系的制度体系。

时代是思想之母，实践是理论之源。在回顾中国共产党引领中国人民绘就这一幅幅波澜壮阔、气势恢宏的历史画卷的同时，如何以马克思主义为指导，有分析、有选择地吸收和借鉴新制度经济学中的合理成分，站在新的历史起点，肩负起新时代的历史使命，系统梳理新中国成立以来我国经济社会制度的发展脉络，全面探究新中国经济社会制度的演进路径，以使我们更加清醒地认识新时代中国特色社会主义的历史方位，更加自觉地增强对中国特色社会主义经济社会制度的价值认同，从而构建基于我国自身伟大实践的具有深刻解释力的中国特色社会主义经济社会制度理论体系，是一个伟大而艰巨的时代课题。对"兴学报国"90 余载的西南财经大学来说，关注国计民生、破解经济现象、剖析社会迷局、贡献西财方案，本是"题中应有之义"；

对"经世济民，孜孜以求"的西财经济学人来说，能够站在学术高地，以理论和智慧主动服务国家战略，更是光荣使命，责任重大。

"成为中国高等财经教育的主要引领者、国际商科教育舞台上的有力竞争者、实现中华民族伟大复兴中国梦的重要贡献者"，这是西南财经大学在新时代的历史使命。围绕着"深化学术创新体系改革，增强服务国家发展能力"，西南财经大学第十三次党代会报告指出："深入贯彻落实加快构建中国特色哲学社会科学的意见，瞄准学科前沿和国家重大需求，以广阔视野、创新精神大力推进学术创新，在服务国家发展中彰显西财价值。"这就要求我们，要以原创理论成果和服务国家、行业及区域重大战略需求为主线，加快推进中国特色社会主义政治经济学等理论体系建设，产出一批具有时代影响力的原创性成果，彰显西财学术影响力。

西南财经大学是教育部直属的国家"211工程"和"985工程"优势学科创新平台建设的全国重点大学，也是国家首批"双一流"建设高校，理应在构建中国特色哲学社会科学学科体系、学术体系和话语体系，深刻解读新中国70年历史性变革中所蕴含的内在逻辑，讲清楚历史性成就背后的中国特色社会主义经济制度与社会变革的关系等方面有所作为。

西南财经大学结合自身学科专业特色、优势和"双一流"建设要求，组织相关学科专业学者梳理新中国成立以来经济社会制度的变革与实践，总结过往取得的成就和经验与教训，积极探索未来的发展方向与路径，策划了这套"新中国经济社会制度变迁丛书"并成功入选"十三五"国家重点图书、音像、电子出版物出版规划（新广出发〔2016〕33号）。该套丛书包括《新中国经济制度变迁》《新中国货币政策与金融监管制度变迁》《新中国保险制度变迁》《新中国社会保险制度变迁与展望》《新中国审计制度变迁》《新中国统计制度变迁》《新中国工业企业制度变迁》《新中国财政税收制度变迁》《新中国经济法律制度变迁》《新中国对外贸易制度变迁》《新中国卫生健康制度变迁》《新中国社会治理制度变迁》《新中国行政审批制度变迁》《新中国农业经营制度变迁》《新中国人口生育制度变迁》共计15册。

西南财经大学党委和行政高度重视这套丛书的编撰和出版，要求每本书的研究、编写团队要坚持以习近平新时代中国特色社会主义思想为指导，把学习、研究、阐释当代中国马克思主义最新成果作为重中之重；要扎根中国大地，突出时代特色，树立国际视野，吸收、借鉴国外有益的理论观点和学术成果，推进知识创新、理论创新、方法创新，提升学术原创能力和水平；要立足我国改革发展实践，挖掘新材料、发现新问题、提出新观点，提炼标识性学术概念，打造具有中国特色和国际视野的学术话语体系，形成无愧于时代的当代中国学术思想和学术成果，立足自身研究领域，为推动中国经济学、管理学学科体系建设做出贡献；要坚持用中国理论阐释中国实践、用中国实践升华中国理论，推动学术理论中国化，提升中国理论的国际话语权，并推动研究成果向决策咨询和教育教学转化。

本套丛书以习近平新时代中国特色社会主义思想为指导，力求客观真实地揭示新中国经济社会制度变革的历程，多维度、广视角地描绘新中国经济社会制度演进的路径，较为全面系统地总结中国共产党带领全国各族人民为实现国家富强、民族振兴和人民幸福的"中国梦"所进行的中国特色社会主义经济社会制度变革的伟大实践和理论探索。

历史车轮滚滚向前，时代潮流浩浩汤汤。历史是营养丰沛的最好的教材，70 年来中国共产党带领中国人民走过的路，是一部感天动地的奋斗史诗，是独一无二的实践经验，也是滋养理论研究的取之不竭的现实沃土。新中国 70 年的光辉历程，"积聚了千里奔涌、万壑归流的洪荒伟力"。我们应深深饱吸这 70 年波澜壮阔的变革中所蕴藏的丰饶的学术营养，立足当下，并在 21 世纪全球经济一体化的世界格局中观照我国改革开放的深化发展，以及经济社会和谐发展的本质要求，通过对经济社会最深层次、最具价值、最本质和最急迫问题的挖掘、揭示与探索，从波澜壮阔的历史回溯中提炼学术成果，提升理论自信；我们在解析历史的同时，也是以高度负责的敬业精神，用奋进之笔在书写着一部"当代史"。

当然，本套丛书只是对新中国经济社会制度变革问题进行系统性探索的开始，我们希望并相信本套丛书能够引起更多的哲学社会科学工作者，尤其是相关经济、管理学界的学者的关注，从而推动新中国经济社会制度变迁的纵深研究，为中国特色社会主义制度变革和创新提供更多更好的理论依据和决策支持。因历史资料搜集等方面存在的差异，书中的观点和方法还有许多不完善、不成熟之处，敬请读者批评指正。

# 目录 *M* ULU

第一章　绪论 ……………………………………………………… 1

第二章　农业合作化时期的农业经营制度 ………………………… 15
　第一节　互助组的农业经营制度 ………………………………… 16
　第二节　初级农业生产合作社的农业经营制度 ………………… 29
　第三节　高级农业生产合作社的农业经营制度 ………………… 42

第三章　人民公社时期的农业经营制度 …………………………… 57
　第一节　人民公社的起因 ………………………………………… 58
　第二节　人民公社体制的特点 …………………………………… 60
　第三节　"包产到户"的再次兴起 ……………………………… 62
　第四节　人民公社核算制度的演变 ……………………………… 64
　第五节　人民公社的分配制度 …………………………………… 73
　第六节　"文化大革命"时期农业经营制度的演变 …………… 81
　第七节　人民公社后期的农村经济形势 ………………………… 84

第四章　农村改革与家庭联产承包责任制的确立 ………………… 87
　第一节　联产承包责任制的探索 ………………………………… 89
　第二节　联产承包责任制的争论与农业政策调整 ……………… 109
　第三节　家庭联产承包责任制的确立和推广 …………………… 125

**第五章 农业产业化经营的发展与变迁** ································ 149

　第一节 农业产业化产生的背景 ································ 150

　第二节 农业产业化经营的确立与推广 ················ 163

　第三节 龙头企业带动型农业产业化经营 ············ 168

　第四节 农业产业化经营的深化拓展 ···················· 188

**第六章 农民专业合作组织经营的发展与变迁** ············ 207

　第一节 农民专业合作组织的产生 ························ 208

　第二节 农民专业合作组织的运行机制 ················ 224

　第三节 农民专业合作组织运行中存在的问题 ······ 233

**第七章 农业适度规模经营探索** ································ 237

　第一节 农业适度规模经营产生的背景 ················ 239

　第二节 适度规模经营的理论基础 ························ 244

　第三节 农业适度规模经营的实践探索 ················ 250

　第四节 待解决的问题 ········································ 282

**参考文献** ······················································· 287

**后记** ···························································· 305

# 第一章
# 绪 论

　　农业是国民经济的基础，农产品的充足供给是保持社会安定和国民经济稳定运行的基本条件。中华人民共和国 70 年的实践证明，要保持农业生产的稳定发展，必须建立一套符合客观经济规律要求的农业生产经营制度。当我国的农业经营制度违背了客观经济规律时，农业生产就停滞甚至倒退；而当农业经营制度符合客观经济规律时，农业生产就得到迅猛发展。为建立一个有效的农业经营体制，我们进行了反复的探索，新中国农业经营制度变迁的过程也就是我们在实践中逐步认识中国特色社会主义的基本特征，并最终找到一条正确发展道路的过程。

农业经营制度是农业生产组织形式与管理制度的总称。农业经营制度决定了农业生产各种资源配置的基本方式以及相应的分配制度。能否有效地发挥各种资源的效率，是检验农业经营制度优劣的标准。

建立哪种类型的农业经营制度受很多因素的影响。例如：农业生产力水平和技术手段决定了农业生产的现代化程度和经营模式；工业化、城市化的进程会改变农村的资源禀赋，当劳动力不断涌入城市之后，农村人均耕地资源数量的变化会引起农业生产经营规模的变化；生产的社会化发展、信息技术的进步会改变农业生产的社会化服务条件，降低生产者获得信息的交易费用，使农业生产者能够更有效地与市场对接，等等。这些因素都会对农业生产的经营模式和经营效率产生影响，从而带来农业经营制度的调整和变革。但是，在所有因素中，对农业经营制度起决定性作用的是生产要素的所有制形式。生产要素归谁所有，谁就有处置、使用它的权利，就可以按所有者的意愿来决定采用什么样的经营制度。在公有制和私有制这两种不同的所有制条件下，农业经营制度有很大的差别。一般而言，公有制大多采取集体统一经营方式，而私有制基本采取自主经营或委托经营方式。

从事生产经营活动首先必须实现生产要素的聚集。当生产要素属于不同的所有者时，经营者要通过市场购买行为才能完成生产要素的聚集。在所有生产要素中，劳动力的购买方式十分特殊。劳动力不是有形的商品，它附着在劳动者的身体中，购买劳动力要通过购买劳动者才能实现。但是，劳动者可以出卖自己的劳动力却不会出卖自己的身体，他出卖劳动力的方式就是在生产过程中使用自己的劳动力，因而劳动者的个人意志决定了劳动力在生产过程中的使用效率。如果他认为付给他的报酬（工资或其他形式的报酬如工分等）不合理，他就不会出卖自己的劳动力。如果他在某种外部强制力量下被迫出卖自己的劳动力，他就会在劳动过程中采取消极态度，出工不出力。由于其他生产要素都要由劳动者来操作（使用），劳动者的积极性不仅影响劳动力自身效率的发挥，还会影响其他生产要素的使用效率。从这个意义上讲，检验生产经营制度是否有效的标准就是这种制度能否有效地调动起劳动者的积极性。

中华人民共和国农业经营制度的变迁大体经历了两个阶段。第一个阶段是从个体分户经营向集体统一经营的演变，第二个阶段又从集体统一经营回归到个体分户经营。前一阶段有近30年时间，后一阶段到目前为止已实行了约40年。

中华人民共和国成立以后，随即在新解放区开展了大规模的土地改革运动。到1952年冬，全国主要地区的土地改革基本完成。通过土地改革，每个农民都拥有了土地，实现了新民主主义革命"耕者有其田"的目标。农民成为土地的主人以后，恢复了延续上千年的小农分户经营模式。然而，这种以私有制为基础的生产经营模式不是中国共产党进行革命要达到的目标。新民主主义革命只是一个过渡，革命的最终目标是建立社会主义制度并向共产主义迈进。显然，中华人民共和国成立以后的社会主义革命对象必然是以私有制为基础的各种生产主体。

农村的小农经济恢复重建以后，其自身的缺陷也立即显现出来。由于农民个体经营能力的差异以及自然灾害、疾病等外部因素的打击，农村出现了两极分化现象。一部分经营状况好的农户开始在致富的道路上迅速发展，有成为新富农的趋势；而另一部分经营状况差的农户则出现了生活困难，甚至不得不出卖刚刚分到手的土地。这意味着任其发展下去就有可能回到新民主主义革命完成以前的状况。为了防止农村两极分化现象的蔓延，在土地改革结束后不久，经历了一个短暂的农业互助组阶段，各地就陆续开始了农业合作化运动。土地改革完成得早的老解放区先行一步，土地改革完成得晚的新解放区随后跟上，1953—1954年，全国步调一致地开始了大规模的农业合作化运动。合作化运动的目标就是组织起来集体经营，建立社会主义农业，防止"开倒车""走回头路"。

农业合作化的第一步是建立初级农业生产合作社。初级社在农民自愿的基础上把土地集中起来，实行统一经营、统一分配。这样当然就不会产生两极分化现象，与此同时也改变了农户个体经营的基本模式，开始了农业生产

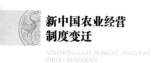
由个体经营向集体统一经营方式的转变。实行集体经营、统一分配在当时还有一个重要作用，就是保证了从 1953 年开始的粮食统购统销制度的顺利实施。

初级社虽然实行了集体经营，但并没有触动土地私有制，土地在初级社的分配中享有"入股分红"的权利。建立初级社实行的是"入社自愿"的原则。既然土地属于农民所有，入社又采取自愿原则，农民就有权决定是否入社。如果农民不愿入社，合作社就建立不起来。事实上，由于对集体分配的不满意（也有的是出于对发家致富的路被堵死了的不满意），再加上合作社统一掌握了粮食以后，农民的余粮都被国家以统购派购的方式拿走，有些地方出现了富裕农民带头要求退社的情况。显然，要建立社会主义的农业，保持生产资料私有制的初级社就只能是一个过渡措施。

农业合作化的第二步是把初级社转变为高级社。高级社是在把几个乃至更多的初级社合并之后建立起来的。高级社的社员更多，合作经营的规模也更大。与初级社相比，高级社的生产组织形式没有大的变化，根本的变化是取消了土地入股分红，消灭了土地私有制，实现了生产资料公有制。高级社的建立也是当时我国进行的生产资料社会主义改造的内容之一。1956 年，不仅在农村消灭了土地私有制，在城市也消灭了个体手工业和资本主义工商业。通过"一化三改"，我国建立起了以公有制为基础的社会主义经济制度。

20 世纪 50 年代我国社会主义的实践是根据马克思主义的社会主义理论来进行的。按照马克思和恩格斯设想的社会主义社会，其基本特征是生产资料公有制、国民经济有计划按比例发展、按劳分配。高级社符合这三个基本特征：农业生产资料（其中最主要的就是土地）实行集体所有；生产经营活动根据国家下达的农产品统购派购任务来组织进行；合作社的生产成果在完成国家的统购派购任务后在社内按劳分配。至此，我国农业完成了从分户经营到集体统一经营的演变，按照传统的社会主义理论建立起了社会主义的农业经营制度，这构成了我国农业经营制度变迁的第一阶段。

后来的实践证明，这种农业经营制度存在重大的缺陷。首先面临的问题就是无法处理好分配关系。分配问题一直是社会主义政治经济学研究中的一个薄弱环节。由于"按劳分配"被确定为社会主义社会分配的唯一原则，当时的理论研究和工作实践都只能围绕着"按劳分配"来做文章。而马克思提出的"按劳分配"是一种设想，在集体统一经营的实践中很难操作。"按劳分配"的要求是按照个人付出的劳动量来进行分配，而如何确定人们付出的劳动量却是一个难题。由于人的劳动能力存在天然的个体差异，每个人的劳动效率有高有低。评价每个人劳动效率的标准只能是劳动成果，即产量。而农产品的产量不仅受劳动效率的影响，还受自然、气候条件的影响，只有收获以后才能确定。在农业集体经营过程中，要准确评价个人的劳动效率非常困难。合作社开始是采取"评工记分"的方式，由社员们共同对每个人每天的劳动进行评议后确定个人每天的工分值，作为年终分配的依据。这种方式费时费力，效果又不好，还时时引发争吵。这种方式演变到后来只能由生产队进行统一规定，实行按全劳力（其中男女又略有差别）、半劳力为统一标准记工分，不再评分。这就变成了平均主义分配，没有考虑个人劳动能力的差异。这种分配方式刚开始时挫伤的是劳动能力最强的那部分人的积极性，而后必然发展到所有的人——为了怕吃亏，都向劳动能力最差的人看齐，其结果是挫伤了所有人的劳动积极性。人们追逐的目标不是高效率的劳动，而是最低效率的劳动。"按劳付酬"变成了"按酬付劳"。

在当时机械、教条地理解社会主义内涵的情况下，形成了一种"左"的指导思想，把平均主义的分配作为实现社会公平的手段，认为生产资料的公有化程度越高、平均分配的范围越大，越能体现社会主义的优越性。在生产力水平还很不发达的情况下就喊出消灭"三大差别"（工农差别、城乡差别、脑力劳动和体力劳动差别）的口号，提出要加快向共产主义社会过渡，"跑步进入共产主义"。1958 年秋冬之交，各地都开始把高级社合并为人民公社。人民公社把十几个甚至几十个高级社、几千个农民家庭组合在一起，办公共食堂，吃"大锅饭"，实行"供给制"。生产大队（相当于高级社）、生产小队（相当于初级社）的集体财产在公社内部实行无偿调拨，"穷队""富队"一律拉平。劳动力按分工的需要在全公社内统一安排。这种农业经营制度违背了客观经济规律，付出的代价就是农业生产力受到了严重破坏，这是国民经

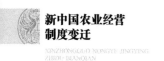

济在 1959—1961 年经历困难的一个重要原因。

从农业合作化运动开始，农民就曾多次自发地要求回到家庭经营的生产模式。由于这种要求符合生产力发展的实际状况，不少在基层工作的干部（包括地、县一级干部）都对"包产到户"采取了支持或默认的态度，所以 1956 年、1959 年、1961 年全国都在一定的范围内出现过"包产到户"的情况。特别是在经历了"三年困难时期"后，中央的一些领导同志也对"包产到户"持赞成态度，在中央领导内部逐步形成了两种不同的意见。但是，当时党内对农业经营制度的两种不同意见被一些人上升到"走资本主义道路"与"走社会主义道路"之争的高度，认为这是无产阶级与资产阶级两个阶级之间的斗争在党内的表现，"包产到户"就是分田单干，是走资本主义道路。在这种"左"的思想指导下，"包产到户"当然就不可能实行，农民每次的"包产到户"要求都被压制下去。但是，农业生产力受到严重破坏这一客观事实，也迫使党中央要根据实际情况纠正前几年的失误。在总结了人民公社失误的教训以后，党中央对人民公社的核算制度进行了调整。1962 年 2 月 13 日下发的《中央关于改变农村人民公社基本核算单位问题的指示》中，正式明确人民公社的基本核算单位应该定在生产队（小队）一级①。但这种调整并不是要放弃人民公社体制，而是"三级所有，队为基础"，即农业生产资料以生产队为基础的生产小队、生产大队、人民公社三级公有体制，于是形成了"人民公社的牌子、高级社的规模、初级社的核算与分配"②，相当于回到了初级社。至此，农业经营制度最终定型，此后一直运行了近 20 年。

## 二、家庭承包经营责任制的确立

我国农业经营制度变迁的第二阶段开始于 1978 年。1978 年进行的关于真理标准的大讨论，是一次意义深远的思想解放运动。这次讨论的巨大成绩就

---

① 陈锡文，罗丹，张征. 中国农村改革 40 年 [M]. 北京：人民出版社，2018：31.
② 同①.

是重新确立了"实践是检验真理的唯一标准"这一马克思主义的基本原则。在这个背景下，农村改革的序幕得以拉开。

在经历了多年的失误以后，广大农民和基层干部深切感受到人民公社这一农业经营制度的"平均主义""大锅饭"弊病，农村改革也就必然会以分配问题作为突破口。1978年，许多地方自发地出现了"包产到组""包产到户"的做法，突破了人民公社"三级所有、队为基础"的制度，把农业生产的基本核算单位缩小到了"作业组"和"农民家庭"。

由于长期以来对社会主义教条式的理解在许多干部的头脑中已经扎了根，要冲破这种多年来形成的思想桎梏并不容易。突然出现的农村改革遭到了他们的强烈反对。如果说"包产到组"还带有集体经营的色彩，尚能容忍的话，"包产到户"就是分田单干走资本主义道路，是绝对不能允许的。1978—1980年，围绕"包干到户"问题，从中央到地方都展开了激烈的争论。"左"的思想明显地占了上风，那些坚定地推行农村改革的安徽、四川、贵州等地区的领导同志承受了巨大的压力。在当时的情况下，他们也都只是强调要从恢复农业生产力的实际出发来肯定"包产到户"的合理性，不敢在理论上去触动社会主义农业只能搞集体统一经营这一思想教条。实际上，与"包产到户"同时出现的还有安徽凤阳县小岗村农民搞的"包干到户"，即后来说的"大包干"。"大包干"与"包产到户"的区别在于农民完全摆脱了生产队的束缚，在承包完成国家对农产品的征购任务和集体组织应收取的各项提留款这一前提下，怎样进行农业生产是农民自己的事情，不再受生产队的干预、指挥。这样农民就获得了生产经营的自主权和生产成果的支配权，从根本上突破了集体统一经营、统一分配的农业经营制度。后来的实践证明，这是一个具有重大意义的改革，但在当时却冒着巨大的风险，只能偷偷地进行。

就在农村改革能不能向前推进的这一关键时刻，邓小平1980年5月31日在同中央有关负责人就农村政策问题的谈话中肯定了包产到户，还特别肯定了凤阳县的"大包干"。邓小平一锤定音，使中国农村改革终于得以沿着正确的轨道走下去。时任安徽省委书记的万里后来回忆道："中国农村改革，没有邓小平的支持是搞不成的。1980年春夏之交的斗争，没有邓小平的那番话，

安徽燃起的包产到户之火，很可能被扑灭。"①

事实最能说明问题。20世纪80年代初，凡是搞了包产到户的地方，农民的生产积极性都被充分地调动起来，那个地方的农村形势就远远好于没有搞包产到户的地方。在先行一步地区的示范带动作用下，"大包干"迅速在全国普及开来。家庭联产承包责任制实行的效果使争论渐渐平息下去，从中央到地方的领导干部的认识终于逐渐统一。从《中共中央印发〈关于进一步加强和完善农业生产责任制的几个问题〉的通知》（中发〔1980〕75号）开始，此后又在1982年、1983年、1984年连续三年的中央一号文件中不断深化了对家庭联产承包责任制的肯定。到1983年年底，全国90%以上的生产队都实行了家庭联产承包责任制（"大包干"）。至此，我国的农业经营制度实际上已完成了第二阶段的演变。

1991年，党的十三届八中全会通过的《中共中央关于进一步加强农业和农村工作的决定》中，把我国的农业经营制度表述为"以家庭联产承包为主的责任制、统分结合的双层经营体制"，并明确肯定它是"我国乡村集体经济组织的一项基本制度"。后来，鉴于"联产"事实上已不存在，在1998年10月党的十五届三中全会审议《中共中央关于农业和农村工作若干重大问题的决定》时，把对我国农村基本经营制度的表述正式修订为"以家庭承包经营为基础，统分结合的双层经营体制"。

家庭承包经营责任制是中国农民在中国共产党领导下、在建设社会主义农业实践中的一项伟大创举。它在坚持生产资料公有制的前提下，遵循实事求是、一切从实际出发的原则，尊重客观规律，充分调动起了广大农民的生产积极性，使中国农业发生了翻天覆地的变化。人还是那些人，土地也还是那些土地，在资源条件、生产技术条件都没有发生变化的情况下，由于制度创新的作用，农业生产力出现了爆发性的增长，彻底改变了中华人民共和国成立以来农产品供给一直处于紧平衡的状态。1984年，我国人均占有粮食达到390.29公斤，创造了历史最高水平。自此以后，中国人的粮食实行定量供

---

① 张广友. 改革风云中的万里 [M]. 北京：人民出版社，1995：251.

给的日子一去不复返。

## 三、农业经营体制改革的不断深化

　　1985 年，中国的农业生产形势发生了重大变化。农村改革的成效使多年以来农产品供应紧缺的状况有了很大改善，广大农村面临从计划经济向市场经济转变的有利时机。在这种情况下，1985 年中央一号文件对推进农村改革提出了一系列指导意见。其中，十分关键的一条就是对已经实行了 30 多年的农产品统购派购制度进行改革：对粮食、生猪、水产品和大中城市、工矿区所需要的蔬菜，由过去的统一收购（农民不得自己到市场上出售）改为合同定购和市场收购。定购以外的粮食等农产品，农民可以自由出售。在生产上，任何单位都不得再向农民下达指令性生产计划。这个重大的改革把市场调节机制引入农业生产领域，广大农民被推向市场，成了我国计划经济体制向社会主义市场经济体制转变的先行者。

　　然而，向市场经济转变不是一个简单的过程，过去习惯了按照国家指令性计划进行生产的农民，突然面临要由自己根据市场的需求做出生产决策，根本无法适应这一突然到来的重大变化（其实，不光是广大的中国农民，在随后进行的城市经济体制改革中，城市的工商企业也都在突然面向市场时一度手足无措）。从事家庭经营的小农户有一个天然的缺陷是"市场幻觉"。他们认为，中国人口众多，广阔的市场一定能够吸纳自己狭小的经营规模生产出来的产品。也就是说，中国的市场那么大，自己生产出来的那么一点产品，哪里会卖不出去？当这种"市场幻觉"成为小农户的一致行动时，就会出现农产品的供给过剩。1985 年，各地的农民都普遍面临"卖粮难""卖猪难"的困境，由此引发了关于"小生产"如何与"大市场"接轨的讨论。新的形势迫使人们开始思考家庭联产承包责任制如何进一步完善的问题。

　　1985 年以来，家庭联产承包责任制的完善主要围绕着三个方面展开：一是推进农业产业化经营；二是推进农民专业合作经济组织和专业合作社；三是推进农业适度规模经营。

（一）推进农业产业化经营

为了解决小农户获取准确的市场信息难度大、成本高的问题，借鉴西方发达国家把农业的生产、加工、销售全产业链整合在一起的"一体化经营"成功经验，我国从20世纪80年代中期开始推广农业"一体化"经营模式。在生产、加工、销售这三个环节中起骨干和领头作用的企业被称为"龙头企业"。龙头企业根据自身掌握的市场信息与农户订立产销合同，农户按照合同进行生产，由此形成了市场引导龙头企业，龙头企业带动农户的产业组织形式。以销售企业为龙头的一体化被称为"贸工农"一体化，以加工企业为龙头的一体化被称为"产加销"一体化。为了保证原料的稳定供给，有些龙头企业还建立了原料生产基地，把农户组织起来成为生产基地的成员，并为基地成员提供技术指导和服务，有的还为基地成员提供生产资金支持。随着一体化经营实践的不断深化和完善，1995年在山东省"贸工农"一体化成功经验的基础上，提出了"农业产业化"的概念，后来又进一步将这个概念完善为"农业产业化经营"。在20世纪末至21世纪初，这是一种效果较好的把农民带入市场的经营模式。在国家政策的大力扶持下，培育出了一大批"龙头企业"。它们成为我国农业生产的一支重要力量，为保障农产品供给做出了很大贡献。

但是，农业产业化经营模式也存在较大的缺陷，主要是产业化经营中各个环节的利益联结方式十分松散。国外一体化经营的各个环节大多采用的是股份合作的方式，参加各方以自己的生产要素入股，形成了利益共享、风险共担的利益联结体。我国的农业产业化经营大多没有形成这种利益分享机制。生产、加工、销售等环节是通过销售合同联结在一起的。这种契约式的联结方式非常松散，抗风险能力差。一旦出现市场风险，各个环节力求自保，违约现象十分严重，受损失最大的往往是处于产业链上游的小农户。此外，在订立销售合同时，小农户几乎没有话语权，行业利润的大头都被龙头企业拿走。农民虽然被带入了市场，但增收效果并不明显。农业产业化经营要获得长期、稳定的发展，必须重新构建合理的利益分享机制，使产业链上的各个参与方都能获得公平合理的收益。同样，作为农业产业化经营的深化形式——农村产业融合和农业产业化联合体，也必须做到这一点才有可能向前推进。

（二）推进农民专业合作经济组织和专业合作社

针对农业产业化经营中利益联结机制松散、农民增收效果不理想的问题，在实践中又产生了一种新的经营模式，即农民自己组织起相应的组织来代替龙头企业。这种农民自己的组织叫作农民专业合作组织，主要的形式有农民专业协会和专业合作社。

农民专业合作组织把农民组织起来，增强了其与龙头企业签订产销合同的谈判能力；专业合作组织通过扩大交易规模降低了交易费用，节约了成本；在内部实行民主管理，增加了组织的透明度和认同度；在分配上实行按股分红，建立起了利益联结紧密的共同体。专业合作组织起到了把农民组织起来、共同致富的作用，在较大程度上克服了龙头企业与农户利益联结松散、利益分配不合理的弊病。有的专业合作组织在内部"能人"的带动下，逐渐延伸产业链，直接从事农产品的加工和销售，具备了产业化经营的雏形。20世纪末至21世纪初，在国家政策的大力扶持下，农民专业合作组织数量迅速增长，成为与农业产业化经营并行发展的一种经营模式。

农民专业合作组织的进一步发展需要解决两个问题：一是内部治理机制的完善。当专业合作组织达到一定规模时，必然形成委托—代理关系，如何有效地监督代理人是至今未能解决的问题。在实践中，那些缺乏有效监管制度的专业合作组织听任村长一人做主，民主管理落不到实处，最终结果是名存实亡。二是许多专业合作组织缺乏"德才兼备"的领头人。专业合作组织的领头人必须具备较强的经营能力，才能在激烈的市场竞争中生存下去，而这个能力很强的领头人又必须具备一心为公的道德品质，才能保证每个成员的利益不受侵犯。在我国当前的农村中，这种"德才兼备"的人才数量太少，成为农民专业合作组织发展壮大的"短板"。

（三）推进农业适度规模经营

家庭联产承包责任制不仅使农民获得了生产经营自主权，也使农民获得了自主支配自己劳动力的权利。在一些市场经济（当时叫作商品经济）率先发展起来的地区，非农产业的收入高于农业生产，部分农民开始向非农产业转移。由于粮食生产的经济效益最低，他们首先放弃的是粮食生产。为了稳定粮食生产，1984 年中央一号文件提出"鼓励土地逐步向种粮能手集中"，鼓励愿意种粮的农民通过集中别人不愿耕种的土地来扩大生产规模。当时也有不少人认为这是我国改造传统农业、建立现代农业的重要契机。但是种田规模的扩大受到我国人均耕地少这个资源条件的限制，在我国不可能大规模发展西方发达国家那种现代化农场，因此，在实践中创造出了"适度规模经营"这个具有中国特色的农业经营概念。所谓适度规模经营，就是指通过扩大经营规模来增加农民种粮的总收入。虽然由于规模扩大，耕作的精细化程度降低，亩均纯收入可能下降，但生产规模扩大带来了总收入的增长，农民获得了规模效益，这样就能把他们稳定在土地上，也就稳定住了粮食生产。至于农民的经营规模能够扩大到什么程度，要根据当地农业劳动力向非农产业转移的实际情况决定。劳动力转移多的地方，规模可以大一些；转移少的地方，规模可以小一些。既要鼓励规模经营，又要根据当地的情况"适度"地推进。

推进适度规模经营的条件不仅是劳动力向非农产业转移，更重要的是需要对家庭承包经营责任制进行改革。20 世纪 80 年代中期，中央的文件虽然鼓励土地向种粮能手集中，但又多次强调农村社员承包的土地"不准转让、出租"。为了解决这个矛盾，农民和基层干部创造了"土地流转"这个概念。通过土地流转来实现土地经营权的转让。在不同的地区和不同的经济发展阶段，土地经营权的转让也曾出现过"无偿"和"有偿"等形式。

最终突破土地流转限制的是农村土地的"三权分置"改革。"三权分置"明确了土地所有权、承包权、经营权属于三种不同的、可以独立行使的权利。家庭承包经营责任制完成了土地所有权和承包经营权的分离。"三权分置"改革在这个基础上又进一步完成了承包权与经营权的分离。如果说家庭承包经营责任制还不算真正把土地所有者和经营者的身份剥离开（因为经营土地的农村社员本身也是村集体土地的所有者之一），而承包权与经营权分离以后，真正地做到了承包人（土地所有者）与经营者的分离。土地的经营者可以不是土地的所有者，这就为非本村村民的外来经营者经营本村的土地扫清了障碍。"三权分置"至少带来了以下四个方面的好处：

1. 既放活了土地经营权，又坚持了农村土地的集体所有制

坚持农村土地的集体所有制是我国的基本政策。坚持土地公有、禁止土地买卖，是防止中国历史上多次出现过的土地兼并现象的有效措施。在"三权分置"的情况下，无论经营者的土地经营规模有多大，他得到的只是土地的经营权，就不会发生土地的所有权转移到少数人手中的现象。这对于保持农村的稳定有着非常重要的作用。

2. 土地承包权成为一种实实在在的用益物权，使农民的土地所有权得到了实现

在农村土地公有制条件下，土地的集体产权是不能分割给个人的。"三权分置"以后，通过土地确权颁证，以承包经营权的形式细化了土地产权，明确了土地承包权为本村村民的专有权利，并可以用它来获得收益。承包权已具有了所有权享有的一切权利（除了自由买卖以外），农民在集体土地所有权中的权益真正得到了实现。此外，农村土地经营权的转让与城市土地经营权转让的一个重要区别是，土地的增值收益将以级差地租Ⅱ的形式留给农民（而不是像城市中，土地增值收益被土地经营者拿走），保护了农民的土地权益。

3. 有利于资源优化配置

土地、资金、技术、劳动力是农业生产的基本要素，我国发展现代农业的一个瓶颈就是缺乏有效的资源配置机制。以上几大要素不能有效地组合在一起的障碍就是土地承包权与经营权没有剥离。一方面，有土地的人没有资金，不想种地；另一方面，有资金又想种地的人却没有土地。土地三权分置消除了这个障碍，促进了农业生产要素的优化组合，把农村的闲置土地利用起来，有利于解决土地撂荒问题。

4. 有利于发挥农业补贴的作用

发展农业、保持农产品的充足供给是各国政府宏观调控的一个重要目标。但只要市场上的农产品处于供给充足状态，农业生产的效益必然就很低，甚

至出现亏损。因而要保持农产品充足供给，政府就应当对农业生产者提供补贴。我国自加入 WTO（世界贸易组织）以后，不断加大了对农业的补贴。但是，农业补贴过去一直是按土地面积发放，有相当大一部分没有补贴到经营者手中，而是补贴到了有些不再从事农业生产的土地承包人头上。土地承包权与经营权分离以后，土地经营者的身份明确了，农业补贴就可以直接对生产经营者发放，真正发挥农业补贴对生产的促进作用。

农村土地"三权分置"是我国农业经营制度的又一次重大创新。它既坚持了家庭承包经营责任制，又消除了农民大量进城以后的农业生产资源优化配置的障碍，是对家庭承包经营责任制的完善。它所产生的制度红利将在未来我国农业生产发展的进程中逐渐显现出来。

制度创新是生产力发展的重要推动力。生产力中最积极最活跃的因素是人，劳动者的生产积极性是一切社会财富的源泉。制度创新的目的就是尽最大可能地激发起劳动者的积极性，推动生产力不断向前发展。我国农业经营制度变迁的过程就是制度创新的过程。从农业互助合作化到家庭承包经营责任制的确立并不断完善，经历了近 70 年的变迁。经过反复的探索，付出过沉重的代价，最终走上了一条正确的道路，建立起了中国特色社会主义农业经营制度。这个经营制度对中国特色的社会主义理论的贡献是：它用鲜活的事实证明在社会主义生产资料公有制条件下，农民家庭经营是一种有效的经营模式。"坚持家庭经营基础性地位，赋予双层经营体制新的内涵""保持农村土地承包关系稳定并长久不变"[①]，已成为我国农业农村工作的一项基本政策。回顾这一变迁历程，有助于深刻理解我国改革开放的伟大意义，珍惜这个来之不易的制度创新成果。

---

① 中共中央 国务院关于坚持农业农村优先发展 做好"三农"工作的若干意见［EB/OL］.（2019-02-19）［2019-04-16］. http://www.gov.cn/zhengce/2019-02/19/content_5366917.htm.

# 第二章
# 农业合作化时期的农业经营制度

中华人民共和国成立后，于 1952 年冬完成了全国主要地区的土地改革，消灭了封建土地所有制，实现了广大农民"耕者有其田"的夙愿，建立了以农民个体所有制为基础的家庭经济。但家庭经济的自由发展，导致在全国农村出现了不同程度的贫富分化现象，同时，农民个体分散经营也遇到了很多困难。因此，"土地改革完成后中国农村向何处去"便成为当时中国农村道路的发展方向与农村政策制定的关键问题。按照中华人民共和国成立前党的既定方针和《中国人民政治协商会议共同纲领》（以下简称《共同纲领》）规定的发展道路[①]，

---

[①] 1949 年 9 月中国人民政治协商会议第一次全体会议通过的《中国人民政治协商会议共同纲领》规定：新中国实行新民主主义的经济政策。关于农林牧渔业：在一切已彻底实现土地改革的地区，人民政府应组织农民及一切可以从事农业的劳动力以发展农业生产及其副业为中心任务，并应引导农民逐步地按照自愿和互利的原则，组织各种形式的劳动互助和生产合作。

同时也为了扭转贫富分化趋势，改变农民普遍想走旧式富农道路的心态，[1] 使广大农民能够克服困难，迅速增加生产，就必须按照自愿和互利的原则，把农民"组织起来"，引导农民走互助合作的道路。于是，农业合作化运动就此展开。

从 1952 年到 1956 年，中国的农业合作化运动经历了互助组、初级农业生产合作社（简称初级社）、高级农业生产合作社（简称高级社）几个既相互交叉又相互联系的阶段。

# 第一节　互助组的农业经营制度

## 一、农业生产互助组的发展

互助组是在利用、改造农民传统换工方式基础上发展起来的一种农业互助合作组织。在农忙季节换工，是中国农民传统的互助方式，广泛地存在于农业生产活动中。20 世纪 30 年代，中央苏区政府就开始倡导、鼓励、扶助个体农民建立耕田队和耕牛合作社等多种形式的劳动互助组织，以缓解农业生产中劳动力不足的问题。抗日战争时期，为了战胜严重的财政经济困难，中共中央领导各抗日根据地人民形成了各种形式的互助合作组织。"在陕甘宁边区，1943 年春耕期间有 10%～15%、夏耘期间有 40%左右、秋收期间有 30%左右的劳动力参加了各种形式的劳动互助组，互助组的数量至少比过去增加了 4～5 倍。"[2] 抗日战争结束后，各解放区通过互助合作，发展后方生产，支援前线战争。在政府的带动下，互助合作组织在原有的基础上又得到了很大的发展。中华人民共和国成立后，在中共中央领导下，新解放区的互助合作

---

① 陈锡文，赵阳，陈剑波，等. 中国农村制度变迁 60 年［M］. 北京：人民出版社，2009：10.
② 史敬棠，等. 中国农业合作化运动史料：上册［M］. 北京：生活·读书·新知三联书店，1957：216.

组织又有了新的发展。

（一）中华人民共和国成立后农业互助组的发展

中华人民共和国成立初期，由于受长期战争的破坏，劳动力、耕畜、农具等农业生产资料极为短缺，农业生产遇到了很大困难。为了尽快恢复农业生产，使有限的农业生产资料得到充分合理的利用，从 1950 年冬开始，在中共中央的领导下，新解放区逐步进行了土地改革，同时，各地也都把农民组织起来，广泛开展劳动互助。

但是，将农民组织起来的过程并不顺利。因为中华人民共和国成立后分得土地的农民对是否参加互助组顾虑重重，思想情况非常复杂。"各地反映，贫农是迫切要求互助的，但怕组织起来后，出卖劳动力不自由，怕做了活拿不到现钱，怕自己的活做得晚，怕大家有私心，把人家的活做坏因而产量降低。中农的顾虑比贫农更多，怕贫农白使耕牛农具，或不爱护耕牛农具，出劲使，用坏了；怕人多合在一起活做不好，不如自己单干来得好；怕组织起来好处不多，反要向外找工钱。劳动力不强的农民怕互助以后，拖不了，吃不消。"[1]

1951 年 9 月，中共中央召开第一次农业互助合作会议，通过了《中共中央关于农业生产互助合作的决议（草案）》（以下简称《决议（草案）》）[2]。《决议（草案）》指出："党中央从来认为要克服很多农民在分散经营中所发生的困难，要使广大贫困的农民能够迅速地增加生产而走上丰衣足食的道路，要使国家得到比现在多得多的商品粮食及其他工业原料，同时也就提高农民的购买力，使国家的工业品得到广大的销场，就必须提倡'组织起来'，按照自愿和互利的原则，发展农民劳动互助的积极性。"[3] 同年 12 月，中共中央将《决议（草案）》发给各地党委试行时加了一段批示，要求在一切已经完成了土地改革的地区都要"解释和组织实行"这一决议，并把互助合作"当作

---

[1] 中共中央华东局农村工作委员会农业互助研究组. 华东区互助合作运动发展情况（1952 年 3 月 9 日）[M]//黄道霞，等. 建国以来农业合作化史料汇编. 北京：中共党史出版社，1992：72. 转引自王士花. 论建国初期的农村互助组 [J]. 东岳论丛，2014（3）：54-63.

[2] 该决议（草案）在原来的基础上作了一些修改，1951 年 12 月 15 日由中共中央印发。

[3] 中共中央关于农业生产互助合作的决议（草案）[M]//黄道霞，等. 建国以来农业合作化史料汇编. 北京：中共党史出版社，1992：51.

一件大事去做"①。在《决议（草案）》的指导下，互助组在全国各地得到了很大的发展，在此期间，还试办了一些农业生产合作社。1952 年 2 月，中央人民政府政务院发布了《政务院关于 1952 年农业生产的决定》，该决定要求："在全国范围内，应普遍大量发展简单的、季节性的劳动互助组；在互助运动有基础的地区应推广常年定型的、农副业结合的互助组；在群众互助经验丰富而又有较强骨干的地区，应当有领导、有重点地发展土地入股的农业生产合作社。其他专业性质的互助组和生产合作社，亦应适当加以提倡。老解放区要在今、明两年把农村中百分之八、九十的劳动力组织起来，新区要争取三年左右完成这一任务。"② 到 1952 年年底，互助组发展到 802.6 万个，入组农户 4 536.4 万户，占全国总农户的 39.9%（表 2-1）。

表 2-1　1950—1952 年互助合作组织发展状况

| 年份 | 全国总农户/户 | 互助组 | | | 初级社 | | 高级社 | |
|---|---|---|---|---|---|---|---|---|
| | | 数量/万个 | 入组农户/万户 | 占全国总农户/% | 数量/个 | 入社农户/户 | 数量/个 | 入社农户/户 |
| 1950 | 10 572.9 | 272.4 | 1 131.3 | 10.7 | 18 | 187 | 1 | 32 |
| 1951 | 10 927.3 | 467.5 | 2 100.2 | 19.2 | 129 | 1 588 | 1 | 30 |
| 1952 | 11 368.3 | 802.6 | 4 536.4 | 39.9 | 3 634 | 57 188 | 10 | 1 840 |

资料来源：赵德馨. 中华人民共和国经济史：上卷［M］. 郑州：河南人民出版社，1989：241.

（二）关于老解放区农业互助组发展的争论

中华人民共和国成立后，按照党的既定方针和《共同纲领》的规定，实行新民主主义制度。但是，对此很快出现了不同的认识和争论。争论的焦点最初是围绕东北地区农村土地改革后出现的所谓"新富农"问题展开的，到了 1951 年又出现了山西省委关于把老区互助组织"提高一步"，以办合作社

---

① 中共中央关于农业互助合作的决议（草案）［M］//黄道霞，等. 建国以来农业合作化史料汇编. 北京：中共党史出版社，1992：50.

② 中央人民政府政务院关于 1952 年农业生产的决定（节录）［M］//黄道霞，等. 建国以来农业合作化史料汇编. 北京：中共党史出版社，1992：49. 转引自王士花. 论建国初期的农村互助组［J］. 东岳论丛，2014（3）：54-73.

来"动摇农民私有制"的争论，这两次争论的实质是要不要继续实行既定的新民主主义革命的方针政策。

在土地改革和互助合作运动开展比较早的东北、华北等老解放区，随着农村经济的恢复和发展，大多数分得土地的贫农、雇农上升为中农，在许多地区，中农在农村人口中所占的比例上升较快。但是，由于个体农民的生产条件和经营能力不同，农村中开始出现贫富差距拉大的现象，并出现了所谓的"新富农"，一些地方还出现了土地出租、买卖和雇工现象。一些经济状况改善较快的农民要求退出互助组，实行"单干"。

1950 年 1 月，东北局向中央报送了一份综合报告，报告中反映，土地改革后，在农民群众、农村党员和农村负责领导工作的干部中产生了一些新的问题，要求上级党组织给予解决。报告列出的要求"给予解决"的问题主要有："第一，在农民群众中，少数经济上升较快的要求买马拴车，其中许多人要求'单干'；第二，那些经济虽然上升，但因车马不够拴一副犁杖的农民，虽对换工插犋违反自愿两利的缺陷有意见，但他们仍愿参加变工，因为不参加地就种不上，但他们有些人希望在变工组把自己发展起来，将来买马拴车，实行单干；第三，在农村党员中有人开始雇长工，要求退党；第四，在农村领导工作的县区干部中，也有若干不明确的地方，比如有的问：新民主主义的农村究竟如何？农民应该经过怎样的道路走向富裕？什么叫提高一步？什么叫组织起来？除了组织起来外，农村还要干什么？"①

针对土地改革后出现的这些新情况和干部群众提出来的种种问题，东北局书记高岗的意见是"把互助合作组织提高一步"，也就是通过试办农业生产合作社，走上集体化道路，以此来解决农村中出现的阶级分化问题。理由是："我们农村经济发展的方向是使绝大多数农民上升为丰衣足食的农民，而要做到这一点，必须使绝大多数农民'由个体逐步地向集体方面发展'，组织起来发展生产，乃是我们农村生产领导的基本方向。"② 同时，高岗还宣布了奖励

---

① 东北局向中央的综合报告（节录）（1950 年 1 月）[M] //黄道霞，等. 建国以来农业合作化史料汇编. 北京：中共党史出版社，1992：23-24.

② 转引自武力. 略论合作化初期党对农业问题的三点认识 [J]. 党史研究与教学，2004（2）：20-29.

互助合作的一些具体政策，"例如：农贷，除水利、防疫等贷款外，全部贷给好的、但生产上有困难的变工组；新式农具，应首先贷给变工组，或变工组自购时给予优待；各种优良品种及国家可能的农业扶助，一切变工组有优先权；劳模的奖励基本上应奖好的变工组等。"① 这些做法实际上是压制单干，鼓励互助合作。关于党员雇工、单干问题，高岗认为："从原则上讲，党员是不允许剥削人的，党员要雇工时，应说服他不雇工，党员不参加变工组是不对的。但这些问题主要是采用教育的方法解决，非在必要时，不采用组织手段。"② 薄一波说："高岗的总结表明，他实质上是主张土地改革后立即起步向社会主义过渡，无须有一个新民主主义阶段。"③

收到东北局的报告后，中央组织部起草了一份信件给予答复："党员雇工与否，参加变工与否，应有完全的自由，党组织不得强制，其党籍亦不得因此停止或开除。""在今天农村个体经济基础上，农村资本主义的一定程度的发展是不可避免的，一部分党员向富农发展，亦不是可怕的事情，党员变成富农怎么办的提法，是过早的，因而是错误的。"④ 1950 年 1 月 23 日，刘少奇签发了中央组织部答复东北局的信。

当时，东北局提出的农村"两极分化""新富农"等问题，在其他地方也普遍存在，但各地基于不同认识而采取了不同态度和做法。如山西省的某些做法与东北局基本相同，但也有不少地方采取放手让农民发家致富的主张，对土地买卖、雇工、借贷等并不严格限制。

1950—1951 年中南、西北、华东各地军政委员会先后发布了春耕生产有关政策的布告。在 1951 年 3 月 19 日中南军政委员会发布的《关于 1952 年农业生产十大政策》布告指出，农民在土改中分得的土地、房屋、农具、粮食等，一律归所得户所有，产权财权已定，不再变动，并允许各人自由经营、

---

① 转引自江红英. 试析土改后农村经济的发展趋势及道路选择 [J]. 中共党史研究, 2001 (6)：54-59, 84.

② 转引自武力. 略论合作化初期党对农业问题的三点认识 [J]. 党史研究与教学, 2004 (2)：20-29.

③ 薄一波. 若干重大决策与事件的回顾：上卷 [M]. 北京：中共中央党校出版社, 1991：96-97.

④ 同③197.

自由处理；提倡劳动互助，又允许雇工；提倡信用合作，又保证自由。概括起来说，就是允许农民有雇佣、借贷、租佃和贸易等"四大自由"。但是，中央认为"四大自由"是对农民行小惠，是为了发展少数富农，走资本主义道路。实际上，这种情况也说明，在土地改革后如何对待"新富农"问题，党内的认识已经开始出现分歧。而山西老区关于农村互助合作发展问题的一份报告，使党内的意见分歧进一步表现出来。

在山西老区，土地改革结束后，在农业生产迅速恢复、发展的情况下，农村中相当多的党员干部认为"革命到头了"，思想消极，组织涣散，看不到继续前进的方向，成为把老区工作提高一步的主要障碍。而且，老区农村的中农化趋势日益明显，并出现了阶级分化的苗头。在这种情况下，从发展农业生产力的要求出发，是否允许农民继续单干甚至雇工、要不要继续发展互助运动、如何发展互助运动、先进的互助组如何继续发展，这些都成为老区农村发展中亟待解决的问题。

1951年4月17日，山西省委向中央、华北局写了一个题为《把老区的互助组织提高一步》的报告，报告中提道："由于农村经济的恢复和发展，战争时期的劳、畜困难，已不再是严重问题，一部分农民已达到富裕中农的程度，加以战争转向和平，就使某些互助组发生了涣散的情形。""实践证明，随着农村经济的恢复和发展，农民的自发力量是发展了的，它不是向着我们所要求的现代化和集体化方向发展，而是向着富农方向发展。这就是互助组发生涣散现象最根本的原因。""这个问题如不注意，会有两个结果：一个是互助组涣散解体；一个是互助组变成富农的庄园。这是一方面的情况。但是，在另一方面，也有不少互助组产生新的因素。老区互助组的发展已经到了这样的转折点，使得互助组必须提高，否则就会后退。"① 中共山西省委在分析了以上情况后提出：扶植与增强互助组内"公共积累"和"按劳分配"两个新的因素，以逐步战胜农民的自发趋势，引导互助组走向更高一级的形式，即办农业生产合作社试点。这"虽然没有根本改变私有基础，但对私有制是一

---

① 薄一波.围绕山西发展农业生产合作社问题的争论（一）[J].农村经营管理，1992（1）：39-42.

个否定因素。对于私有制，不应该是巩固的方针，而应当是逐步地动摇它、削弱它，直至否定它"①。农业生产合作社"按土地分配的比例不能大于按劳动分配的比例，并要随着生产的发展，逐步地加大按劳分配的比例"。② 这两个进步因素逐步增强，"将使老区互助组织大大前进一步"。

收到山西省委的报告后，华北局书记刘澜涛向刘少奇请示，刘少奇明确表示，"现在采取动摇私有制的步骤，条件不成熟。没有拖拉机，没有化肥，不要急于搞农业生产合作社"③，并认为山西省委的报告混淆了新民主主义革命与社会主义革命的界线，组织农业生产合作社是空想的农业社会主义思想。山西省委不同意刘少奇的观点，坚持认为把"互助组提高一步"办合作社没有错误，不认同"空想的农业社会主义"的提法，并给毛泽东写了一封信，申述了"把互助组提高一步"的观点。毛泽东明确表示支持山西省委的意见，并批评了"互助组不能生长为农业生产合作社的观点和现阶段不能动摇私有基础的观点"④。

上述情况表明，对于东北局和山西省委先后提出的"新富农""党员雇工"和"把互助组提高一步"的问题，已在党内形成了两种完全不同的观点。一种是以高岗等主张的"逐步地集体化"的思想为代表，即"把互助组提高一步"，通过试办农业生产合作社，使绝大多数农民"由个体经济逐步向集体经济发展"。这种观点虽然坚持农民财产的私有性质，但随着互助合作组织的扩大，不可避免地会动摇农民个体经济私有制的基础。并且，政府奖励和扶持互助组的具体措施，也造成了对单干户的歧视。另一种以刘少奇的继续维持新民主主义制度，"将来向社会主义过渡"的思想为代表，即不要急于去动摇个体农民的私有制，让农民个体经济的积极性有一个发展机会，待农村生

---

① 陶鲁笳. 毛主席教我们当省委书记 [M]. 北京：中央文献出版社，2003：192.
② 中共中央文献研究室. 建国以来重要文件选编：第 2 册 [M] //中共山西省委. 把老区的互助组织提高一步（一九五一年四月十七日）. 北京：中央文献出版社，1992：353-355. 转引自贺吉元.
    1951 年关于"山西农业合作社"的那场争论 [J]. 党史纵横，2013（8）：35-37.
③ 薄一波. 若干重大决策与事件的回顾：上卷 [M]. 北京：中共中央党校出版社，1991：184-187.
④ 赵德馨，苏少之. 两种思路的碰撞与历史的沉思：1950—1952 年关于农业合作化目标模式的选择
    [J]. 中国经济史研究，1992（4）：1-12.

产力发展到一定程度后，才将农民个体经济转变为社会主义集体化经济。这种方法，能使政策保持稳定，使人心安定，农民安心从事生产，有利于农村经济的恢复与发展。

由东北局和山西省委引发的这场争论，其实质是一样的，即"土地改革后中国农村向何处去？"是要"巩固新民主主义制度"，还是放弃这一既定方针，马上向社会主义过渡。最终，在毛泽东的支持下，中央肯定了要逐步动摇直至否定农民个体私有制的思想，认为"中国的合作社，依靠统一经营形成新生产力，去动摇私有基础，也是可行的"[①]。这次争论的结果直接促进了农业互助组向初级农业生产合作社的快速发展。

## 二、农业生产互助组的组织形式

按照互助时间的长短和互助规模的大小划分，农业互助组在发展中主要有简单互助组和常年互助组两种形式。

（一）简单互助组

简单互助组在老解放区就已经出现，在新解放区也适合于农民固有的习惯，所以发展较快，数量也最大。简单互助组又可分为临时性互助组和季节性互助组。

1. 临时性互助组

临时性互助组又称为临时换工或帮工互助组，规模较小，一般只有三五户，多则十几户，成员不固定。这种组织形式主要是亲戚、朋友之间的互相帮工，没有正式的评工记分、排工制度，农忙时临时组织，农闲时各干各的，需要时再重新组织。时聚时散是临时性互助组的主要特点。

2. 季节性互助组

季节性互助组在临时性互助组的基础上发展而来，是一种较长期的互助

---

① 马杜香. 山西试办全国首批农业合作社的前前后后——陶鲁笳访谈录 [J]. 党的文献，2008（5）：71-74.

合作组织，在整个农作物的生产时期都进行互助劳动，并具有初步的评工记分制度。

（二）常年互助组

土地改革后，在一些简单的劳动互助组织已有基础的地区，参加常年互助组的农户逐年增加。在新解放区，1950 年常年互助组农户数约占互助组农户数的 3%，1951 年达到 10%，1952 年达到 25%。在老解放区一般则达 25% 以上。[①] 常年互助组又分为初级常年定型互助组和高级常年定型互助组两种形式。

1. 初级常年定型互助组

这种互助组一般规模较大，实行劳力、畜力、农具全面互助，进行常年的互助劳动。其特点是：有固定的组织形式，有利于解决农业生产中的困难；有简单易行的生产计划，实行排工、记工、结账等制度，有利于生产；有领导骨干，有利于加强管理；有初步的民主管理制度，如民主讨论、劳动纪律、批评制度等，有利于培养组员的集体劳动观念，加强组织意识。

2. 高级常年定型互助组

这种互助组是农业与副业结合的一种组织形式，主要特点是：互助组有一定的公共积累，有公积金和公共财产；实行"底分活评"[②] 的评工记工制度；有读报、学习、生产技术交流、生活检讨会等活动。为了提高农业生产技术，互助组还经常召开劳模会，互相参观学习，交流生产经验。

### 三、农业生产互助组的组织管理与分配制度

（一）互助组的组织管理制度

互助组遵循自愿互利原则。但在互助组的具体运行过程中，能否贯彻互

---

① 孙健. 中华人民共和国经济史（1949-90 年代初）[M]. 北京：中国人民大学出版社，1992：30-31.

② "底分活评"亦称"死分活评"，是我国农村集体经济组织评工记分的一种方式。它以劳动者的底分为基础，按照各人劳动的实际情况，适当予以增减，评定其每天或一个阶段应得的劳动工分。死分活评是由死分死记演变而来的，基本上属于按时记工性质，故亦称"按时记工加评议"。

利原则，在组员之间解决好耕作的先后次序、劳动力强弱、技术高低和做活多少好坏的计算及耕畜农具的使用与报酬问题，关系到能否保护农民的经济利益和鼓励农民生产积极性，直接影响互助组的发展与巩固。以上问题是每个互助组都存在且必须解决的问题，是贯彻互利原则的重要环节。①

耕作次序是互助组都会遇到的问题。在农忙季节，为了抢农时，每个农户都希望自家的活先干完。因此，组员争先做自家农活的现象时有发生。对此，互助组一般按照"以搞好生产为准"的原则来安排农活。华北各地对收割、下种、锄苗等耕作事项，主要采取了以下三种办法："一是按生产需要采取利益均沾的原则。如锄苗先锄苗大草多的地，后锄苗小草少的地，并让每户都能享受先锄，自报公议，民主排队。二是适当分散使用劳力，并充分发挥辅助劳力的力量。三是对某些由于耕作先后引起用工多少的悬殊，如抗旱担水点种，中间落了雨，种同样多同样好的地，先担水点种的用工多，后趁墒播种的用工少，一工换一工谁都不愿先种，可采用先种和后种拉平的办法。"②

（二）互助组的分配制度

临时性和季节性互助组主要沿用了旧有的换工互助形式。由于互助组的土地、耕畜、农具等生产资料属于农户私有，而且互助劳动的时期不长，土地上的收获物仍然归拥有土地的农户私人所有，所以不存在严格意义上的收益分配制度。另外，互助组内部的劳动互助主要通过互助双方的劳动互换而互相抵消。这种互助组体现了等价互利的公平原则。

常年定型互助组在生产经营方面与临时性和季节性互助组相同，但在互助组的规模和劳动组织方面有很大差异。常年互助组的规模相对更大，互助劳动的人数更多，有具体的劳动管理、排工、分工制度。互助组主要依靠农民都认可的评工记分制度来实现劳动以及生产资料的"等价交换"，这是互助组分配制度的基础。

---

① 华北局农村工作部关于农业互助组的总结（1953 年 11 月 20 日）[M] // 黄道霞，等. 建国以来农业合作化史料汇编. 北京：中共党史出版社，1992：158-159.

② 同①159.

1. 劳动力的评工记分

评工记分是互助组农业经营制度的核心内容。最初，互助组是采用"死分死记"的方法，即事先对每个组员按照劳动力的强弱和耕作技术的高低评出不同工分。但是，由于这种方法无法准确衡量组员所做农活数量的多少和质量的高低，后来，评工记分主要采用了以下几种方法：一是"按劳定分"。按照劳动强度、技术高低、劳动性质采用自报公议的办法，民主评定每个组员的劳动工分。这种"按劳定分"的办法简单易行，较公平合理，但缺点是每个劳动力所定的分都是死的，做好做坏都是这些分，因而不能有效调动农民的劳动积极性和提高劳动效率。二是"底分活评"。这种办法除按劳动力强弱、技术高低、劳动性质评出固定的工分外，每天再按各人的实际表现和劳动效率评议，适当增减工分。这种办法可以提高农民的劳动积极性，避免偷懒。三是"按件论成计工"。这种办法"不管男女老少，能做多少活就算多少工（活要规定一定的质量），这是接近'按件计资'制的较先进的办法。但是这种办法比较精细复杂，一般基础较差的互助组不容易采用"①。

2. 其他生产要素的评工记分

耕牛、农具等农业生产要素属农户家庭私有，应当有偿使用，这也是互助组里"等价互利"原则的具体应用。

（1）耕牛的评工记分。耕牛是中国农村普遍使用的畜力，对耕牛的评工记分，各地的做法不尽相同。福建省主要有两种办法：一是"按日记分"。根据牛的强弱事先评定工分，不管做多少活，一律按评定的工分计算。二是"按亩记分"。就是以牛所耕作的亩数多少评定分数，犁多多记，犁少少记。②湖北省主要采用以下办法：一是租牛。即无牛户向有牛户租牛，并支付租金。租金的多少有些是沿用过去的习惯做法，有些是互助组内部商量讨论，开出

---

① 中共福建省委农村工作委员会农业生产科. 当前福建农业生产互助运动中等价交换问题的初步研究 [M] //中央人民政府农业部农政司. 农业生产互助组参考资料：第一集. 北京：中央人民政府农业部，1952：30-33. 转引自王士花. 论建国初期的农村互助组 [J]. 东岳论丛，2014（3）：54-73.

② 中共福建省委农村工作委员会农业生产科. 当前福建农业生产互助运动中等价交换问题的初步研究 [M] //中央人民政府农业部农政司. 农业生产互助组参考资料：第一集. 北京：中央人民政府农业部，1952：33-34.

各方都认可的合理价格。如在湖北浠水县，租金一般是一石谷田一年五升谷、两捆草。① 二是伙养牛。即几户出钱伙买、伙养、伙用或把牛折价归互助组公有，价钱以及饲料等按田摊派，另外对饲养人评工记分，给予一定的报酬。三是人工换牛工。即无牛户或耕牛不够用的户将人工与有牛户换工，一般是一个牛工换两个人工，有些地方是一个牛工换三个人工，这种办法在互助组中比较常见。四是耕牛记分。即按牛力的强弱评分，一般是健牛一天评20分，弱牛一天评15分或10分。五是记件工。即根据当地土地的土质与耕作难易程度的不同，由群众来具体确定评分，做多少活算多少分。这种方法简单易行，记工较方便，在互助组里也较常见。

（2）农具的评工记分。对农具使用的评工记分，各地采用的办法也不尽相同。福建省的互助组里，一般小农具是私有自用自修，大农具有三种情况：一是公有农具，一般都是公买公用公修（有的把私人农具作价归公），农具使用费有的按田亩分摊，有的按使用多少分摊。二是私有农具借给全组公用，不评工分，或只给一些折旧费，坏了公修。三是私有公用，按成本计算折旧费评出工分。② 湖北黄冈的互助组也把农具分为大小两种，小农具如锄头、铁扒等，基本上是自有自用，没有的在组内互相调剂（争取每人一套），年终按耕作面积出修整费，不取报酬。大农具如水车、犁、耙等，私有伙用，公整公修，即农具的私有性质不变，组员共同使用，年终给予农具所有者一定的报酬。公整费与报酬费（多少由组内自议）按耕作面积均摊。互助组在增加生产或搞好副业生产的情况下，经过组员自愿，提取一部分公积金，购买新农具，以补原来的不足。③

3. 记分和算账

互助组的劳动互助，实际上是彼此有偿调剂劳动力、农具和耕牛等生产

① 泥元，等. 湖北省农业合作经济史料［M］. 武汉：湖北人民出版社，1985：124.
② 中共福建省委农村工作委员会农业生产科. 当前福建农业生产互助运动中等价交换问题的初步研究［M］//中央人民政府农业部农政司. 农业生产互助组参考资料：第一集. 北京：中央人民政府农业部，1952：34－35. 转引自王士花. 论建国初期的农村互助组［J］. 东岳论丛，2014（3）：54－63.
③ 赵辛初. 湖北黄冈专区巩固和发展互助组的几点经验［M］//中央人民政府农业部农政司. 农业生产互助组参考资料：第一集. 北京：中央人民政府农业部，1952：43.

资料的劳动，但是，各户劳动力、耕牛和农具的消耗，有时往往并不相等。在这种情况下，就需要按照等价原则进行补偿，这就需要进行记分和算账，以完成最终的分配。记分和算账的办法主要有三种：一是账簿记工。互助组内评定工分后，由记工员将同组内每人出工换工情况，登上工账，凭账结算。结算时，收工方与出工方对照工分，双方或相互抵消，或进工方补出工方工资。这种办法简单易行，但容易发生把账记错或发生偷改、作假等舞弊行为。二是工票制，也叫筹码记工法。互助组用竹签或布条统一制定不同面值的工票，定期发给每个组员同样多的份额，以后组员给谁干活，就向谁拿应得的工票。结账时，工分多得的可以找进工资，工分少的要找出工资。工票记分法简单方便，不识字的组员也能记清工分。这种记工法，各人每天都在结账，知道自己应进或应出多少工，随时心中有数。但是，它的缺点是没有底账，找错了工票或遗失了工票，没处查对。三是工票和账簿记工相结合。即一面用工票，一面记底账。这种办法，可以避免前两种记分方法的弊端，是相对合理的方法。①

　　建立合理的评工记分算账制度，解决好先后次序，对于互助组的正常发展与巩固非常重要。但1952年多数互助组仍未建立评工记分制度，如宁夏盐池县738个组没有一个评工记分的。②而且，"在互助基础薄弱地区的干部和农民中间，不知耕作先后这种矛盾怎样解决，不知劳动用工怎样计算，则是普遍现象"③。有些常年互助组，则苦于"死分死记不合理""死分活记太麻烦"，评工、记工不合理，使许多组员感到互助时间越长苦乐越不均，因此常在次年发生跳组、退组或重新另组的现象，有些互助组更是涣散解体。④

① 泥元，等.湖北省农业合作经济史料［M］.武汉：湖北人民出版社，1985：122.
② 中央人民政府农业部农政司.一九五二年上半年互助合作运动发展情况［M］//中华人民共和国国家农业委员会办公厅.农业集体化重要文件汇编：上册.北京：中共中央党校出版社，1982：85.转引自王士花.论建国初期的农村互助组［J］.东岳论丛，2014（3）：54-73.
③ 华北局农村工作部关于农业互助组的总结（1953年11月20日）［M］//黄道霞，等.建国以来农业合作化史料汇编.北京：中共党史出版社，1992：158.
④ 华北局农村工作部关于农业互助组的总结（1953年11月20日）［M］//黄道霞，等.建国以来农业合作化史料汇编.北京：中共党史出版社，1992：157.转引自王士花.论建国初期的农村互助组［J］.东岳论丛，2014（3）：54-63.

# 第二节　初级农业生产合作社的农业经营制度

## 一、初级农业生产合作社的产生与发展

中华人民共和国成立后，一些解放较早的地区开始在互助组的基础上试办初级社。初级社一般是由于常年互助组有了某些公共的改良农具和新式农具，有了某些分工作业，或兴修了水利，或开垦了荒地，就产生了在生产上统一使用土地的要求。于是就在土地私有基础上，以土地入股，组织了农业生产合作社，以耕畜、农具作价入社，由合作社统一经营。合作社一般有10~20 户，也有的达 40~50 户，最多的有80~90 户。组织这种合作社同样是根据自愿互利原则，可以自愿退社。

1952 年 8 月至 9 月中共中央召开了全国第二次农业互助合作会议，会议指出：《中共中央关于农业生产互助合作的决议（草案）》下达后，基层干部与自发的资本主义倾向斗争的信心提高了，有了明确的发展方向。此后，报刊、广播大量报道了农业合作化的成功经验。到 1952 年年底，全国共有3 634 个初级社，入社农户为 57 188 户，占全国农户总数的 0.05%。[①] 这时初级社规模较小，平均每社为 16.2 户。

1953 年 2 月 16 日，中央正式发布《关于农业生产互助合作的决议》。该决议总结了农业生产合作社的优越性和重要作用，并下达了发展农业合作社的计划数字："从一九五三年冬季到一九五四年秋收以前，全国农业生产合作社应由现有的一万四千多个发展到三万五千八百多个。"[②] 自此，全国各地开始普遍试办初级社。

---

① 赵德馨. 中华人民共和国经济史：上卷 ［M］. 郑州：河南人民出版社，1989：241.
② 中华人民共和国国家农业委员会办公厅. 农业集体化重要文件汇编（1949—1957）［M］//中国共产党中央委员会关于发展农业生产合作社的决议（一九五三年十二月十六日中共中央通过）. 北京：中共中央党校出版社，1982：225.

　　1952 年冬，一些地方在互助合作运动中开始出现急躁冒进倾向。产生冒进的原因，"主要由于一部分干部不懂得或完全不懂得互助合作运动发展的规律，盲目追求高级形式，与存在着不健康的互比工作条件，互不服气的情绪，不批准就自己偷偷干"①。另外在"宣传农业生产合作社的优越性时，没有着重讲清楚发展过程和条件，片面鼓吹好处，因而引起一部分积极分子与劳动模范为了争光荣而盲目带头"②。《关于农业生产互助合作的决议》发布后，急躁冒进的倾向加剧。盲目冒进倾向违反了自愿互利的原则，许多地方还以"不入社不让使用农具"的办法强迫农民入社，引起了农民的不满，导致很多社员要求退社。

　　1953 年春，中南局、西北局、华北局、东北局等大区先后给中共中央汇报了本区内发生的急躁冒进倾向。中南局在《关于纠正试办农业生产合作社中急躁倾向的报告》中指出："试办一开始也就露出冒进的苗头，尽管一年来试办的数量并不大。如河南鲁山县由二个社一跃而为七十一个社，该县马楼乡一下就搞起了十个社，经检查即有六个不够条件已经重转为互助组，二个经整顿后勉强够条件，一个尚未整顿，只一个条件成熟，泌阳一个区一开始即办了五十个社，其他湘鄂赣三省试办的社虽少，也有自发组社的情况，这是今年在坚决扩大试办范围的时候，必须同时予以特别注意的问题，以免妨碍互助合作运动的健康发展"。③

　　面对农业合作化中出现的问题，时任中共中央农村工作部部长的邓子恢④深感忧虑，他认为当时农村工作中的主要危险是急躁冒进的"左"的倾向。1953 年 2 月 24 日，他向来农村工作部视察的朱德提出：全国第二次互助合作会议上制订的互助合作发展计划的指标大了，要考虑。他指出"我们订大了，

---

① 中央同意中南局关于纠正试办农业生产合作社中急躁冒进倾向的报告（1953 年 3 月 14 日）[M]//黄道霞，等. 建国以来农业合作化史料汇编. 北京：中共党史出版社，1992：125.

② 同①.

③ 国防大学党史党建政工教研室. 中共党史教学参考资料：第 20 册 [M]. 北京：国防大学出版社，1986：51.

④ 1953 年 2 月，中央农村工作部成立，邓子恢任部长。

地方会更大，大了容易发生强迫命令"①。

　　为了纠正在发展农业生产合作社中的盲目冒进倾向，1953 年 3 月 8 日，中共中央发布了《对各大区缩减农业增产和互助合作发展的五年计划数字的指示》，并指出"关于农业增产的五年计划数字和互助合作五年的发展计划数字以及一九五三年这两项的指标数字，各大区所已经提出者，现在看来都嫌过高。""在互助合作方面，计划订高了，也势必发生急躁冒进，贪多贪大，盲目追求高级形式与强迫命令形式主义。"② 3 月 14 日，中央批转了中南局《关于纠正试办农业生产合作社中急躁倾向的报告》，报告指出："发展农业生产合作社，不能计划过大、要求过高。"③ 3 月 16 日，中央在批转邓子恢主持起草的《关于春耕生产给各级党委的指示》中明确提出，"必须切实纠正农业生产互助合作运动中正在滋长着的急躁冒进倾向"④。为了推动农业互助合作运动稳步前进，中央决定"必须坚持以互助组为中心（特别是在第二类和第三类地区），同时有控制地稳步地发展农业生产合作社的方针。合作社不能猛然多办，否则欲速不达"⑤。1953 年 4 月召开的全国第一次农村工作会议提出了当前合作化的工作应"稳步前进"的方针，并指出农村工作的基本任务是发展生产，中心环节是领导农民组织起来搞互助合作，必须从小农经济的特点和现状出发，在保护农民利益的基础上，逐步引导农民走上互助合作的道路。

　　1953 年 6 月 15 日中央政治局会议讨论通过了党的过渡时期总路线，主要内容是要"逐步实现国家的社会主义工业化，并逐步实现国家对农业、对手工业和对资本主义工商业的社会主义改造"⑥。

① 《邓子恢传》编辑委员会. 邓子恢传 [M]. 北京：人民出版社，1996：459.
② 中共中央文献研究室. 建国以来重要文献选编（1953 年）[M] //中共中央对各大区缩减农业增产和互助合作发展的五年计划数字的指示（一九五三年三月八日）. 北京：中央文献出版社，1997：65.
③ 同②81.
④ 陈大斌. 从合作化到公社化——中国农村的集体化时代 [M]. 北京：新华出版社，2011：83-84.
⑤ 中共中央文献研究室. 建国以来重要文献选编（1953 年）[M] //中共中央转发华北局《关于纠正农业生产互助合作运动中急躁冒进倾向后的情况及当前工作任务向中央的报告》对各级党委的指示（一九五三年十月四日）. 北京：中央文献出版社，1997：423-424.
⑥ 毛泽东著作选读：下册 [M]. 北京：人民出版社，1986：704.

1953 年 12 月 16 日，中央发布了《关于发展农业生产合作社的决议》。该决议指出："孤立的、分散的、守旧的、落后的个体经济限制着农业生产力的发展，它与社会主义的工业化之间日益暴露出很大的矛盾。这种小规模的农业生产已日益表现出不能够满足广大农民群众改善生活的需要，不能够满足整个国民经济高涨的需要。"① 该决议进一步指明了"引导个体农民经过具有社会主义萌芽的互助组，到半社会主义性质的初级社，再到完全社会主义性质的高级社，这是党对农业进行社会主义改造的路径选择"。在此指引下，农业生产合作社从试办时期开始进入发展时期。

1954 年春，农业生产合作社发展到 9.5 万个，参加农户达 170 万户，大大超过了之前中央提出的数字。1954 年 4 月全国第二次农村工作会议提出，党在农村的基本任务，就是开展以互助合作为中心的大生产运动，并决定1955 年农业生产合作社发展到 30 万或 35 万个。同年 10 月，全国第四次农业互助合作会议总结了农业互助合作的成功经验，并决定到 1955 年春耕前全国农业合作社要发展到 60 万个。到 1954 年年底，全国农业合作社已经发展到48 万多个，其中约有 10 万个是 1954 年春夏建立的，还有 30 多万个是秋收前后建立的新社。② 农业合作社的加快发展导致 1953 年春天以来开始的第一次对合作社控制发展的"整顿"无功而终。③

根据过渡时期总路线的要求，中央人民政府于 1953 年开始制订和实施第一个五年计划，以工业化为中心的大规模经济建设也全面展开。这样一来，工业、城镇人口增加较快，粮食销量大增，粮食生产的产需矛盾，市场供求矛盾就更加突出了。为了配合国家大规模经济建设和稳定粮食市场④，1953

---

① 中国共产党中央委员会关于发展农业生产合作社的决议（1953 年 12 月 16 日中共中央通过）[M]//黄道霞，等.建国以来农业合作化史料汇编.北京：中共党史出版社，1992：171.
② 中共中央关于整顿和巩固农业生产合作社的通知（1955 年 1 月 10 日）[M]//黄道霞，等.建国以来农业合作化史料汇编.北京：中共党史出版社，1992：227.
③ 陈大斌.从合作化到公社化——中国农村的集体化时代[M].北京：新华出版社，2011：93.
④ 随着国家工业化建设的全面展开，工业、城镇人口增加较快，粮食供求矛盾十分突出。当时粮食市场上私营粮商掌握着近 1/3 的交易量。市场供求形势出现紧张情形后，便有人乘机囤积居奇，与国家争粮源，提高粮价，扰乱市场，从而加剧了粮食市场的紧张局面。

年 10 月 16 日，中共中央发出了《关于实行粮食的计划收购与计划供应的决议》，国家开始实行粮食统购统销政策。但是，在 1954 年农业生产合作社加快发展的同时，"长江中游、淮河流域和华北平原遭受了百年不遇的大洪灾，其他地区平收或歉收。由于要以丰补歉，国家向非灾区多购了大约 70 亿斤粮食，不少地区购走了农民的口粮"①，引起农民群众尤其是中农对党和政府统购政策的不满。他们认为多增产政府就要多收购，所以增产对庄稼人没有好处。农民生产积极性受到打击，很多合作社的出勤率大大降低。同时，由于合作社发展步伐过快，一些地方盲目追求办社数量，互相攀比，急于求成；还有些地方在盲目贪多的同时，又出现了追求大社的倾向。办社中的盲目贪多求大倾向，引发一些干部强迫命令、简单粗暴的作风，有相当部分的合作社是在无准备或准备很差的条件下建立的。当时"由于粮食统购任务紧张，县区干部几乎全部投入统购，无人顾及合作社发展工作，以致许多新建起来的合作社搞得很粗，许多经济政策问题处理不当"②，部分农民抵触情绪很重。此种情绪和他们"怕归公"的思想顾虑结合在一起，就出现了许多地方的新建合作社大批出卖耕畜、杀羊、砍树的现象，农民生产积极性明显下降。总体来看，因为粮食统购政策的强制推行和农业合作化中的强迫命令、急躁冒进等问题结合到一起，引起了农民的不满和农村关系的全面紧张。

当时，浙江农村的紧张局面在全国最为突出。浙江农村的紧张局面引起了中共中央和农村工作部的高度重视，并提出了浙江整顿和巩固合作社的工作方针，"除全面端正自愿、互利政策外，需要实行一个全力巩固，坚决收缩的方针"③。有些合作社"必须赶快下马"。④ 经过一个多月的工作，浙江的

---

① 薄一波. 农业社会主义改造加速进行的转折点（四）［J］. 农村合作经济经营管理，1992（7）：38-40.

② 同①.

③ 薄一波. 农业社会主义改造加速进行的转折点（一）［J］. 农村合作经济经营管理，1992（4）：35-39.

④ 杜润生，袁成隆. 关于浙江省农村情况的报告［M］//黄道霞，等. 建国以来农业合作化史料汇编. 北京：中共党史出版社，1992：242.

农业生产合作社由 53 144 个减为 37 507 个①，减少 15 637 个。这就是在农业合作化高潮前夕出现的"浙江砍合作社事件"。

农村关系的全面紧张源于对农业合作化进程要求过急过快。为了稳定农村形势，中共中央于 1955 年 1 月 10 日发出了《关于整顿和巩固农业生产合作社的通知》。该通知的发布，标志着合作化开始实行"控制发展，着重巩固"的方针。1955 年 3 月 3 日，中共中央、国务院在《关于迅速布置粮食购销工作，安定农民生产情绪的紧急指示》中指出，"目前农村的情况相当紧张"，发生了许多问题，实质上是农民群众"表示不满的一种警告"，要求"再把农业合作化的步伐放慢一些"。同时，中共中央、国务院决定，粮食实行"三定"政策②，稳定征购任务。经过整顿，全国农业生产合作社缩减了 2 万个，到 1955 年 6 月实际为 65 万个。

1955 年 4 月 21 日至 5 月 6 日，中央召开了全国第三次农村工作会议，邓子恢强调合作社"要发展一段巩固一段，不要连爬带滚前进"，还特别指出，"当前一个时期，只宜大量兴办初级社，实行土地分红，维持土地私有权"③。但是，事情在 1955 年 5 月发生了转折性变化。毛泽东在外出视察期间，沿途听到看到一些情况后，对农村形势的估计发生了重要变化。他认为"说农民生产消极，那只是少部分的。我沿途看见，麦子长得半人深，生产消极吗？""所谓缺粮，大部分是虚假的，是地主、富农以及富裕中农的叫嚣"，是"资产阶级借口粮食问题向我们进攻"④，并批评农村工作部反映部分合作社办不

---

① 薄一波. 农业社会主义改造加速进行的转折点（一）[J]. 农村合作经济经营管理，1992（4）：35-39.

② 粮食"三定"是"粮食定产、定购、定销"的简称，是我国实行粮食统购统销的一个具体办法。1955 年 8 月 25 日，国务院发布《农村统购统销暂行办法》后实施。"定产"：以户或农业社为单位，按粮田的数量和单位面积常年产量，结合土地质量、自然条件和经营管理状况，评定粮食的总产量；"定购"：按评定的产量扣除农民需要的口粮、种子和饲料粮以后的余粮，由国家实行统购；"定销"：对缺粮户（社）实行粮食供应。粮食的购销数字核定后，在一定时期内不变。

③ 邓子恢. 目前合作化运动情况的分析与今后的方针政策 [M] // 邓子恢文集. 北京：人民出版社，1966：402-413.

④ 贺吉元. 邓子恢与毛泽东关于农业合作社的争论 [J]. 文史精华，2013（7）：10-14.

下去是"发谣风"。① 5 月 17 日，中共中央召开了 15 省市委书记会议，会议在重申"停、缩、发"三字方针的同时，重点强调"发"，并且要求 1955 年下半年全国农业合作社的发展要在原来的 65 万个的基础上翻一番，达到 130 万个。这次会议，是在农业合作化决策方面出现的一个重大转折，同时也加快了从初级社向高级社转变的进程。

## 二、初级农业生产合作社产生的原因

从初级社的产生与发展过程来看，其产生的原因主要有以下几个：

第一，避免农村中出现两极分化的需要。农民个体经济是一种小生产的自然经济，它的自发趋势会使农村产生贫富两极分化的现象。毛泽东认为，为了防止两极分化，必须走农业生产合作化的道路。"现在农村中存在的是富农的资本主义所有制和像汪洋大海一样的个体农民所有制。大家已经看见，在最近几年中间，农村中的资本主义自发势力一天一天地在发展，新富农已经到处出现，许多富裕中农力求把自己变为富农。许多贫农，则因为生产资料不足，仍然处于贫困地位，有些人欠了债，有些人出卖土地，或者出租土地。这种情况如果让它发展下去，农村中向两极分化的现象必然一天一天地严重起来。失去土地的农民和继续处于贫困地位的农民将要埋怨我们，他们将说我们见死不救，不去帮助他们解决困难。"② 实际上，土地改革刚刚完成，就出现了少数贫困农户卖地的现象。"据中共山西省忻县地委对该地区 143 个村调查，在 1949—1952 年的三年间，平均每年出卖土地的农户占总户数的 4.8%，出卖土地占耕地总数的 1.4%。"③ 另据中共中央中南局农村工作部对

---

① 薄一波. 若干重大决策和事件的回顾（上）［M］. 北京：中共中央党校出版社，1991：372.

② 毛泽东. 关于农业合作化问题［M］//中华人民共和国国家农业委员会办公厅. 农业集体化重要文件汇编（1949—1957）. 北京：中共中央党校出版社，1982：373. 转引自刘德萍. 论毛泽东加快农业合作化进程的经济原因［J］. 河南大学学报（社会科学版），2009（5）：110-115.

③ 中共山西忻县地委. 关于农村阶级分化情况的调查报告［M］//史敬棠，等. 中国农业合作化运动史料：下册. 上海：三联书店，1959：251. 转引自苏少之. 论我国农村土地改革后的"两极分化"问题［J］. 中国经济史研究，1989（3）：1-17.

该地区 14 个乡的调查，1953 年有 1.29% 的农户出卖土地，出卖土地占耕地总数的 0.22%。① "从全国范围看，据国家统计局对 23 个省 15 432 户农户调查，1954 年出卖土地数占土地总数的 0.33%。"② 虽然数量不多，规模也不大，但这与共产党追求共同富裕的愿望是完全不相符的。为了避免农村中由于土地兼并而造成贫富差距的进一步扩大，当时唯一的办法就是把农民"组织起来"，走合作化的道路。

第二，加快建立社会主义经济制度的需要。初级农业生产合作社是建立社会主义农业的过渡措施。社会主义农业的主要特征是土地和其他主要生产资料的公有制与按劳分配。在农业生产力水平、合作社的公共积累和农民的思想觉悟还没有达到一定程度的时候，不可能一步跨越到社会主义阶段，只能采取过渡措施逐步引导农民走上社会主义道路。"对于农村的阵地，社会主义如果不去占领，资本主义就必然会去占领。难道可以说既不走资本主义的道路，又不走社会主义的道路吗？"③ 按照党的既定方针，坚持走社会主义道路，加快建立社会主义经济制度，就必须把农户组织起来，走农业合作化道路。初级社的建立，虽然没有触动土地的私有制，但已经使农村土地的所有权与经营权发生了分离。在土地私有的基础上实行统一经营、统一分配，已经带有半社会主义性质，这也为将来向以土地和其他生产资料公有制为主要特征的完全社会主义顺利过渡创造了条件。

第三，解决粮食产需矛盾和实施统购统销政策的需要。中华人民共和国成立后，虽然粮食生产有了较快恢复和发展，但人口增长迅速，农村人口增长更快。1953 年，全国城镇人口达 7 826 万，比 1949 年增加 2 061 万，增长近 40%。而且，随着国家大规模经济建设的全面展开，粮食的产需矛盾、市

---

① 中南区 35 个乡 1953 年农村经济调查 [M] //农村经济调查选集. 武汉：湖北人民出版社，1957：25.

② 苏少之. 论我国农村土地改革后的"两极分化"问题 [J]. 中国经济史研究，1989 (3)：1-17.

③ 毛泽东. 关于农业互助合作的两次谈话 [M] //中华人民共和国国家农业委员会办公厅. 农业集体化重要文件汇编 (1949—1957). 北京：中共中央党校出版社，1982：198.

场供求矛盾更加突出。从 1952 年开始，全国城镇粮食供应日趋紧张，1953 年形势更加严峻。据 1953 年 6 月粮食部向中央的报告，"1952 年 7 月 1 日至 1953 年 6 月 30 日的粮食年度内，国家共收购粮食 547 亿斤，比上年增长 8.9%，支出 587 亿斤，比上年增加 31.6%，收支相抵，赤字 40 亿斤。"① 6 月 30 日的粮食库存将由上年同期的 145 亿斤减为 105 亿斤，全国几乎所有大中城市粮食库存都大幅度减少。通过兴办合作社，能够提高农业生产力，增加粮食和其他农产品产量。"各级农村工作部要把互助合作这件事看作极为重要的事。个体农民，增产有限，必须发展互助合作。""已经建立起来了的六十五万个农业生产合作社有百分之八十以上的社都增加了农作物的产量，这是极好的情况，证明农业生产合作社社员的生产积极性是高的，合作社胜过互助组，更胜过单干户。"② 这就是说，粮食产需矛盾又是加快农业合作化的一个重要原因。

同时，为了配合国家大规模经济建设和重工业优先发展的战略，1953 年实施的粮食统购统销政策虽然缓和了市场紧张状况，但是，如果没有农业合作化的保障，在土地私有和分散的个体农业基础上很难坚持下去。直接面对农民进行统购统销容易引起农民的不满，因为统购统销实际上是切断了农民与市场的联系，限制了农民的产品自销权。周恩来在 1956 年就说过："在 1954 年，由于我们没有完全弄清楚全国粮食产量的情况，向农民多购了一部分粮食，引起了一部分农民的不满。"③ 对此，陈云也曾说："困难不单单来自我们对于统购统销缺少经验，主要是对这样众多的农户，要估实产量，分清余缺及其数量，很不容易。""向农业生产合作社进行统购统销的工作，也要容易得多，合理得多。"④ 1959 年毛泽东在总结统购统销时说："只有在合

① 刘恩云. 粮食危机、统购统销与农业合作化步伐加快 [J]. 经济研究导刊, 2011 (11): 49-50.
② 毛泽东. 关于农业合作化问题 [M] //中华人民共和国国家农业委员会办公厅. 农业集体化重要文件汇编 (1949—1957). 北京: 中共中央党校出版社, 1981: 366. 转引自高ён. 毛泽东与邓子恢关于农业合作化思想的分歧及其原因探析 [J]. 中国社会经济史研究, 1995 (3): 84-96.
③ 周恩来. 第一个五年计划的执行情况和第二个五年计划的基本任务 [M] // 周恩来选集: 下册. 北京: 人民出版社, 1984: 216.
④ 陈云. 坚持和改进粮食的统购统销 [M] // 陈云文选: 第 2 卷. 北京: 人民出版社, 1995: 277.

作化的基础上，统购统销的政策才能继续，才能彻底执行。"① 这也说明，农业合作化是粮食统购统销政策顺利实施的有效组织形式。薄一波指出："如果说尖锐的粮食产需矛盾又是促进大规模开展农业合作化的动因之一，那么，1953年实行的粮食统购统销，则是当时粮食供求矛盾发展的产物。"②

第四，为国家工业化发展战略积累资金的需要。中华人民共和国成立后，随着国家经济建设的全面展开，社会主义工业化和农业生产之间的矛盾日渐突出。一方面，实现工业化需要越来越多的商品粮食和工业原料，另一方面，需要通过提取农业剩余，为国家工业化和农业技术改造提供资金积累。所以毛泽东在农业合作化全过程中一再强调"社会主义工业化是不能离开农业合作化而孤立地去进行的"。"如果不使农业社会主义改造的速度与社会主义工业化的速度相适应，则社会主义工业不可能孤立地完成，势必遇到极大的困难"。③ 由于个体小农经济在农业经济中还占有绝对的优势，"这种小农经济限制着农业生产力的发展，它是同社会主义的工业化相矛盾的，必须逐步地以合作化的农业代替分散的个体的小农业。"④

## 三、初级农业生产合作社的组织管理制度

与互助组相比，初级社的组织化程度大为提高。初级社的领导机构是管理委员会，委员会主任又是合作社主任；初级社下设生产队，生产队长和直属生产组长由管理委员会委派。合作社的主任有权检查、监督生产队、生产组的种植计划。⑤

初级社并没有改变土地的私有性质，但加入初级社，必须以土地入股，

---

① 中华人民共和国国史学会. 毛泽东读社会主义政治经济学批注与谈话（清样本）：上 [M]. 北京：中央文献出版社，1992：118-119.
② 薄一波. 若干重大决策与事件的回顾 [M]. 北京：中共中央党校出版社，1991：255.
③ 建国以来毛泽东文稿：第4册 [M]. 北京：中央文献出版社，1990：497.
④ 中华人民共和国发展国民经济的第一个五年计划（一九五三—一九五七）. 转引自孙孺. "综合经济基础论"是反对社会主义革命的理论 [J]. 学术研究，1964（6）：1-9.
⑤ 徐国普. 建国初期农村权力结构的特征及其影响 [J]. 求实，2001（5）：51-53.

由合作社统一经营，牲畜和大农具归合作社集中统一使用。社员的劳动是合作社集体劳动的一部分，归合作社统一调配。劳动成果也由社里统一分配，只是保留了入股土地的分红，以体现土地所有者的权益。[①]

（一）初级社的生产资料处理办法

1. 土地入社

土地入社是按照土地的实际产量，并根据土质的好坏、耕作的难易程度、位置远近等条件，计算出土地在平常年景可能达到的产量，作为标准亩，将自然亩数折合成标准亩数。[②]按标准亩确定土地股份，作为取得土地报酬的标准。

2. 耕畜入社

耕畜入社主要有两种办法：一种是"私有、私养、公用"，即耕畜社员私有，自己喂养，合作社按当地市场价租用；一种是"私有、公养、公用"，即耕畜社员私有，由合作社统一喂养，统一使用，给社员以适当的报酬。耕畜入社关键在于合理地规定租价，租价过低会影响社员饲养耕畜的积极性，但是，租价过高就会使一部分占有耕畜多的富裕农民获得过高的收入。除此以外，还有一种办法是耕畜作价入股，按股分红，但这种办法采用得很少。也有少数的社把社员的耕畜折价入社，归集体所有。

3. 大型农具入社

大型农具入社也有两种办法：一种是归社员私有，合作社按生产需要向社员租用，给予相当或者略高于农具本身折旧费的报酬，农具若有损坏，由合作社修理和赔偿；另一种是在合作社资金许可、群众同意的条件下折价归集体所有。

此外，成片的林木、成群的牲畜、大型副业工具入社的办法，大体上和耕畜、农具入社的办法相同。

① 陈锡文，赵阳，陈剑波，等. 中国农村制度变迁 60 年［M］. 北京：人民出版社，2009：12-13.
② 吴德慧. 经济文化落后国家农业社会主义改造研究［D］. 北京：中共中央党校，2008：95.

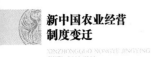
（二）包工制

在初级社时，有的合作社对生产队已经开始实行"包工制"，即"把一定的生产任务，按照工作定额计算出一定数量的用工数（劳动日或工分），包给生产队限期完成"。① 劳动效率高的生产队，用工数少于包工数，按包工数记工，多出来的工分归生产队；劳动效率低的生产队，用工数多于包工数，也按包工数记工，不足的工分社里不补。"包工制"有临时包工、季节包工和常年包工等多种形式。

"包工制"虽然提高了各生产队的劳动效率，但是没有解决农活质量和农产品产量的问题。为了使生产队和社员不仅关心用工多少，而且关心农活质量和农产品产量，"包工制"又发展为"包工包产制"。这种制度是"由合作社根据全社的农作物种植计划，确定各生产队不同地段种植什么作物，按土质好坏、常年产量加上当年的增产措施，规定每个生产队所经营的耕作区的产量包干，把它和用工总数一起，包给生产队"。② 生产队经营得好，农产品产量超过包产的产量，超产的一部分或全部奖给生产队；生产队经营得不好，农产品产量达不到包产的产量，生产队要赔偿社里的损失。实行包产的生产队不再适合临时包工，一般都推行了季节包工或常年包工。

但是，包工包产还没有解决生产费用的节约问题。为了促进各生产队节约生产开支，在包工、包产的同时，又加上包生产投资（也叫包财务、包成本）。由合作社按照不同作物的不同需要和经济力量，计算出每种作物每亩地的投资数量，作为投资限额包给生产队。生产队可以在限额以内，因地制宜地在作物或地段之间合理地调剂使用。③ 这样，就形成了"三包一奖"制度，即包工、包产、包生产投资和超额奖励制度。有的合作社在生产队包工包产的基础上，还进一步对生产小组实行了包工包产。

---

① 王增武. 对我国农业社会主义改造的回顾与思考［J］. 甘肃理论学刊，1989（5）：37-40.
② 吴德慧. 经济文化落后国家农业社会主义改造研究［D］. 北京：中共中央党校，2008：95.
③ 同②99.

## 四、初级农业生产合作社的分配

初级社改变了家庭经营的方式，获得了对生产资料、农民劳动力的使用和支配权，实行统一经营，集体劳动，统一分配，这是一个有决定意义的变化。初级社的产品实行统一分配，在扣除公积金、公益金和管理费用以后，再以土地报酬和劳动报酬的形式分给社员。社员获得的报酬主要来源于土地报酬和劳动报酬。

在初级社中，农民把属于自己的私有土地以入股的形式交由合作社统一使用，农民可以依据其所有权在年终分配时获得相应数量的土地报酬。在合作社总收入中用于劳动报酬的部分，实行"按劳分配，多劳多得"的原则，按照社员工作的数量和质量进行分配。

初级社的个人分配出现过多种形式：一是土地报酬固定不变，劳动报酬可变，也称为"死租制"。从合作社的可分配收入中，扣除土地报酬和公积金、公益金，其余按劳分配。这种分配方式，生产越发展，合作社的收入越多，劳动报酬所占的比例就越大，土地报酬所占的比例就越小。中国的初级农业生产合作社，绝大部分采取这种分配形式。二是合作社的可分配收入扣除公积金、公益金以后，土地和劳动力按比例分配，也称为"活租制"。随着合作社生产的发展，土地报酬会提高。三是劳动报酬不变，社员拿固定工资，从合作社的可分配收入中扣除公积金、公益金以后，再按土地分红。这种分配方式中的土地报酬也会随着合作社生产的发展逐步提高。当时，在处理土地报酬和劳动报酬比例问题上，总的指导思想是要不断提高劳动报酬的比例，降低土地报酬的比例，以便将来取消土地报酬，实现生产资料公有的"完全社会主义"的高级社。在这种思想指导下，一些初级社采取了逐年减少土地报酬的办法。

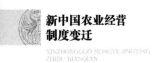

## 第三节 高级农业生产合作社的农业经营制度

1955 年夏季开始，农业生产合作社的发展速度急剧加快，高级社迅速发展，很快就出现了"农业社会主义高潮"。高级社与初级社的本质区别，就是社员的土地和其他生产资料都已经实现了公有化。1955 年 11 月通过的《农业生产合作社示范章程草案》规定："随着生产的发展和社员的社会主义觉悟的提高，合作社对于社员的土地逐步地取消报酬；对于社员交来统一使用的别的生产资料，按照本身的需要，得到社员的同意，用付给代价的办法或者别的互利的办法，陆续地转为全社公有，也就是全体社员集体所有。这样，合作社就由初级阶段逐步地过渡到高级阶段。"①

### 一、高级农业生产合作社的产生与发展

1955 年 10 月，中央召开七届六中全会，主要议题是研究农业合作化的"大发展"，会议对要"坚决收缩"合作社的"右倾机会主义"进行了批判，并认为"农村中合作化的社会改革的高潮，即将在全国到来，有些地方已经到来了"。② 这次会议以后，合作化运动迅猛发展。据有关部门统计，1955 年年底，全国入社农户由春耕时的占总农户的 14%增加到 60%以上，入社农户共 7 000 多万户，组成 184 万多个合作社，其中，高级社由 259 个增加到

---

① 农业生产合作社示范章程草案（1955 年 11 月 9 日全国人民代表大会常务委员会第二十四次会议通过）［M］//黄道霞，等. 建国以来农业合作化史料汇编. 北京：中共党史出版社，1992：324. 转引自张晓山. 我国农村集体所有制的理论探讨［J］. 中南大学学报（社会科学版），2019（1）：1-10.

② 关于农业合作化问题的决议，一九五五年十月十一日中国共产党第七届中央委员会第六次全体会议（扩大）通过. 转引自高峻. 毛泽东与邓子恢关于农业合作化思想的分歧及其原因探析［J］. 中国社会经济史研究，1995（3）：84-96.

29 000 多个。[1]

1956 年 1 月，《中国农村的社会主义高潮》一书出版，加快了中国农业合作化运动"高潮"的到来。1 月 23 日，中共中央政治局通过了《1956 年到 1967 年全国农业发展纲要（草案）》（以下简称《纲要（草案）》）。《纲要（草案）》提出了全国不同地区的粮食亩产指标，并正式提出把农村初级社升级为高级社的要求，认为"不升级就将妨碍生产力的发展"。《纲要（草案）》明确规定："要求合作基础较好并且已经办了一批高级社的地区，在 1957 年基本上完成高级形式的农业合作化"。其余地区的发展也都提出相应的指标，要求"在 1958 年基本上完成高级形式的农业合作化"。比起原来的设想，办高级社的行动不仅提前开始，也大大加快了发展步伐。

1956 年 3 月 5 日，中共中央发布《关于在农业生产合作社扩大合并和升级中有关生产资料的若干问题的处理办法的规定》，这标志着初级社升级为高级社已经开始在各地全面实施。6 月 30 日，全国人大审议通过了《高级农业生产合作社示范章程（草案）》（以下简称《章程（草案）》），《章程（草案）》规定："入社农民必须把私有土地和耕畜、大型农具等主要生产资料转为合作社集体所有。"[2] 至此，随着农业的社会主义改造基本完成，以生产资料集体公有为基础的统一经营、共同劳动、统一分配的农业经营制度就建立起来了。

1956 年 3 月底，加入合作社的农户从 1955 年年底占全国总农户的 14.2% 增加到近 90%，其中高级社从 0.03% 增加到 55%。这年 9 月之后又迅速发展，到年底全国已有高级农业生产合作社 54 万个，入社农户已占全国总农户的 87.8%[3]，真正在全国范围内实现了高级形式的农业合作化。原计划要经过"三个五年计划"的时间在全国范围内基本实现的农业合作化，实际上从 1953 年起仅用三年多的时间就完成了。

---

① 转引自宋彦强.农业合作化运动的政策变迁及农民心理研究［D］.福州：福建师范大学，2012：131-132.

② 转引自吴德慧.经济文化落后国家农业社会主义改造研究［D］.北京：中共中央党校，2008：99-100.

③ 杜润生.当代中国的农业合作制［M］.北京：当代中国出版社，1997：400.

1955 年年底至 1956 年年初，在农业合作化高潮中办起的一些高级社，规模都比较大，有相当多的初级社还来不及巩固，就匆匆忙忙地转为高级社，有的甚至从互助组直接进入高级社。再加上管理经验不足、干部的强迫命令等问题，引起了社员的不满，导致部分农业社的社员闹退社。"1956 年 6 月初，广西陆川县九区的塘寨社，闹退社的社员有 32 户。凌乐县玉洪区的莲花社，是一个由汉、壮、瑶等民族组成的联合社，共有 164 户，要求集体退社的就有 4 个队，64 户。"① 当时，针对部分高级社规模过大的情况，中共中央、国务院于 1956 年 9 月 12 日发出了《中共中央国务院关于加强农业生产合作社的生产领导和组织建设的指示》，强调指出，"现在有些地方的生产队、生产组过大，应该根据现时的生产技术条件和田间作业的需要，加以调整。根据各地经验，在目前条件下，一般地区以小型的队（平均二三十户至三四十户）小型的组（平均七八户）更为适宜。""在目前条件下，合作社的规模，山区以一百户左右，丘陵区二百户左右，平原区三百户左右为适宜，超过三百户以上的大村也可以一村一社。今后建社并社的时候，应该按照这种规模进行。至于现有的大社，凡能办好的应该努力办好，凡不利于生产、多数社员要求分开的，应该适当分开。"②

1956 年年底，农民闹退社现象在全国许多地方都有发生。到 1957 年春夏之交，退社风潮有增无减。1957 年 9 月 14 日，中共中央发出了《中共中央关于整顿农业生产合作社的指示》，指示强调："合作社和生产队的组织，要力求便于经营管理和发挥社员集体劳动的积极性。为此，它们的组织规模大小，应该照顾地区条件、经济条件、居住条件和历史条件，容许有各种差别，而不应该千篇一律。根据一年多的经验看来，在多数情况下，一村一社是比较合适的。有些大村可以一村数社，有些距离较近的小村也可以数村一社。"③

---

① 罗平汉. 1956—1957 年农民闹社闹粮事件 [J]. 党史文苑（纪实版），2014（12）：32-38.

② 中共中央、国务院关于加强农业生产合作社的生产领导和组织建设的指示（1956 年 9 月 12 日）[M] //黄道霞，等. 建国以来农业合作化史料汇编. 北京：中共党史出版社，1992：390-392.

③ 中共中央关于整顿农业生产合作社的指示（1957 年 9 月 14 日）[M] //中共中央文献研究室. 建国以来重要文献选编：第十册. 北京：中央文献出版社，1993：551. 转引自陆永山. 农业合作化运动后期工作中的偏差及党和政府采取的措施 [J]. 党史博采，1994（3）：7-10.

同时，中共中央发出的《中共中央关于做好农业合作社生产管理工作的指示》中又指出，"合作社和生产队的规模大小，对于农业生产管理工作的好坏，关系极大。""几年来各地实践的结果，证明大社、大队一般是不适合于当前生产条件的，也证明中央1956年9月指示中规定合作社规模的一般标准，是适宜的。因此，除少数确实办好了的大社以外，现在规模仍然过大而又没有办好的社，均应根据社员要求，适当分小。""社和生产队的组织规模确定了之后，应该宣布在十年内不予变动。"①

根据这些指示，各地相继将那些规模过大的农业社加以划小，如河南新乡地区将原来的3 645个合作社分成了10 272个合作社，平均每社由518户减少到183户。②

## 二、"包产到户"的出现

1952年农业合作化运动开始后，不少地方的农业生产合作社就开始探索并实行了包产包工责任制，这一现象引起了邓子恢以及当时中央农村工作部的注意。通过经验总结和理论探索，邓子恢在1954年4月召开的第二次全国农村工作会议及同年10月召开的全国第四次互助合作会议上，提出了在农业合作化运动中嵌入以包产包工为主要形式的生产责任制，完善农业合作化政策。1955年，邓子恢试图通过责任制巩固和整顿农业合作社，但是在农业合作化的速度和步骤上，"左"的思想占了上风，包工包产责任制在当时被认为阻碍了农业合作化快速发展而受到批判。1956年和1957年高级社成立以后，我国一些农村也出现了包产到户。当时有的地方农民办高级社，宣布生产资料公有化，但不合伙，不搞统一经营，上缴一定数量产品，多余归己，叫包产到户。③ 最典型的是浙江省永嘉县，它是全国县级党委第一个支持包产到户

---

① 薄一波. 农村人民公社化运动（一）[J]. 农村经营管理，1993（11）：38-40.

② 罗平汉. 1958年的并社运动：人民公社化的前奏 [J]. 中国新闻周刊，2014（44）：80-82.

③ 杜润生. 中国农村制度变迁 [M]. 成都：四川人民出版社，2003：4.

的。① 1956 年春，当时浙江省温州地区永嘉县委副书记李云河在"燎原"合作社进行了"包产到户"的试点②，受到了群众的普遍欢迎，并在全县 313 个农业社进行推广。这年秋天粮食就取得了大丰收，很快包产到户在温州地区蔓延开来。全温州地区有 1 000 多个农业社在 17.8 万个农户（占总数的 15%）中实行了包产到户。③

1956 年 4 月 29 日，《人民日报》发表文章《生产组和社员都应该"包工包产"》说："把一定产量的任务包给生产组和每个社员，是完全对的。有些农业生产合作社（主要是高级社）只有生产队包工包产，生产组和社员不包工包产，这就产生了问题，就是社员只顾赚工分，不关心社里的生产。这是目前许多农业生产合作社建立了劳动组织，实行了包工包产，生产仍然混乱的一个重要原因。"④ 文章具体分析了生产队把一定的地段、一定的产量包给生产组和每个社员，不会妨碍发挥统一经营、集体劳动的优越性，突破了"生产组织和社员不能包工包产"的禁区。

与此同时，四川江津以及广东的中山和顺德等地的"包产到户，地跟人走"，浙江的"按劳分田，包产到户"，江苏盐城的"分户田间管理"，河北的"田间管理包到户"等不同形式的农业生产责任制也逐步开展起来。

但是，"包产到户"一出现，就一直伴随着反对的声音。1956 年 11 月 26 日，《浙南大众报》曾为此发表《不能采取倒退的做法》的社论，指责这个办法是发扬"小农经济积极性"，是"打退堂鼓"，根本不是先进制度。1957 年 10 月 9 日，《人民日报》新华社记者写了一篇《温州专区纠正"包产到户"的错误做法》的文章。文章指出，据各地农民在大鸣大放中反映，"包产到户"的危害性很大，并认为包产到户是"离开社会主义道路的原则性、路线性错误"。后来包产到户被定为农民的一种自发倾向，是富裕中农对社会主

---

① 吴德慧. 经济文化落后国家农业社会主义改造研究 [D]. 北京：中共中央党校，2008：106.
② 杜润生. 包产到户：来自农民的创新 [M] //杨天石. 《百年潮精品系列》之《亲历者记忆》. 上海：上海辞书出版社，2005：237.
③ 杨胜群，田松年. 共和国重大决策的来龙去脉 [M]. 南京：江苏人民出版社，1997：302.
④ 史云，李新. 李云河首创"包产到户"案 [J]. 文史月刊，2003（7）：24-32.

义的动摇。1957 年 7 月，中央在青岛召开省、市、区第一书记会议，会议提出："和城市一样，在农村中，仍然有或者是社会主义或者是资本主义，这样两条道路的斗争，这个斗争需要很长时间，才能取得彻底胜利。""我赞成迅即由中央发一个指示，向全体农村人口进行一次大规模的社会主义教育，批判党内的右倾机会主义思想，批判某些干部的本位主义思想，批判富裕中农的资本主义思想和个人主义思想，打击地富的反革命行为。其中的主要锋芒是向着动摇的富裕中农。"①经过农村社会主义教育运动，"包产到户"在被批判后取消。

## 三、高级农业生产合作社加快发展的原因

按照过渡时期总路线的要求，国家计划用三个五年计划的时间完成对农业、手工业和资本主义工商业的社会主义改造。就农业的社会主义改造而言，1955 年 7 月前，从互助组到初级社的转变基本上是按照"自愿互利、典型示范"的原则循序推进的，然而 1955 年下半年之后，农业合作化发展速度加快，高级社数量迅速增加，主要原因有以下几个：

（一）片面追求生产资料高度公有化的结果

农业合作组织由低级向高级发展是农业社会主义改造的基本要求。1953年 12 月，中共中央在《为动员一切力量把我国建设成为一个伟大的社会主义国家而斗争——关于党在过渡时期总路线的学习和宣传提纲》中明确提出："党在过渡时期的总路线的实质，就是使生产资料的社会主义所有制成为我国国家和社会的唯一的经济基础。"② 根据党在过渡时期的总路线，我国农业社会主义改造的基本任务就是把个体分散的小农经济改变为生产资料公有制的

① 杜润生. 中国农村改革决策纪事 [M]. 北京：中央文献出版社，1999：38-39. 转引自谢忠文. 从革命到治理：1949—1978 年中国意识形态转型研究 [D]. 上海：上海社会科学院，2011：79.

② 为动员一切力量把我国建设成为一个伟大的社会主义国家而斗争——关于党在过渡时期总路线的学习和宣传提纲 [M] //中共中央文献研究室. 建国以来重要文献选编：第四册. 北京：中央文献出版社，1993：702. 转引自唐文静. 建国以来中国农地思想研究 [D]. 上海：复旦大学，2004：15.

集体经济。在这一思想指导下，初级社没有触动土地的私有制，并不是中国
共产党进行农业社会主义改造所要达到的目标，只能作为建立社会主义农业
的过渡形式。而且，初级社内部社会主义因素与私人经济因素并存的矛盾，
也不利于农业生产力水平的进一步提高。初级社中私人经济因素和社会主义
因素的矛盾主要表现在：第一，土地私有及其报酬部分与劳动报酬的矛盾；
第二，牲畜和其他主要生产资料私有与社内统一使用的矛盾；第三，土地入
股分红与集体积累的矛盾。这些矛盾随着生产力的发展日益明显，不解决这
些矛盾，就会阻碍生产力的发展。如土地私有制既不利于兴修水利、土地统
一规划和有计划的基本建设，也不利于大规模的新技术推广，不能充分发挥
劳动资料的效能。当时人们认为，实际生活中暴露出来的这些问题，说明了
必须更积极地有计划地领导农民进一步联合起来，把规模较小的初级社合并
起来，取消土地报酬，将土地和别的主要生产资料的私有制度改变为集体所
有制度，把初级社转变成高级社。① "小社人少地少资金少，不能进行大规模
的经营，不能使用机器。这种小社仍然束缚生产力的发展，不能停留太久，
应当逐步合并"②，"因为初级形式的合作社保存了半私有制，到了一定时候，
这种半私有制就束缚生产力的发展，人们就要求改变这种制度，使合作社成
为生产资料完全公有化的集体经营的经济团体。生产力一经进一步解放，生
产就会有更大的发展。" "大约办了三年左右的初级合作社，就基本上具备这
种条件了。"③ 这样，许多地方的初级社就迅速转变为高级社。当然，用生产
资料的公有制取代农民的个体所有制，是当时确定的社会主义农业发展的方
向，但是，用行政手段推动初级社向高级社过渡，难免会出现急躁冒进的倾

---

① 李琳. 积极领导初级社转为高级社 [N]. 人民日报，1956-01-19. 转引自宋徽瑾. 高级农业生产
　合作社探讨 [D]. 桂林：广西师范大学，2005：10.

② 毛泽东.《大社的优越性》一文的按语 [M] //中共中央文献研究室. 建国以来毛泽东文稿 (5).
　北京：中央文献出版社，1991：515. 转引自谢忠文. 从革命到治理：1949—1978 年中国意识形态
　转型研究 [D]. 上海：上海社会科学院，2011：73.

③ 中共中央文献研究室. 建国以来毛泽东文稿 (5) [M] //毛泽东.《一个从初级形式过渡到高级形
　式的合作社》一文的按语. 北京：中央文献出版社，1991：501. 转引自谢忠文. 从革命到治理：
　1949—1978 年中国意识形态转型研究 [D]. 上海：上海社会科学院，2011：79.

向。初级社向高级社的升级速度过快，规模过大，既超出了当时农业生产力的发展水平，也超出了农民的接受程度。

（二）农民对共产党充分信赖的结果

虽然经过农业的社会主义改造，农民对社会主义的思想认识和政治觉悟有所提高，但长期遗留下来的小农的传统心理和习惯需要经过长时间的努力才能改变，农民的唯上心理和从众心理都会影响到高级社的发展。中国共产党带领全国人民经过数十年的艰苦斗争，终于使广大贫苦农民翻身做了新中国的主人。紧接着通过土地改革废除了封建土地所有制，使农民成为土地的主人，他们从内心深处对共产党无限感激。有位村支书在回顾初级社转高级社的情况时曾说："村里的人很不愿意把祖产交出来，在私底下抱怨政府用强制手段要大家加入合作社，但这种人毕竟是少数，而且没人敢反对政府，革命之后，生活条件立刻有了改善，这也是不争的事实啊。农民都对毛主席和党深信不疑，他们大概都认为，这种种改变，都是为了政府宣传中所说的共产天堂的到来做准备吧！"① 既然办高级社是党号召的，办高级社也就不会错，这就是广大农民的共同心态。因此，在许多地区出现了整村整乡的农户加入高级社。这也说明农民对共产党的充分信赖是高级社能迅速建立和发展的重要原因之一。

（三）反"右倾机会主义"的结果

1955年10月党的七届六中全会上，中央对认为合作社要"坚决收缩"的"右倾机会主义"进行了严厉批判，斥之为"小脚女人""爬行思想"，犯了"方针性错误"。"已经建立起来的几十万个农业生产合作社的日趋巩固和绝大部分增产的情况，以及许多农民群众要求参加合作社的积极性，恰恰在事实上否定了这种悲观主义，宣告了右倾机会主义的破产，证明了右倾机会主义在实质上只是反映了资产阶级和农村资本主义自发势力的要求。党的七届六中全会认为：党中央政治局对于右倾机会主义所进行的批判是完全正确

---

① 黄树民. 林村的故事——一九四九年后的中国农村变革［M］. 上海：三联书店，1998：50. 转引自宋徽瑾. 高级农业生产合作社探讨［D］. 桂林：广西师范大学，2005：10.

和必要的，因为只有彻底地批判了这种右倾机会主义，才能促进党的农村工作的根本转变，改变领导落在群众运动后头的局面。这个转变，是保证农业合作化运动继续前进和取得完全胜利的最重要的条件。"① 并且认为，"高级社建立和发展的过程，是社会主义和资本主义两条道路斗争的过程。为了保证社会主义的胜利，首先是贯彻执行党在农村的阶级路线。初级社向高级社过渡中，除了在生产资料的处理上应体现阶级政策外，在组织成员和领导成员上，也必须保证贫农的优势。"② 这样就把办不办高级社上升为两条路线的斗争。结果使得党内形成了一种人人都怕犯右倾错误的倾向，宁"左"勿右，合作化越快越好，合作化程度越高越好。在这种思想指导下，许多既缺乏思想基础也缺乏物质基础的初级社就转为高级社。

## 四、高级农业生产合作社的生产组织与管理形式

高级社是以主要生产资料集体所有制为基础的农民合作经济组织。高级社下设生产队（大体以自然村或原来的初级社为基础组成）、生产小组，生产队为基本核算单位。

高级社时期的农业生产组织实行"四固定"和"三包一奖"③的管理制度。1956年6月30日国务院发布的《高级农业生产合作社示范章程》规定，"生产队是农业生产合作社的劳动组织的基本单位，生产队的成员应该是固定的。田间生产队负责经营固定的土地，使用固定的耕畜和农具。副业生产小组或者副业生产队负责经营固定的副业生产，使用固定的副业工具"。④ 另外，该章程规定"农业生产合作社可以实行包产和超产奖励"。为了充分发挥所有社员的劳动积极性，做到既能够增加社员劳动出勤率，又能够提高劳动生产

---

① 中国共产党历次全国代表大会数据库. http://cpc.people.com.cn.

② 转引自宋徽瑾. 高级农业生产合作社探讨 [D]. 桂林：广西师范大学，2005：9.

③ "三包一奖"制是包工、包产、包成本和超产奖励的简称，是中国农业生产合作社在统一核算、统一经营的前提下，对生产队实行的一种生产责任制。

④ 中国人大网. 高级农业生产合作社示范章程. http://www.npc.gov.cn.

率，1957 年 9 月，中共中央又发出了《中共中央关于做好农业合作社生产管理工作的指示》，明确提出，合作社建立"统一经营，分级管理"的制度，"管理委员会是合作社统一经营的领导机构""生产队是合作社组织劳动、管理农业生产的基本单位"①"必须普遍推行'包工、包产、包财务'的'三包制度'，并实行超产提成奖励、减产扣分的办法。这是社队分工分权的一项根本措施"。②

（一）"四固定"

"四固定"，即劳动力、土地、耕畜和农具固定给生产队。

1. 劳动力固定

生产队作为一级生产的管理组织，其成员确定以后，除在必要的时候组织全社范围的协作外，一般都在队里劳动，不得随意变动。

2. 土地固定

每个生产队确定一定数量的土地固定使用。

3. 耕畜固定

主要是将耕牛固定到生产队饲养，生产队推选有经验的成员担任饲养员，精心料理，生产队对饲养员实行包肥、包饲料、包繁殖，定人员、定工分、定耕牛、定栏舍和奖励制度。

4. 农具固定

农具按照生产队的劳动力、土地多少固定给生产队使用，合作社与生产队签订农具使用合同，并建立"五定"（定修理费、定保管、定工分、定检查、定奖惩）责任制度。

（二）"三包一奖"

"三包一奖"即生产队向合作社实行"包工、包产、包成本"和"超产奖励"。

---

① 转引自张云华. 农村三级集体所有制亟须改革探索 [J]. 农村经营管理，2015（5）：26-28.

② 中共中央关于做好农业合作社生产管理工作的指示（1957 年 9 月 14 日）[M] //中共中央文献研究室. 建国以来重要文献选编：第十册. 北京：中央文献出版社，1993：557.

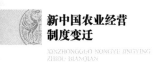
1. 包工

包工，就是在制订包产计划的同时，对完成各项包产任务所需要的用工数量统一进行计算和安排，包给生产队，由"各生产队合理安排劳动力的使用。在保证各项农活质量的前提下，要采取积极的措施，节约使用劳动力，力争实际用工不超过包工数。如果用工浪费而超过包工指标，应由生产队自己负责，生产队不予增计劳动报酬；反之，如果生产队因用工合理，劳动力有了节余，生产队有权另行安排这些劳动力从事其他生产"。①

2. 包产

包产，"就是在一个生产年度内，合作社根据国家提出的生产计划要求和各个生产队的具体条件和特点制订产量指标，通过合同的形式向生产队下达生产任务，各生产队必须负责完成。包产以内的收入，应该全部上交合作社，超包产部分的收入归生产队所有。"② 这样，由队长、组长直接组织所辖社员进行生产，有利于在一定程度上克服合作社规模过大造成的生产管理混乱的状况。为了充分调动社员的积极性，《中共中央关于做好农业合作社生产管理工作的指示》中还提出"在生产队积极完成合作社生产计划指标的条件下，包产指标应该略低于计划指标，使包产的队有产可超，有成可提，以鼓励所有队员的积极性和创造性"。③

3. 包成本

包成本，"就是在制订包产计划的同时，根据完成包产计划的需要，分项计算出生产资料的消耗数量和其他生产费用，一并包给生产队使用。生产队可以发挥积极性、主动性，采取积极措施，尽可能节约一切生产费用，使实际成本不超过所包成本。如果生产费用节约，节余部分即归生产队支配；如果浪费，超过所包成本的部分原则上应由生产队负责。"④

---

① 冯田福. 论"三包一奖"制度 [J]. 经济研究，1961（2）：16-24.

② 同①.

③ 中共中央关于做好农业合作社生产管理工作的指示 [J]. 江西政报，1957（17）：3-6.

④ 冯田福. 论"三包一奖"制度 [J]. 经济研究，1961（2）：16-24.

4. 超产奖励

超产奖励，即合作社与生产队签订生产合同，生产队必须保证完成规定的产量计划，还必须保证某些副业产品达到一定的质量。对于超额完成了生产计划的，应该酌情多给劳动日，作为奖励。对于经营不好，产量或者产品质量达不到计划的，应该酌情扣减劳动日，作为处罚。

另外，中央在 1957 年 9 月发布的《中共中央关于做好农业合作社生产管理工作的指示》中还明确提出，"生产队在管理生产中，必须切实建立集体的和个人的生产责任制，按照各地具体条件，可以分别推行'包工到组''田间零活包到户'的办法。这是建立生产责任制的一种有效办法。"①

固定生产队和"三包一奖"制度，是在高级社广泛发展以后，在实践中产生出来的劳动组织形式和管理制度。它"在一定程度上解决了社和队之间的矛盾，加强了集体经济的管理，提高了社员的责任心和生产积极性"。② 但是"三包一奖"制度仍然存在许多矛盾，在实行过程中，对工量、产量、生产费用要进行大量计算，产量不容易包准，对于奖励和赔偿问题常常发生争执。另外，合作社是统一计划、统一核算、统一分配的，但生产活动是在各个生产队里进行的，如何正确处理社和队的关系，便成为一个重要问题。

## 五、高级农业生产合作社的分配制度

高级社已经实现了土地和其他生产资料的公有制，也就没有了对土地和其他生产资料分红的必要。而且土地改革后农户的土地数量已经高度均等化，对大多数入社农户来说，户户都有或都无土地分红，实际上并无大的差别。况且，入社社员中的贫农和下中农占多数，他们的人均土地相对较少，因此更拥护取消土地分红。而取消了土地分红，实际上也就取消了农村土地私

---

① 中国经济网. 中共中央关于做好农业合作社生产管理工作的指示. http://www.ce.cn/xwz.
② 吴德慧. 经济文化落后国家农业社会主义改造研究［D］. 北京：中共中央党校，2008：99.

有制。①

取消土地分红以后，高级社全年收入的实物和现金按照"按劳计酬，多劳多得"的原则在社员之间分配，不分男女老少，同工同酬。分配的原则是：农业生产合作社当年从农业、林业、畜牧业、副业、渔业获得的总收入，首先归集体（合作社）占有。在依照国家的规定纳税以后，根据既能使社员的个人收入逐年有所增加、又能增加合作社的公共积累的原则在合作社和社员之间分配。

（一）合作社的分配

在合作社每年的总收入中，分配给合作社的包括生产资料消耗的补偿和公共积累两部分。

1. 生产资料消耗的补偿

补偿生产资料消耗的部分，是把本年度消耗的生产费扣除出来，留作下年度的生产费和归还本年度生产周转的贷款与投资，一般采取两种形式。一是补偿固定资产（如机器、耕畜）的消耗，采取折旧费的形式，每年按比例提取一定数量的基金，几年以后，再作为更新固定资产之用。二是补偿种子、肥料、饲料、农药、电力、油料等的消耗，根据当年消耗的数量，消耗多少就补偿多少。这两项统称为生产费用或者称为"成本"（实际上仅仅是成本的一部分）。总生产收入在扣除交给国家的税收和补偿当年生产资料的消耗部分以后，要在集体和个人之间进行分配。

2. 公共积累

合作社在向国家交纳农业税和副业税之后，归集体的收入有：一是公积金和储蓄基金。公积金主要用于兴修水利，改良土壤，购置农业机械，修建生产性用房等，属于扩大再生产的公共积累资金。储蓄基金是为应付自然灾害和其他事故的后备基金与保险基金，例如储备粮基金。按规定，公积金一般不超过8%。二是公益金。公益金属集体消费基金，用于合作社卫生保健事

---

① 陈锡文，罗丹，张征. 中国农村改革40年［M］. 北京：人民出版社，2018：24.

业、文化教育事业以及扶助丧失劳动能力的社员等。按规定，公益金一般不超过 2%。三是管理费用。管理费用主要用于管理方面的开支。

（二）社员的分配

在扣除国家规定的税收、生产资料消耗的补偿和集体的收入后，其余的全部实物和现金，按照劳动日（包括农业生产、副业生产、社务工作的劳动日和奖励给生产队或者个人的劳动日），进行分配。[1]《高级农业生产合作社示范章程》明确规定，"农业生产合作社要正确地规定各种工作的定额和报酬标准，实行按件计酬""每一种工作定额，都应该是中等劳动力在同等条件下积极劳动一天所能够做到的数量和应该达到的质量，不能偏高偏低"[2]，对工作定额用工分来计算。

"工分是社员劳动计量的尺度和进行个人分配的依据。它一方面被用来反映劳动的数量、强度、技术含量和质量，并最终折合成可比的总量。另一方面，它又是分配的依据，社员取得的工分越多，从合作社得到的实物和现金分配就越多。"[3] 现金分配，完全按照工分多少；实物（粮食、蔬菜、柴草）分配，一部分按照工分多少，一部分则按照人口或社员的不同需要，后者也是计价的。

定额记工的劳动管理与计酬办法，在一定程度上解决了计量社员劳动数量的问题，对于减少出工不出力现象发挥了较好的作用，但要实行好难度就更大。

第一，定额工分的制定难度极大。要把全年的农活按照其劳动强度、技术含量、耗时多少、操作地块的远近，折合成统一的计量单位——工分，在实行了包工的生产队，还要将本队全年农活折算的总量与对合作社包工的数量相对应，这是一项极为细致、复杂和困难的工作。

第二，定额工分制定得合理，可以在一定程度上解决劳动强度、技术和

---

① 中国经济网. 高级农业生产合作社示范章程. http://www.ce.cn/xwz.

② 同①.

③ 黄晓霓. 新中国成立以来收入分配制度的历史考察及启示［D］. 北京：中央民族大学，2011：16.

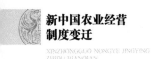
数量的计量问题，但难以解决劳动质量的鉴定问题。一是有些农业劳动的质量难以精确地检验；二是农业劳动的场所是分散的，领导者无法对社员的劳动质量进行有效监督。其结果是经常出现社员在生产劳动时为贪多图快，不顾质量的问题。

鉴于定额记工的方法执行起来十分复杂，真正实行了全面的"劳动定额，按件记工"的合作社并不多。有的只是对农活划分了粗线条的等级，有的是部分农活按件记工，其余部分仍然实行"死分死记""死分活评"，有的实行了一段时间的定额记工后，坚持不下去了，又回到了"死分死记""死分活评"。

# 第三章
# 人民公社时期的农业经营制度

随着高级社的加快发展和提前全面实现，农村社会主义改造的任务也提前完成。巨大的"胜利"使党内骄傲自满情绪滋长起来，随即政治上"左"的倾向和经济工作中的急躁冒进情绪也急速增长。1958 年，为了尽快实现向共产主义过渡，人民公社化运动在全国农村全面兴起。

人民公社是由十几个甚至几十个高级社、几千个农民家庭合在一起形成的政社合一的集体组织，土地和人口的规模大，生产资料的公有化程度高。要在这么大的范围内对生产实行科学管理，对劳动成果进行合理分配，显然面临许多现实困难。再加上合作社被大规模合并后，生产资料、劳动力和资金、物质等被随意调拨，人们的统一劳动无法有效计量和监督，严重挫伤了农民的生产积极性，使农业生产受到极大挫折。[①]在这种情况下，中央对"一大二公"的人民公社体制进行了多次调整，最核心的是将人民公社的经济核算单位逐级下放，最终确定了"三级所有，队为基础"，以生产队为基本核算单位的管理体制。

---

① 陈锡文. 读懂中国农业农村农民 [M]. 北京：外文出版社，2018：71.

# 第一节 人民公社的起因

人民公社是在 1958 年夏秋之际在中国普遍建立起来的农村政权和农业集体经济政社合一的组织形式。从 1958 年成立到 1984 年解体，人民公社在中国农村存在了 26 年。

1957 年 9 月 24 日，中共中央、国务院发布了《关于今冬明春大规模地展开兴修农田水利和积肥运动的决定》，入冬之后，水利建设和积肥行动出现热潮。当时全国投入的劳动力有 1 亿多，扩大灌溉面积 1 亿多亩，超过 1949 年 10 月 1 日以后 8 年的总和。在大规模的农田水利建设中，很多工程仅仅靠一个村社的资金和力量无法完成，需要集中力量和资源来保证，而且还要协调好不同村社之间的利益分配。1958 年 3 月，中央在成都会议上提出了"鼓足干劲、力争上游、多快好省地建设社会主义"的总路线，并且通过了《关于把小型的农业合作社适当地合并为大社的意见》。会后，全国范围内掀起了一个小社并大社的浪潮。在水利建设中，人、财、物力调配和利益分配也基本上都是通过并大社来解决的。薄一波在回顾这一段历史时说，"农田水利基本建设要求在大面积土地上统一规划，修建长达几公里、几十公里，甚至上百公里的灌溉渠系，一些较大工程的建设需要大批的劳动力和资金，建成后的使用又要求做到大体与受益单位的投入（劳动力、土地、资金等）相适应，这就不仅涉及农业生产合作社之间的经济关系问题。在当时的条件下，不可能也不允许根据商品经济的原则，按照各农业社投入的大小，与受益挂钩进行结算，只能从调整农业生产合作社的规模和调整行政区划分方面打主意。"[①]

在并大社的过程中，随着规模的扩大，合作社兴办的非农事业也越来越多，这就使合作社与基层行政机构职能划分的问题暴露出来。正是在这种情况下，中央开始酝酿新的农村基层组织结构。

---

① 薄一波. 若干重大决策与事件的回顾：下卷［M］. 北京：中共党史出版社，2008：511-512.

　　1958 年上半年，中央多次讨论农村基层组织的形式、名称和其在向共产主义过渡中的作用问题。7 月 1 日，《红旗》杂志第 3 期发表了陈伯达的文章《全新的社会，全新的人》，文中提道："把一个合作社变成一个既有农业合作又有工业合作的基层组织单位，实际上是农业和工业相结合的人民公社。"7 月 16 日，陈伯达又在《红旗》杂志第 4 期上发表了《在毛泽东同志的旗帜下》一文，说明了这是毛泽东关于一种新的农村社会基层组织的构想："毛泽东同志说，我们的方向，应该逐步地有次序地把'工（工业）、农（农业）、商（交换）、学（文化教育）、兵（民兵，即全民武装）'组成为一个大公社，从而构成为我国社会的基层单位。"[①] 于是一些地方就出现了由小社并大社再转为大搞公社的热潮。

　　1958 年 8 月 6 日至 8 日，毛泽东到河南新乡七里营人民公社等地视察，当地领导同志汇报了他们对大社没有用"共产主义公社"而用"人民公社"做名称的缘由。毛泽东听后说："看来'人民公社'是一个好名字，包括工农兵学商，管理生产，管理生活，管理政权。'人民公社'前面可以加上地名，或者加上群众喜欢的名字。"[②]

　　全国最早完成人民公社化的是河南省，全国第一个农村人民公社——嵖岈山卫星人民公社也诞生在河南省。当时在大搞农田水利建设的过程中，小社并大社，遂平县委决定将嵖岈山区的杨店、玉山、鲍庄、槐树四个中心乡的 27 个高级社、9 369 户共 43 263 人合并成为一个大社。这样，全国第一个农村人民公社就诞生了。[③] 到 1958 年 8 月底，河南省宣布全省已实现了公社化，原有的 83 743 个高级社并成了 1 387 个人民公社，平均每社的农户由高级社的 260 户猛增到了 7 200 多户。其中，5 000 户以下的 362 个，5 000~10 000 户的 709 个，1 万户以上的 307 个。一般平原地区的公社万户左右，山区的 2 000~3 000 户。加入人民公社的农户已占全省农户总数的 99.98%。

①　农村人民公社化运动. https://baike.baidu.com.
②　毛泽东视察河南农村（1958 年 8 月）［M］//黄道霞，等. 建国以来农业合作化史料汇编（上）.
　　北京：中共党史出版社，1992：477.
③　宋斌全. 第一个人民公社的由来［J］. 当代中国史研究，1994（2）：58-60.

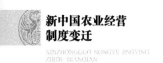
10 天之内，河北、辽宁等省也纷纷宣布实现公社化。1958 年 10 月 1 日，《人民日报》宣布："全国基本实现了农村人民公社化。"整个过程若从毛泽东 8 月上旬发表"人民公社好"的讲话算起，还不到 2 个月的时间。

## 第二节　人民公社体制的特点

人民公社化实现后，整个农村的所有制结构、劳动组织、劳动成果的分配等，都发生了很大的变化。人民公社化运动初期的特点是"一大二公"和"政社合一"。

"一大二公"的"大"是指社的规模大。人民公社是由十几个甚至几十个高级社合并起来的农林牧副渔统一经营，工农商学兵五位一体的政社合一的组织，其规模和范围比原来的合作社要大得多。原来的农业社，初级社只有数十户，高级社一般也只有一二百户，而人民公社则一般都在 4 000 户以上，也有超过 10 000 户的社，还有以县为单位的县联社。《中共中央关于在农村建立人民公社问题的决议》认为："社的组织规模，就目前说，一般以一乡一社、两千户左右较为合适。某些乡界辽阔、人烟稀少的地方，可以少于两千户，一乡数社。有的地方根据自然地形条件和生产发展的需要，也可以由数乡并为一乡，组成一社，六七千户左右。至于达到万户或两万户以上的，也不要去反对，但在目前也不要主动提倡"。[①] 1957 年年底，全国 78.9 万个农业社，平均每社有农户 153.4 户，而公社化后，全国的人民公社平均每社有农户 5 442 户。两相比较，公社规模是合作社的 35 倍。

---

① 中共中央关于在农村建立人民公社问题的决议（1958 年 8 月 29 日）[M] //黄道霞，等. 建国以来农业合作化史料汇编（上）. 北京：中共党史出版社，1992：494；建国以来重要文献选编：第十一册. 党的历史文献集和当代文献集；中共中央关于在农村建立人民公社问题的决议. http://cpc.people.com.cn.

　　"一大二公"的"公"是指生产资料所有制的公有化程度高。人民公社成立后，所有的生产资料都已转归公社集体所有，农村中所有的国营商店、银行和其他企业，也都下放给公社管理。原来经济条件、贫富水平不同的社队合并为一，公社实行统一生产、统一指挥、统一核算、统一分配。公有化程度高，便于在公社范围内实行"一平二调"。"一平"就是搞平均分配，在全公社范围内把贫富拉平；"二调"是指对生产队的生产资料、劳动力、产品以及其他财产无偿调拨。

　　"政社合一"就是以乡为单位的农村集体经济组织与乡政府的合一，实际上就是乡政府行使管理农村经营活动的权力。[①] 按照《中共中央关于在农村建立人民公社问题的决议》，人民公社"实行政社合一，乡党委就是公社党委，乡人民委员会就是社人民委员会"[②]。人民公社化之前，农村实行的是乡社分设的体制，其中乡是农村基层政权，社是经济组织，社之下设生产队。人民公社化之后，公社既是一个生产单位，又是一个农村基层政权组织，同时承担着开展经济活动和履行基层政权职能两方面的任务。在生产经营上，它是全公社的组织者和领导者，公社党委对全公社的生产进行统一管理、统一指挥，基层单位（生产大队和生产队）和社员也就失去了独立自主的经营权。

　　政社合一的人民公社体制，突出表现了急于由集体所有制向全民所有制过渡和由社会主义向共产主义过渡的思想。确立政社合一体制，又用行政手段搞经济建设，忽视了经济发展规律，导致人民公社弊端丛生。第一，助长了平均主义的泛滥。在全公社实行统一核算，在公社与生产大队之间、生产大队与生产队之间搞无偿调拨，在分配上提倡和推行平均分配的原则，实行供给制和工资制相结合，办公共食堂，吃饭不要钱，将原来经济状况不同的农业社和社员统一拉平，穷社共了富社的产。在生产力还不发达的条件下，这实际上是实行平均主义，其结果只能是共同贫困。第二，取消了农民独立自主进行经营的权利，经济效益大幅度下降。由于公社的权力过于集中，而

---

① 韩长赋. 中国农村土地制度改革 [J]. 农村工作通讯，2018（C1）：8-19.

② 姬文波. 人民公社化运动初期的体制与制度特点探析 [J]. 学理论，2010（31）：51-53.

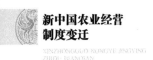

且用行政办法搞农业生产，基层单位和农民没有自主经营权，造成劳动纪律松弛，上工"大呼隆"，出工不出力，经济效益差。第三，政社合一的人民公社将行政管理与生产管理混在一起，使两方面的职能都不能很好履行。①

## 第三节　"包产到户"的再次兴起

　　人民公社体制引起了农民群众的不满，于是，一些地方在 1959 年春又开始搞起了包产到户。有的地方改变了所谓"基本队有制"（生产大队所有制），而以生产小队为基本核算单位，或是名义上保留大队为基本核算单位，但实际上将分配权下放到了生产小队；有的地方则又直接搞起了"包产到户"，或是扩大自留地、允许搞家庭副业等。② 然而，在 1959 年庐山会议结束后，一场反右倾运动遍及全国，包产到户又受到严厉批判。1959 年 11 月 2 日，《人民日报》发表评论员文章《揭穿"包产到户"的真面目》，包产到户被比作资本主义的毒草，"要把它连根拔掉，一丁点也不留"。在一片讨伐声中，包产到户再次被强行取消了。

　　1959—1961 年的"三年困难时期"，整个国民经济遭受严重困难，农副产品严重匮乏，农民收入大幅度降低，生活极其困难。③ 为了克服困难，求生存，"包产到户"又一次在中国广大农村兴起。在全国各地的"包产到户"中，安徽省试验的"包产到组，责任到人"的责任田最为典型。1960 年年底，安徽省开始以实行包产到组、超产奖励的办法来提高农民生产的积极性。省委派工作组到农村的基层生产小队搞"联产到户"和责任田的试点，得到农民群众的普遍拥护，农民生产的积极性大大提高，所有试点的生产队粮食

① 赵德馨. 中国近现代经济史［M］. 北京：高等教育出版社，2016：230-231.
② 陈锡文，赵阳，陈剑波，等. 中国农村制度变迁 60 年［M］. 北京：人民出版社，2009：21-22.
③ 杨胜群，田松年. 共和国重大决策的来龙去脉［M］. 南京：江苏人民出版社，1997：386.

产量都大幅度增加。① 1961 年，安徽省又提出了"按劳动力分包耕地，按实产粮食记工分"的联产到户的责任制新办法，并在合肥市蜀山公社井岗大队南新庄生产队进行联产到户责任制的试点。1961 年时任国务院副总理李富春在安徽调查后，向中央写了报告，表示赞成安徽的做法。陈云、邓小平也表示了支持。邓子恢两次派农村工作部的干部去安徽调查，向中央写报告，表示积极支持安徽试验。② 这样安徽省开始全面实行责任田的办法，到年底，实行责任田的生产队已占总数的 90.1%。据典型调查，实行责任田的队，粮食平均亩产比上年增长 38.9%。③ 1961 年 3 月凤阳县开始实行责任田。当年凤阳县粮食总产量为 1.3 亿多斤，相比 1960 年增长了 33%。责任田带动了当时凤阳县农村经济的恢复与发展，农民曾发出呼喊："责任田，救命田，多产粮食多产棉，国家多收征购粮，集体多得提留钱。社员有吃又有穿，千万不能变。"④

　　实际上，"三年困难时期"全国已有很多地方先后试行了"包产到户"，中央的部分领导人也对包产到户做法给予了支持，但是仍然存在各种阻力。1962 年 9 月召开的党的八届十中全会上，毛泽东发表了《关于阶级、形势、矛盾和党内团结问题》的讲话，指出"在无产阶级革命和无产阶级专政的整个历史时期，在由资本主义过渡到共产主义的整个历史时期（这个时期需要几十年，甚至更多的时间）存在着无产阶级和资产阶级之间的阶级斗争，存在着社会主义和资本主义这两条道路的斗争"⑤。会议把阶级斗争作为主题，把包产到户、生产责任制当成"单干风"加以批判。会议之后，中央出现了"一边倒"的局面，各省市党委陆续做出决定，制止了包产到户的做法。这次在全国范围内出现的包产到户的尝试，最终被"左"倾错误扼杀了。

---

① 鲍存军. 家庭联产承包责任制的实施情况个案研究 [D]. 兰州：西北师范大学，2013：10.
② 杜润生. 中国农村改革决策纪事 [M]. 北京：中央文献出版社，1999：7.
③ 杨胜群，田松年. 共和国重大决策的来龙去脉 [M]. 南京：江苏人民出版社，1997：388. 转引自鲍存军. 家庭联产承包责任制的实施情况个案研究 [D]. 兰州：西北师范大学，2013：10.
④ 陈怀仁，夏玉润. 起源——凤阳大包干实录 [M]. 合肥：黄山书社，1998：3.
⑤ 转引自张明. 毛泽东为什么要写《人的正确思想是从哪里来的？》？——在哲学表达与政治诉求之间的复调式语境透视 [J]. 毛泽东思想研究，2019（1）：36-44.

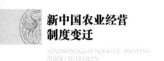
## 第四节 人民公社核算制度的演变

人民公社实行"统一领导，分级管理"的制度，在长达26年的人民公社时期，其组织管理制度经过了多次调整，调整的核心主要是围绕人民公社的规模与核算单位展开的。

### 一、以人民公社为核算单位的建立

公社化之前，高级社之下设生产队和作业组，实行"各尽所能，按劳分配"的原则，评工记分，年终决算分配。人民公社建立以后，由全公社统一核算，分级管理。

1958年8月29日，《中共中央关于在农村建立人民公社问题的决议》规定："人民公社建立时，对于自留地、零星果树、股份基金等等问题，不必急于处理，也不必来一次明文规定。一般说，自留地可能在并社中变为集体经营，零星果树暂时仍归私有，过些时候再处理，股份基金等可以再拖一、二年，随着生产的发展、收入的增加和人们觉悟的提高，自然地变为公有。""由于各个农业社的基础不同，若干社合并成一个大社，他们的公共财产，社内和社外的债务等等，不会是完全相同的，在并社过程中，应该以共产主义的精神去教育干部和群众，承认这种差别，不要采取算细账、找平补齐的办法，不要去斤斤计较小事。"① 根据中央的文件精神，各地人民公社制定了章程。1958年9月4日，《人民日报》全文发表《嵖岈山卫星人民公社试行简章（草案）》。该简章（草案）规定："各个农业合作社合并转为公社，应该

---

① 中共中央关于在农村建立人民公社问题的决议［M］//中华人民共和国国家农业委员会办公厅.农业集体化重要文件汇编：下册.北京：中共中央党校出版社，1981：71；建国以来重要文献选编：第十一册.党的历史文献集和当代文献集；中共中央关于在农村建立人民公社问题的决议.http://cpc.people.com.cn.

将一切公有财产全部交给公社，多者不退，少者不补，实现共产主义的大合作。原来的债务，除了用于当年生产周转的应当各自清理以外，其余都转归公社负责偿还。各个农业合作社社员所交纳的股份基金，仍分记在各人名下，不计利息，除非退社不能抽回；他们的投资，由公社负责偿还。""在已经基本上实现了生产资料公有化的基础上，社员在转入公社的时候，应该将仍然属于本人私有的全部自留地、房屋基地、牧畜、林木、农具等生产资料转为全社公有，但小量的家畜、家禽，仍可以留为个人私有。"[①]

以公社为基本核算单位，公社的所有权范围广泛，其所拥有的财产来源有两部分：第一部分来自合作社的土地、牲畜、农具等生产资料和其他公共财产；第二部分来源于社员个人经营的自留地、林木、牲畜等生产资料和社员个人多余的房屋。公社对合作社的一切财物和劳动力进行统一经营与分配，公社拥有财产的所有权和分配权。生产大队和生产队既没有生产资料的所有权，也没有生产资料和劳动力的支配权。

在"一大二公"的人民公社体制下，人们普遍认为"人民公社是通向共产主义的金桥"，是"跑步进入共产主义"的最好形式。于是，农村普遍兴办公共食堂，推行"供给制"，吃饭不要钱。加上又刮起了严重的"五风"（共产风、浮夸风、命令风、干部特殊风和生产的瞎指挥风），农业生产极度混乱，整个农村经济被推到了几乎崩溃的边缘。

## 二、以生产大队为核算单位的确定

当以公社为基本核算单位的管理体制弊端不断暴露以后，中央很快察觉到公社化运动中的一些过急过快的错误，并着手对人民公社体制进行调整。1958 年 12 月 10 日中共中央八届六中全会通过了《关于人民公社若干问题的决议》，该决议指出："人民公社应当实行统一领导、分级管理的制度。公社

---

[①]　杨宏涛. 天堂实验纪事——回眸中国第一个人民公社的建立 [J]. 农村工作通讯，2003（7）：
　　52-53.

的管理机构，一般可以分为公社管理委员会、管理区（或生产大队）、生产队三级。管理区（或生产大队）一般是分片管理工农商学兵、进行经济核算的单位，盈亏由公社统一负责。生产队是组织劳动的基本单位。"① 这次调整虽然明确了管理区（或生产大队）是基本核算单位，但却规定"盈亏由公社统一负责"，实际上实行的仍然是公社一级核算。

1959 年 2 月 27 日至 3 月 5 日，中央召开了第二次郑州会议，形成了《郑州会议记录》，提出了人民公社的建设方针，即"统一领导，队为基础；分级管理，权力下放；三级核算，各计盈亏；分配计划，由社决定；适当积累，合理调剂；物资劳动，等价交换；按劳分配，承认差别"②。会议还起草了《关于人民公社管理体制的若干规定（草案）》，对公社、管理区（或生产大队）、生产队的三级职权范围做了具体划分，确定规模相当于原高级社的管理区（或生产大队），是人民公社的基本核算单位，它有权按照公社的计划和有关规定，统一安排本单位的农业生产、收益分配、兴办和管理小型工厂以及文化教育卫生和公共福利事业，搞好劳动管理。③ 这次会议确定的人民公社"三级所有，队为基础"的管理制度，对于克服人民公社内部的"一平二调"的"共产风"起到了积极作用。但是，核算单位仍然在管理区或生产大队（相当于原高级社规模），也没有取消供给制，说明在纠正"左倾"错误上是不彻底的，但将核算单位从人民公社退回到管理区或生产大队，毕竟在管理制度上前进了一大步。

但是，第二次郑州会议后，围绕着"三级所有、队为基础"中的"队"是指以生产大队（管理区）为基本核算单位还是以生产队为基本核算单位的问题产生了分歧。这一问题事关重大，"关系到三千多万生产队长小队长等基层干部和几亿农民的直接利益问题"。1959 年 3 月 5 日，毛泽东发出《党内通

---

① 转引自柳建辉. 公社化运动以来党和毛泽东关于人民公社内部所有制问题认识的演变 [J]. 党史研究与教学，1993（2）：13-21.

② 郑州会议记录（1959 年 2 月 27 日至 3 月 5 日中央政治局扩大会议）[M] //黄道霞，等. 建国以来农业合作化史料汇编. 北京：中共党史出版社，1992：528. 转引自柳建辉. 公社化运动以来党和毛泽东关于人民公社内部所有制问题认识的演变 [J]. 党史研究与教学，1993（2）：13-21.

③ 转引自中华人民共和国经济大事记（初稿）：专辑三 [J]. 宏观经济研究，1983（26）：1-95.

信》，明确指出，"《郑州会议记录》上所谓'队为基础'是指生产队，即原高级社，而不是生产大队（管理区）"。① 1959 年 4 月 2 日至 5 日，党的八届七中全会通过的《关于人民公社的十八个问题》指出，"各地人民公社在实行三级管理、三级核算的时候，一般是以相当于原来高级农业生产合作社的单位作为基本核算单位。这种相当于原高级社的单位，有些地方是生产队，有些地方是生产大队（或者管理区）"。② 为了提高生产小队这一级组织的积极性和责任心，这次会议还进一步明确了生产小队（一般相当于原来初级社范围）的管理权限。

　　1959 年 7 月庐山会议后，在一片反右声中，急于在所有制上"过渡"的思潮再次抬头，主要目标是尽快实现基本公社所有制。1959 年 10 月，农业部党组向中央报告说："今年五六七月间，农村中也有局部地方曾经出现一股右倾的歪风，搞什么'生产小队基本所有制''包产到户'，利用'小私有''小自由'，大搞私人副业，破坏集体经济，以及吹掉部分供给制，吹散公共食堂等。"③ 中共中央在批转这一报告时进一步说：这实际上是"猖狂的反对社会主义道路的逆流"，各地应把这些"反动的、丑恶的东西"彻底加以"揭发批判"。④ 这就导致了由以生产队或生产大队⑤（高级社）为基本核算单位向以公社为基本核算单位过渡的思潮重新抬头。1959 年 12 月 25 日，时任国务院副总理谭震林主持召开浙、皖、苏、沪四省市讨论人民公社过渡问题的座谈会，形成一份《关于人民公社过渡问题——浙、皖、苏、沪四省市座谈会

① 郑州会议记录［M］//中华人民共和国国家农业委员会办公厅. 农业集体化重要文件汇编（1958—1981）. 北京：中共中央党校出版社，1981：158.
② 关于人民公社的十八个问题（中共中央政治局 1959 年 4 月上海会议纪要）［M］//黄道霞，等. 建国以来农业合作化史料汇编. 北京：中共党史出版社，1992：557. 转引自柳建辉. 公社化运动以来党和毛泽东关于人民公社内部所有制问题认识的演变［J］. 党史研究与教学，1993（2）：13-21.
③ 中共中央批转农业部党组关于庐山会议以来农村形势的报告（1959 年 10 月 15 日）［M］//黄道霞，等. 建国以来农业合作化史料汇编. 北京：中共党史出版社，1992：572. 转引自柳建辉. 公社化运动以来党和毛泽东关于人民公社内部所有制问题认识的演变［J］. 党史研究与教学，1993（2）：13-21.
④ 同③.
⑤ 有些地方为生产队，有些地方为生产大队，但均为原高级社规模。

纪要》，纪要提出，"从现在起，就应当积极发展社有经济，为过渡创造条件"，认为"从基本队有过渡到基本社有，上海的条件较好，大约要三年到五年的时间，其他各省大约要五年左右，或者更长一些时间才行"①。以此为起点，"过渡"之风迅速在全国各地刮起，纠"左"和对人民公社体制的调整完全中断。

1960 年 1 月 7 日至 17 日，中共中央在上海举行政治局扩大会议，提出了用八年时间完成人民公社从基本队有制到基本社有制过渡的设想。1 月 26 日，中央印发的《关于 1960 年计划和今后三年、八年设想的口头汇报提纲》中提出，"要分期分批地采用各种不同的形式，完成人民公社由基本上生产队所有制到基本上公社所有制的过渡，并开始向全民所有制过渡。"②

在各地进行基本队有制向基本社有制过渡试点过程中，还开始大办县社工业、大办水利、大办食堂、大办养猪场等，同时，"五风"再次严重泛滥，对农业生产造成了严重破坏，继 1959 年出现中华人民共和国成立以来农业第一次大减产之后，1960 年的形势更加严峻，农民生活极度困难。

急于由以生产队或生产大队为基本核算单位向以公社为基本核算单位过渡的做法，引起了农民的不满，也很快引起了中共中央的注意。1960 年 9 月 20 日，中共中央在批转《关于 1961 年国民经济计划控制数字的报告》中，首次提出了"调整、巩固、充实、提高"的"八字方针"。同年 11 月 3 日，中央发出《关于农村人民公社当前政策问题的紧急指示信》，强调"三级所有，队为基础，是现阶段人民公社的根本制度"，而且"从一九六一年算起，至少七年不变（在一九六七年我国第三个五年计划最后完成的一年以前，坚决不变）。"③ 这时讲的"队为基础"，实际上还是生产大队。1961 年 3 月中央《农村人民公社工作条例（草案）》（简称《农业六十条》）的发布，提

---

① 关于人民公社过渡问题——浙、皖、苏、沪四省市座谈会纪要［M］//中华人民共和国国家农业委员会办公厅. 农业集体化重要文件汇编（1958—1981）. 北京：中共中央党校出版社，1981：275-277.

② 转引自罗平汉. 1959 年庐山会议后人民公社的"穷过渡"［J］. 党史文苑（纪实版），2015（11）：21-26.

③ 转引自柳建辉. 人民公社所有制关系的变化［J］. 中共中央党校学报，1997（3）：90-98.

出了"以生产大队所有制为基础的三级所有制，是现阶段人民公社的根本制度"，将人民公社的管理机构划分为公社、生产大队和生产队三级。并强调要缩小人民公社规模，从追求"大""公"的方向后退，公社在经济上是各生产大队的联合组织，其规模"一般地应该相当于原来的乡或者大乡，生产大队的规模，一般应该相当于原来的高级农业生产合作社"。[①] 生产大队"统一管理各生产队的生产事业，又承认其在生产管理上的一定的自主权，它实行独立核算，自负盈亏，在全大队范围内实行统一分配，又承认生产队的差别"。[②] 这时强调生产大队（相当于原来的高级社规模）是农村的基本核算单位，即生产大队是农村基本生产资料的所有者，实行独立核算，自负盈亏；而生产队"是直接组织社员的生产和生活的单位"，在管理本队生产上，有一定的自主权。生产大队对生产队实行"四固定"和"三包一奖"制度。随着人民公社规模的大大缩小，人民公社的管理体制调整为公社、生产大队（相当于原高级社规模）、生产队（相当于原初级社规模）三级管理，生产大队核算。

这次调整还决定取消公共食堂，废除供给制与工资制相结合的分配办法，恢复了农业合作社期间评工记分的办法，按劳动工分进行分配；恢复自留地和农民家庭副业。除自留地外，还拨给社员适当的饲料地，允许社员开垦零星荒地。

## 二、以生产队为基本核算单位的确立

经过对人民公社体制的调整，社、队的规模缩小了，基本核算单位确定为生产大队，虽然解决了公社及大队与大队之间无偿调拨、占用生产资料的问题，但生产单位（生产队或生产小队）与核算单位（生产大队）不一致、一个大队内各小队之间吃大锅饭、搞平均主义分配的问题，却仍然没有解决。

---

[①] 农村人民公社工作条例（草案）（1961 年 3 月）［M］//黄道霞，等. 建国以来农业合作化史料汇编. 北京：中共党史出版社，1992：632.

[②] 农村人民公社工作条例（草案）（1961 年 3 月）［M］//黄道霞，等. 建国以来农业合作化史料汇编. 北京：中共党史出版社，1992：633.

1961 年 9 月 29 日，毛泽东给中央政治局常委及有关负责人写了一封信，信中说，"我们对农业方面严重的平均主义问题，至今还没有完全解决，还留下一个问题。农民说，六十条就是缺了这一条。这一条是什么呢？就是生产权在小队、分配权却在大队，即所谓'三包一奖'的问题。这个问题不解决，农、林、牧、副、渔的大发展就仍然受束缚，群众的生产积极性仍然要受影响"①，"我的意见是：'三级所有，队为基础'，即基本核算单位是队而不是大队。""在这个问题上，我们过去过了六年之久的糊涂日子（1956 年高级社成立时起），第七年该醒过来了吧？"②

毛泽东所讲的"过了六年之久的糊涂日子"，实际上也是农民与高级社、人民公社经营管理体制进行博弈的六年。博弈的核心，在于农业生产中的一个根本性问题：在超出家庭经营的范围后，就必然需要对劳动进行计量和监督，但基于农业生产的特点却难以对劳动进行计量和监督，于是就难以避免地出现"大概工""大呼隆""大锅饭"等平均主义问题，而这又必然会伤害农民的生产积极性。③ 在"过了六年之久的糊涂日子"之后，人民公社体制已经到了必须调整的地步。

1961 年 10 月 7 日，中共中央发出《中共中央关于农村基本核算单位问题给各中央局，各省、市、区党委的指示》，要求各中央局，各省、市、区党委就以生产大队为基本核算单位好，还是以生产队为基本核算单位好的问题进行调查研究。经过深入调查研究，广东、江苏两省以及西北局、东北局向中央进行汇报，一致主张以生产队为公社的基本核算单位，这样能够充分地调动群众的积极性，促进生产力的发展。同时，邓子恢等人离京南下，专门到地方调查试点情况。11 月 9 日邓子恢给中央上报了《关于农村人民公社基本核算单位试点情况的调查报告》，反映了"各级群众和干部非常拥护基本核算单位下放，这样有利于克服平均主义、官僚主义，贯彻民主办社、勤俭办社，

① 转引自李建中. 毛泽东对农村产权问题的探索 [J]. 天中学刊，2012（4）：37-40.
② 中共中央文献研究室. 毛泽东年谱（1949—1976）：第 5 卷 [M]. 北京：中央文献出版社，2013：32，33.
③ 陈锡文，罗丹，张征，等. 中国农村改革 40 年 [M]. 北京：人民出版社，2018：31.

调动社员积极性，发展农副业生产等"。① 1961 年 11 月 23 日，中央批转了邓子恢的报告，并建议"在十二月二十日以前，各省委第一书记带若干工作组，采取邓子恢同志的方法，下乡去，做十天左右的调查研究工作"。② 经过各地广泛调查和试点，党中央决定进一步下放基本核算单位。

　　1962 年 2 月 13 日，中共中央发出《中央关于改变农村人民公社基本核算单位问题的指示》，决定"在全国各地农村，绝大多数的人民公社，都宜于以生产队为基本核算单位"。③ 并规定，"在我国绝大多数地区的农村人民公社，以生产队为基本核算单位，实行以生产队为基础的三级集体所有制，将不是短期内的事情，而是在一个长时期内，例如至少三十年内，实行的根本制度"。④ 1962 年 9 月 27 日，《农村人民公社工作条例》正式发布，确定"人民公社的基本核算单位是生产队。根据各地方不同的情况，人民公社的组织，可以是两级，即公社和生产队，也可以是三级，即公社、生产大队和生产队"。⑤

　　这次调整对人民公社社员的家庭副业也做出了明确规定，"人民公社社员的家庭副业，是社会主义经济的必要的补充部分"，并指出了社员可以经营的家庭副业生产主要包括自留地，家畜家禽养殖，开垦零星荒地，经营由集体分配的自留果树和竹木，从事采集、渔猎、养蚕、养蜂等副业生产和进行编织、缝纫、刺绣等家庭手工业生产。

　　基本核算单位从生产大队退回到生产队，使生产队既有生产管理权，又有分配的决定权，使生产和分配统一起来，解决了集体经济中长期以来存在的生产单位和分配单位不一致的矛盾。至此，人民公社"三级所有，队为基础"，以生产队为基本核算单位的体制基本确定下来，人民公社的体制调整基

---

① 转引自柳建辉. 人民公社所有制关系的变化 [J]. 中共中央党校学报，1997（3）：90-98.

② 薄一波.《农村六十条》的制定（六）[J]. 农村合作经济经营管理，1994（9）：43-45.

③ 同①.

④ 中共中央关于改变农村人民公社基本核算单位问题的指示（1962 年 2 月 13 日）[M] //黄道霞，等. 建国以来农业合作化史料汇编. 北京：中共党史出版社，1992：677. 转引自柳建辉. 人民公社所有制关系的变化 [J]. 中共中央党校学报，1997（3）：90-98.

⑤ 转引自胡穗. 中国共产党农村土地政策的演进 [D]. 长沙：湖南师范大学，2004：111.

本完成。

通过对人民公社体制的再次调整，公社规模大大缩小了。到 1962 年 10 月，全国人民公社调整到 71 551 个，社均农户减少到 1 721 户。与 1958 年相比，从社均农户的角度看，人民公社的规模缩小了约 2/3（图 3-1）。

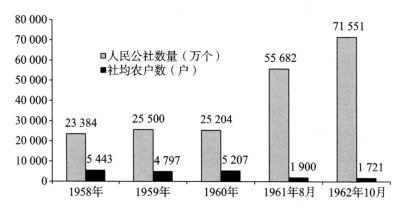

图 3-1　1958—1962 年人民公社数量的变化

资料来源：罗平汉. 农村人民公社史［M］. 福州：福建人民出版社，2003.

以生产队为基本核算单位有利于解决队与队之间的平均主义，保障生产队的自主权；有利于生产队改善经营管理，因地制宜地发展生产，把生产安排得更合理，更符合本队的实际情况。生产队范围小，几十户为一个基本核算单位，社员对于集体经济同自己的利害关系，对于自己的劳动成果，看得比过去直接、清楚，有利于恢复广大社员对于集体经济的积极性。到 1963 年，全国的 8 万多个人民公社共分为 570 万个生产队，平均每个生产队约 24 户。基本核算单位大大缩小，退到了初级社的水平。仅就核算规模而言，不仅纠正了成立人民公社以来大队与大队（原高级社）之间的平均主义问题，而且纠正了高级社以来生产队（原初级社）之间的平均主义问题。

基本核算单位的下放，是调整我国农村生产关系的一项重要政策。从 1958 年 8 月至 1962 年 2 月，再到 1962 年 9 月以法律条例正式确立，基本核算单位的演变经历了由以公社为基本核算单位—以管理区或生产大队（相当于原高级社规模）为基本核算单位—以生产队（相当于初级社规模）为基本核算单位的过程。最终形成了"三级所有、队为基础",以生产队为基本核算单位的体制。基本核算单位逐步下放,在很大程度上解决了由于生产规模过大所带来的严重的平均主义问题,纠正了"共产风",对于之后一个较长时期内稳定农村经济起到了重要作用。

## 第五节　人民公社的分配制度

### 一、人民公社初期的分配制度

人民公社刚成立时,沿用了高级社评工记分的分配方式。1958 年 8 月发布的《中共中央关于在农村建立人民公社问题的决议》中明确提出:"人民公社建成以后,也不必忙于改变原有的分配制度,以免对生产发生不利的影响。要从具体条件出发,在条件成熟的地方,可以改行工资制;在条件还不成熟的地方,也可以暂时仍然采用原有的三包一奖或者以产定工制等等按劳动日计酬的制度,条件成熟以后再加以改变"。[①] "分配制度无论工资制或者按劳动日计酬,也还都是'按劳取酬',并不是'各取所需'"。[②] 但是,高级社转为人民公社后,由于公社的组织规模大,经营范围广,如果再按高级社的分配方式,评工记分十分困难。所以,人民公社需要建立新的分配制度。党的八届六中全会上通过的《关于人民公社若干问题的决议》明确指出,"实行供给制和工资制相结合的分配制度,这是我国人民公社在社会主义分配制度上的一个创举,是目前广大社员群众的迫切要求""这种分配制度具有共产主

---

① 转引自中共中央关于在农村建立人民公社问题的决议 [J]. 中国农垦,1958(12):4-5.
② 中共中央关于在农村建立人民公社问题的决议 [M] // 中共中央文献研究室. 建国以来重要文献选编:第 11 册. 北京:中央文献出版社,1995:450.

义萌芽，但是它的基本性质仍然是社会主义的，各尽所能，按劳分配。"①

供给制和工资制相结合的分配制度是当时农村人民公社的主要分配方式，其中供给部分是按照每个社员及其家庭人口的多少进行分配的，对公社社员来说，供给部分的分配基本上是平等的，但"供给部分只能根据某些产品的发展状况，限于基本生活需要的某些部分。……还没有可能将供给的范围过于扩大。""已经实行供给的部分，也还不可能充分满足人们的不同的合理需要。例如实行伙食供给，除了满足吃饱的基本需求之外，对于蔬菜和肉类还是限制于较低水平的数量和质量。"② "由于各公社几乎倾其竭力维持所谓的'供给制'，供给部分在社员分配中所占比例约占60%，有的甚至高达70%~80%，能够用来发放工资的就所剩无几了。"③ 工资部分按等级划分，一般分为五级至八级，但等级差别并不大，最高工资一般等于最低工资的四倍或者更多一点。"以新乡七里营公社为例，公社用来支付供给制的部分占社员分配总额的75.4%，工资部分仅占24.6%，全社劳动力评定出五个等级，因工资总额有限，一级劳力月工资为3元，每级差距为0.5元，第五级劳力的月工资仅1元。遂平县嵖岈山卫星人民公社实行口粮供给制后，全社平均每个劳力工资仅4元。"④

工资制与供给制相结合的分配制度，其具体形式主要有以下三种：

第一种是基本工资加奖励制。这一形式是"公社按照每个劳动力所参加工作的繁重和复杂程度，以及本人的体力强弱、技术高低和劳动态度好坏，评定他们的工资等级，按月发放一定的工资。对于工作积极、完成任务很好的，

① 关于人民公社若干问题决议 ［M］ // 中共中央文献研究室. 建国以来重要文献选编：第11册. 北京：中央文献出版社，1995：611-612. 转引自辛逸. 按需分配的幻灭：大公社的分配制度 ［J］. 山东师范大学学报（人文社会科学版），2006（2）：9-14.

② 孙孺. 关于人民公社当前的分配制度 ［J］. 学术研究，1959（1）：8-11.

③ 转引自辛逸. 按需分配的幻灭：大公社的分配制度 ［J］. 山东师范大学学报（人文社会科学版），2006（2）：9-14.

④ 杜润生. 当代中国的农业合作制 ［M］. 北京：当代中国出版社，2001：530-531. 转引自辛逸. 按需分配的幻灭：大公社的分配制度 ［J］. 山东师范大学学报（人文社会科学版），2006（2）：9-14.

发给奖励工资；反之则扣发工资，作为处罚。"① 全年的奖励工资最多可以占到基本工资总额的 25%。广西临桂红旗人民公社实行的就是这一分配形式。其具体做法是：首先，确定工资基金。从全年总收入中，先扣除农副业、商业税金、生产费用、公积金、公益金、行政管理费，其余部分（也就是消费部分）作为公社的工资基金。再在全部工资基金中，抽出 15%～20% 作为奖励工资，80%～85% 作为基本工资基金。其次，评定工资级别。凡能经常参加劳动的人，都进行评级，评出十个左右的等级，评级的根据：一是劳力强弱；二是技术高低；三是劳动态度；四是参照过去劳动出勤的情况。对不经常参加生产的学生、老年人等，根据其实际参加劳动的时间多少，按同级劳动力每天平均工资付给。级别每季评一次，工资一年定一次，劳动好的可以升级，不好的可以降级和扣发工资。最后，评定奖励工资。小队七天进行一次评比，月终定案一次给奖，大队半月一次评比，一季定案给奖，公社一月一次评比，半年定案给奖。总的奖励面一般占社员总数的 40%～60%。②

第二种是半供给半工资制。在部分公社内，实行粮食供给制或伙食供给制。粮食供给制是在公社预定分配给社员个人的消费基金中，口粮部分按国家规定的留粮标准，统一拨给公共食堂，公社按以人定量的标准发给社员粮食证，社员在食堂所食用的粮食部分只交粮食证，不付钱，副食品部分社员仍需出钱。伙食供给制是社员在公社食堂吃饭，对米、菜、油、盐、柴等一切伙食费用实行包干，免费供应。除此之外，再实行基本工资加奖励的做法。河南省遂平县卫星人民公社对工资部分的做法是：把劳动力分级评定工资，以工资总数的 80% 作为基本工资，按月发给社员；以工资总数的 20% 作为奖励工资，通过自下而上的评比办法，每月随基本工资发放的同时发给奖励工资。③ 在具体执行中，公社掌握奖励工资的 50%，大队 30%，小队 20%。湖

---

① 戴银秀. 1952—1984 年中国农业生产领域个人收入分配方式的历史变革 [J]. 中国经济史研究，1991 (3)：7-19.

② 中共中央文献研究室. 建国以来重要文献选编：第 11 册 [M]. 北京：中央文献出版社，1995：393-394.

③ 转引自辛逸. 对大公社分配方式的历史反思 [J]. 河北学刊，2008 (4)：74-76.

北等省也是实行"吃饭由公社供给，同时根据'按劳取酬'的原则发给工资和实行劳动奖励"①。

第三种是基本生活供给加劳动补贴制。有的公社把社员基本生活需要如吃饭、穿衣、生、老、病、死、结婚、教育、文娱、理发等方面，根据各自的情况，确定供给范围，或实行"七包"，或实行"十包"，也有实行"十五包"的。此外，公社还发给社员一些劳动补贴。补贴也按社员劳力强弱、劳动技术、劳动态度划分等级。河南省新乡七里营人民公社的章程第 22 条中规定："在保证满足公社全体人员基本生活需要的基础上，实行按劳分配的定级工资制。即从全年总收入中首先扣除税金、生产费用、公共积累，然后再由公社统一核定标准，扣除全社人员基本生活费用（包括吃饭、穿衣、住房、生育、教育、医疗、婚丧等一切开支），实行按劳评级，按级定工资加奖励的分配办法。"②

由于当时中国农村经济发展水平很低，根本不具备搞供给制和工资制相结合的分配条件。实行"吃饭不要钱，敞开肚皮吃饱饭"，只短短两个月，便把集体的家底吃空。湖北省委在后来的一个报告中说："由于吃饭不要钱，办大食堂，号召敞开肚子吃，而引起了大吃大喝大浪费。有的地方，吃饭放卫星，一天三顿干饭，开流水席，个别地方还给过往行人大开方便之门，来了就吃，吃了就走。照这样吃法，农民的估计是一天吃了三天的粮，这样大手大脚搞了两个月到三个月。"③ 河北省的一份报告中也说到，1958 年"秋收没搞好，丢、烂、糟很多，再加上一度放开肚皮多吃，丢失、浪费和多吃不下八十亿斤粮食"④。这样，从 1958 年年末开始，粮食供应出现紧张现象。

---

① 论半供给制 [J].《东风》社论，1958（4）：5.

② 转引自邓智旺. 人民公社早期分配制度的前因后果 [J]. 湖南农业大学学报（社会科学版），2010（2）：97-103.

③ 中华人民共和国国家农业委员会办公厅. 农业集体化重要文件汇编 [M]. 北京：中共中央党校出版社，1981：208. 转引自邓智旺. 人民公社早期分配制度的前因后果 [J]. 湖南农业大学学报（社会科学版），2010（2）：97-103.

④ 中华人民共和国国家农业委员会办公厅. 农业集体化重要文件汇编 [M]. 北京：中共中央党校出版社，1981：214.

人民公社后期，尤其是在"文化大革命"期间，受"农业学大寨"运动的影响，不仅将"包产到户"视为资本主义复辟不断地进行批判，而且连"评工记分"制度也受到了严厉的指责。当时给"评工记分"罗列的罪名主要有：刺激了社员只顾抢工分的个人主义的积极性，导致了两极分化，损害了集体经济的利益；不相信群众，搞烦琐哲学，干部只顾去搞定额管理，没有时间参加劳动，脱离了群众，等等。在这种情况下，大寨大队的所谓"一心为公，自报公议"的劳动记工制度在全国推广。

山西省昔阳县大寨大队是在农村社会主义教育运动中树立起来的一个山区建设的"先进典型"，大寨人民曾经靠艰苦奋斗的精神改变了农业靠天吃饭的落后面貌。但是，"文化大革命"开始后，大寨经验发生了质变，变成了"政治挂帅"、推行"左"倾路线的样板。大寨经验的精髓被总结为"斗"。首先是斗阶级敌人。生产上不去，被认为是阶级斗争抓得不紧，有阶级敌人破坏、捣乱。于是到处抓"敌人"，人为地制造出批斗的靶子。其次是与资本主义斗。实际上是在没有资本主义的地方与"资本主义"做斗争。这包括把中农，特别是上中农作为"资本主义自发势力的代表"批斗，将社员经营的自留地、家庭副业以及农村集市贸易、集体工副业都作为"资本主义尾巴"割掉。结果，社员99%的自留地被收归集体，社员家庭副业只限于"一猪、一树、一鸡、一兔"，农村集市贸易被关闭、取缔。[①]

被广泛推行的大寨经验还有"自报公议"工分制。这种工分制的具体做法是：平时由记工员登记社员出勤天数，分早晨、上午、下午和加班。妇女回家做饭和喂奶耽误的时间不算误工。年终结算时，先由干部会确定出劳动力的标准工分（当年农业生产日值最高分）。以1966年为例，标准工分为：男劳力11分，妇女6分，铁姑娘7分。然后召开社员会，先由社员自报一天应得的工分，再进行民主评议，最后经审查公布。劳动者获得的工分，只是

---

① 赵德馨. 中国近现代经济史［M］. 北京：高等教育出版社，2016：269.

与劳动能力和出勤天数相联系，不反映在生产过程中的实际劳动支出；工分
等级差别小而且固定不变，各社员得到的工分差别不大，所得到的实际收入
大体上是平均的。这实际上就是类似于"死分死记""死分活评"的做法。其
特殊之处在于，将社员个人的思想觉悟作为评定工分的依据，使得社员得到
的工分同劳动支出在一定程度上脱钩，违背了按劳分配的原则。这种"政治
工分"，助长了形式主义、说假话的风气。各地在学习大寨记工法时，评议工
分的做法及等级工分的结构大体相似，只是有的地区办法更为简单、粗糙，
工分等级差别更小。大寨式记工法实质上是平均主义，但在极"左"思潮泛
滥的年代里，却被赋予了"巩固集体经济""防止两极分化""坚持共同富裕
道路"的特殊含义。1968年年初，上海、天津、山西、山东等省（市）已有
70%以上的生产队，广东、广西、河北、黑龙江等省（区）有50%以上的生
产队实行了大寨记工法。

与此同时，实物分配方面的平均主义也更加严重。中国农村集体经济基
本上是一种半自给性质的经济，社员收入分配主要是实物分配，现金分配比
例很小。"从全国来看，直到1975年实物分配占当时人均集体分配收入的比
重达80%。"[1] 这种状况，一方面反映了农村经济发展水平和农产品商品率低
下，另一方面，实物分配成为照顾和满足社员及其家庭成员最基本的生活消
费需要，特别是人口多、劳动力少的社员家庭生活需要的手段。

实物分配是公社社员个人收入分配的主体。实物分配的主要对象就是生
产队的农副产品，主要是粮食、棉花、油料、糖以及必要的柴草、蔬菜等，
其中又以粮食为重中之重。生产队的粮食总量在完成国家征购和集体提留之
后的剩余部分用于对社员的个人分配，其基本形式就是口粮。在社员的收入
总量中，以口粮为主的实物分配份额占绝大部分。无论年龄大小和身体强弱，
每一个公社成员都能按时和定量地从集体经济组织中分到基本口粮是实物分
配的基本出发点，从集体得到基本口粮也是每一个公社成员最基本的生活保

---

① 梅德平. 60年代调整后农村人民公社个人收入分配制度 [J]. 西南师范大学学报（人文社会科学
版），2005（1）：99-103.

障。正因为如此，党的八届十中全会通过的《农村人民公社工作条例修正草案》对集体的实物分配特别是粮食分配所设计的基本方法是："可以采取基本口粮和按劳动工分分配粮食相组合的办法，可以采取按劳动工分分配加照顾的办法，也可以采取其他适当的办法。"[①] 实际情况是，虽然大致原则是基本口粮和工分分粮相结合，但在具体的分配过程中，往往就是以人头为依据进行分配。以人头数量而不是以劳动工分为依据的基本口粮的分配实际上就是平均主义的分配方式，基本口粮所占的比例越大，分配中的平均主义就会越严重。在物资匮乏的年代，按家庭人口数量进行分配的方式导致农村人口迅速增长，1975 年全国总人口达到 92 420 万人，其中农村人口达到 76 390 万人，比 1958 年净增加 21 117 万人，增长了 38.20%（图 3-2）。这也成为后来实行计划生育政策的依据之一。

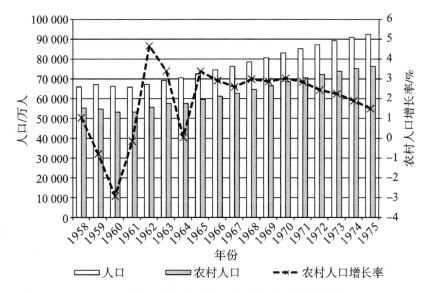

图 3-2　1949—1970 年总人口和农村人口的变化情况

资料来源：国家统计局. 中国统计年鉴［M］. 北京：中国统计出版社，1983：103.

---

① 中华人民共和国国家农业委员会办公厅. 农业集体化重要文件汇编（下）［M］. 北京：中共中央党校出版社，1981：639.

　　社员的现金分配是对向国家上交公粮后的现金收入和生产队通过出售有限的农副产品的现金收入等进行分配。一般而言，"生产队的现金收入在向社员个人分配之前要做必要的扣除，大的扣除项目包括：一定比例的公积金和公益金、各种生产费和管理费。在人民公社组织内，对社员收入的现金分配只占很小的一个部分"①。现金分配的基本依据是劳动者所得到的劳动工分。每个参加生产队集体劳动的社员根据在一定时间内所取得的工分数，再乘以每个工分的现金额（工分值，又称为劳动日报酬）计算出该年应得的现金收入。"现金分配所体现的是每一个劳动力的劳动技能、劳动强度，即按照劳动者所提供的劳动数量和质量来分配个人消费品。显然，在现金分配之前对每一个劳动者应得工分的准确评定和记录是能否真正做到按劳取酬，实施合理分配的重要前提。"②

　　盲目兴办集体福利事业，不适当地扩大集体消费的比例，是 1967—1976 年农村平均主义的又一表现形式。如办托儿所不收费，儿童入学费用由集体负担，社员免费医疗，对社员因病误工给予补贴，修理社员房屋不收费，集体给社员免费统一盖房，等等。大寨大队从 20 世纪 60 年代末就普遍实行所谓"固定工分制度"，即社员年老体弱后，只要参加力所能及的集体劳动，就照样得到和壮年时差不多的工分。这实际上是一种养老制度，不能体现按劳分配的原则。

　　人民公社分配中平均主义的泛滥，造成"干多干少一个样"，使青壮劳力、技术能手等农业生产骨干的利益受到侵犯，人口少、劳力多的家庭的利益受到侵犯，劳动积极的人的利益受到侵犯。其后果是鼓励懒汉，鼓励多生小孩，挫伤生产积极分子的劳动热情，导致劳动纪律松弛，出工不出力。农业生产和集体经济的发展因此受到严重的影响。广东省云浮县托洞公社前进大队前锋生产队原来实行"五定一奖"责任制③，生产搞得有声有色。但改

---

① 梅德平. 60 年代调整后农村人民公社个人收入分配制度 [J]. 西南师范大学学报（人文社会科学版），2005（1）：99-103.

② 同①.

③ "五定一奖"即定劳动、定地段、定成本、定分工、定产量和超产奖励。

为"大寨工分"以后，1972 年水稻浸了种，却没人愿干重活、技术活，没人使牛扶犁，只好叫大家用锄头挖田。结果误了插秧季节，连番薯也没种上。平均主义分配方式没有给社员带来共同富裕，却使农业劳动生产率下降，一部分地区的农民终年劳动也不能解决温饱问题。一些社队采取瞒上不瞒下的种种措施进行抵制，如广东省马贵公社邓林大队新生生产队从 1967 年起，秘密恢复分组作业、定产到组、以产定工的责任制和计酬办法，10 年没有变。[①]农村基层干部和社员群众对平均主义的抵制，是农业生产还能保持一定发展的原因之一。

## 第六节　"文化大革命"时期农业经营制度的演变

"文化大革命"开始后，农村极"左"思潮泛滥，一些地方为了限制所谓的"资本主义自发势力"，违反"农业六十条"的有关规定，强制推行"农业学大寨"运动，突击并队，实行大队核算。1967—1978 年，农村两度掀起了合队并社、向大队核算过渡的高潮，使不适应农业生产力发展的人民公社所有制关系问题更加突出。

第一次高潮发生在 1967—1969 年。在庆祝人民公社成立 10 周年前后，各种舆论工具大力宣传"一大二公"的优越性。

这一时期，受"农业学大寨"运动的影响，全国许多地方改变了以生产队为基本核算单位的农业经营制度，实行大队核算。1968 年 11 月，江西省人民公社由原来的 2 195 个合并为 1 297 个，生产大队由 24 735 个合并为 12 834 个，生产队由 226 189 个合并为 122 119 个。扩社并队后的社队规模均比以前

---

① 赵德馨. 中国经济通史：第十卷［M］. 长沙：湖南人民出版社，2002：405.

扩大了一倍左右，有的生产队达到 100 户以上。[①] 1968—1969 年，天津市北郊区先后有 32 个大队过渡到大队核算，占大队总数的 27%。[②] 1969 年年末，广东韶关地区 7 个县有 250 个大队改为大队核算，其中连南县的 68 个大队全部改为大队核算。梅县专区 2 065 个大队中实行大队核算的有 278 个，其中蕉岭县共 80 个大队，有 74 个实行大队核算。[③]

在农村中强制扩社并队改变核算单位，使集体经济又一次遭到破坏。取消自留地、限制社员经营家庭副业的做法，减少了农副产品和土特产的供应，影响了人民生活。按劳分配本是社会主义的分配原则，但在"文化大革命"中，却被说成是"衰亡着的旧事物"，是"资本主义因素"，是产生资产阶级的经济基础。还把计件工资和奖励制度全面否定，极力鼓吹平均主义、吃"大锅饭"。

人民公社体制的变动，在农村引起了很大震动。为了稳定人民公社所有制基本制度，从 1970 年秋季开始，中共中央要求各地采取措施，制止人民公社所有制"升级""过渡"的现象；反复强调不要急于改变人民公社"三级所有、队为基础"的制度；对前一段时期"升级"中遗留的问题要切实解决好。按照中共中央的意见，一部分已经过渡到大队核算的人民公社重新退回到生产队核算。到 1975 年 9 月以前，以大队为基本核算单位的比重降至大队总数的 9.2%。

第二次高潮发生在 1974—1975 年。当时，全国掀起"批林批孔"运动和贯彻毛泽东"学习马克思主义关于无产阶级专政理论问题的指示"高潮。在学习过程中，"限制资产阶级法权""消除差别"的声浪不断增高。在农村工作中，小集体所有制要不要向大集体所有制过渡？社员分配中允不允许存在

---

① 李国强，何友良. 当代江西五十年 [M]. 南昌：江西人民出版社，1999：255. 转引自李静萍. 人民公社时期所有制的三次过渡 [J]. 当代中国史研究，2012（4）：48-55.

② 中共天津市北郊区委党史资料征集委员会. 天津市北郊区农村合作制经济发展简史 [M]. 天津：天津人民出版社，1989：75. 转引自李静萍. 人民公社时期所有制的三次过渡 [J]. 当代中国史研究，2012（4）：48-55.

③ 转引自李静萍. 人民公社时期所有制的三次过渡 [J]. 当代中国史研究，2012（4）：48-55.

差别？对社员的自留地、自留树等要不要加以限制？这些问题再次被提了出来。① 一些人认为要限制在集体经济内部不同核算单位之间仍然存在的事实上的不平等，必须创造条件提高公有化程度。1975 年 8 月 14 日，时任国务院副总理的陈永贵给毛泽东写了《对农村工作的几点建议》。他认为：“农业要大干快上，要缩小队与队之间的差别，实行大队核算是势在必行。”他主张人民公社的基本核算单位应迅速向大队过渡，以缩小“农村现有差别”。毛泽东批示，提请中共中央讨论。同年 9 月，中共中央召开农村工作座谈会，讨论陈永贵的建议。由于分歧较大，会议未就“过渡”问题做出决议，但反映出急过渡的主张在中共中央内部已有很大影响。1975 年 9 月召开的第一次全国农业学大寨会议和 1976 年 12 月召开的第二全国农业学大寨会议，均强调了基本核算单位过渡的问题。这样，在贯彻落实会议精神时，许多地区着手部署基本核算单位由生产队向大队或公社过渡，以及小社并大社的工作。1977 年 10 月 30 日至 11 月 18 日，中共中央专门就普及大寨县工作在北京召开了座谈会，并通过了《普及大寨县工作座谈会讨论的若干问题——汇报提纲》，指出，“以生产队为基本核算单位不能适应农业生产的发展”，实现基本核算单位由生产队向大队的过渡是“前进的方向”，是“大势所趋”，要求各级党委“努力创造条件，逐步向以大队为基本核算单位过渡”，并要求各省“今冬明春，可以再选择一部分条件已经成熟的大队，例如百分之十左右，先行过渡”。② 这样，借普及大寨县运动之势，过渡风在一些地区再度刮起。全国人民公社的总数，由 1974 年的 5.46 万个下降到 1976 年的 5.27 万个，其中湖北省人民公社数从 1974 年的 4 285 个降到 1975 年的 1 331 个，即减少 69%。据 1977 年对 11 个省、区、市的统计，大队核算单位占大队总数的比例又上升至 11.2%，其中山西高达 39.9%，北京也有 33.1%。

---

① 张化. 一九七五年农业学大寨会议与农业整顿的要求 [J]. 党的文献，1999（6）：16-21.
② 中华人民共和国国家农业委员会办公厅. 农业集体化重要文件汇编：下册 [M]. 北京：中共中央党校出版社，1981：952. 转引自李静萍. 人民公社时期所有制的三次过渡 [J]. 当代中国史研究，2012（4）：48-55.

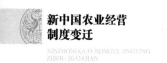

## 第七节　人民公社后期的农村经济形势

　　经过对人民公社体制和农村政策的多次调整，农村集体经济的核算单位退回到生产队以后，生产队有了生产经营的自主权，农村经济得到一定的恢复和发展，农业生产力也有一定程度提高，但是这种恢复和发展是低水平的，尤其是经过"文化大革命"的破坏，许多地方农村的基本核算单位再次上升到大队层面，导致农业生产效率低下，农村经济发展十分缓慢。

　　第一，主要农产品人均占有量较低。从建立人民公社的 1958 年到改革开放之前的 1978 年，20 年间，我国粮食总产量从 20 000 万吨增长到 30 477 万吨，增长了 52.4%；棉花总产量从 196.9 万吨增长到 216.7 万吨，增长了 10.0%；油料总产量从 477.0 万吨增长到 521.8 万吨，增长了 9.4%。从人均占有量来看，1958 年人均占有粮食、棉花、油料的数量分别为 303.06 公斤、2.98 公斤和 7.23 公斤，但到 1978 年，人均占有的粮食、棉花、油料的数量分别为 316.61 公斤、2.25 公斤和 5.42 公斤。历时 20 年，人均占有的粮食数量仅增加了 13.55 公斤，平均每年增长 677.5 克；而人均占有的棉花和油料反而分别下降了 24.5% 和 25.0%。这说明"一大二公"的人民公社体制严重制约了农村生产力的发展。黄宗智认为这是"没有发展的增长"[1]。

　　第二，人民生活水平低下。在粮食和其他农产品产量增长缓慢的情况下，全国人口从 1958 年的 65 994 万人增加到 1978 年的 96 259 万人[2]，净增 30 265 万人，增长了 45.86%。人口的快速增长导致国内农产品供给十分紧张，国家不得不采用配给制的方法来保证粮食和其他农副产品的供应，农民生活水平停滞不前。1958—1978 年的 20 年间，"农民纯收入由 87.6 元增加到 133.6 元，

---

① 黄宗智. 长江三角洲小农家庭与乡村发展 [M]. 北京：中华书局，2000：11.
② 国家统计局. 中国统计年鉴 [M]. 北京：中国统计出版社，1983：103.

年平均增长不到 3 元，而且几乎全面来自集体分配收入"①，农村居民年平均消费水平从 83 元增加到 132 元，年平均增长只有 2.45 元。1952—1958 年，全民所有制各部门职工平均工资从 446 元增加到 550 元，6 年间增加了 104 元，年均增加 17.33 元，而 1958—1978 年的 20 年间，全民所有制各部门职工平均工资只增加了 94 元，年均只增加 4.7 元。② 以 1950 年价格为 100 来算，1958 年全国零售物价总指数为 121.6，1978 年为 135.9，③ 上涨了 11.76%。平减掉物价指数后，农民纯收入、农村居民平均消费水平、全民所有制各部门职工平均工资等指标增加得更少甚至为负数。到 20 世纪 70 年代后期，农业已经成为国民经济中最薄弱的环节，全国有近 1/4 的生产队年人均分配在 40 元以下，有 2.5 亿人吃不饱饭。1977 年，平均一个大队的公积金不到 1 万元，买不上一部中型拖拉机，连简单的再生产都难以维持。④ 农村经济发展的这种状况，是大多数农民无法忍受的。

20 年农村经济的停滞，充分证明了人民公社制度不能促进农业生产的发展。究其根本原因，主要是这种农业经营制度不符合农业生产力发展的要求。虽然人民公社体制经过多次调整，但事实证明，"三级所有，队为基础"的人民公社体制，仍然无法从根本上解决制约农业生产力发展的制度性因素，抑制了农民的生产积极性，严重阻碍了农村经济的发展。要想使被长期压抑的农村经济释放出巨大的活力，急需对农业基本经营制度进行根本性变革。

———————————

① 中华人民共和国农业部政策法规司，中华人民共和国国家统计局农村司. 中国农村 40 年 [M]. 郑州：中原农民出版社，1989：131.

② 国家统计局. 中国统计年鉴 [M]. 中国统计出版社，1983：484.

③ 同②455.

④ 武力，郑有贵. 解决"三农"问题之路 [M]. 北京：中国经济出版社，2004：278，347. 转引自张争明. 建国以来中国共产党农民土地政策的流变与启示 [J]. 江西行政学院学报，2011（4）：27-29.

# 第四章
## 农村改革与家庭联产承包责任制的确立

　　1976 年粉碎"江青集团"以后，"左"倾错误还没有得到纠正，在农业方面仍然继续推广"学大寨"运动，农业生产发展缓慢，人口增长快，农村的大多数地区仍处于贫困状态，中国农村经济形势十分严峻。人民公社制度对农村经济发展的障碍作用日益明显，中国农村已经到了非改不可的地步。正如邓小平在党的十一届三中全会前夕说过的："如果现在再不实行改革，我们的现代化事业和社会主义事业就会被葬送。"①农民迫切盼望对严重束缚他们手脚的农业经营制度进行彻底的改革，改变贫困落后的现状成为家庭联产承包责任制②诞生的主要动力。

————————————

① 邓小平文选：第二卷 ［M］. 北京：人民出版社，1993：150.
② 改革初期称为"家庭联产承包责任制"，1998 年中国共产党十五届三中全会将其正式定名为"家庭承包经营"。

1978 年 5 月 11 日，《光明日报》发表题为《实践是检验真理的唯一标准》的特约评论员文章①。新华社将此文向全国新闻界发了通稿，5 月 12 日，《人民日报》和《解放军报》同时转载了该文。随后，各省、区、市报纸开始陆续转载此文，由此引发了一场关于真理标准问题的大讨论，形成了以理论界为主力，波及全国，影响各界的讨论热潮。② 这次真理标准的讨论最终冲破"左"倾思潮和"两个凡是"③ 的束缚，重新确立了实践是检验真理的唯一标准，成为判断理论与实践是非的锐利思想武器，为大规模拨乱反正、解决历史遗留问题创造了条件。1978 年 12 月 13 日，在中央工作会议闭幕会上，邓小平发表《解放思想，实事求是，团结一致向前看》的讲话，强调将解放思想作为开启改革开放征程的首要任务。人们开始对多年的"左"倾错误进行深入的反思和批判。以"真理标准"大讨论为标志的思想解放为家庭联产承包责任制的诞生和发展提供了一个开放、积极的社会环境。

20 世纪 70 年代末，安徽、四川、贵州等部分地区搞起了"包产到组、联产计酬""双包到组""定产到组"等农业联产承包责任制，开始了冲破人民公社经营制度的初步尝试。包产到组使农业生产责任制发展为联系产量的责任制，产生了明显的增产效果，但由于包产到组未能克服组内成员之间在分配上的平均主义，包产到组进而又发展为包产到户。包产到户是在集体经济组织统一领导和安排下，农户承包一季或全年的生产任务，在规定的费用限度内完成生产任务，并达到规定的产量指标后，即可按承包合同获得规定数量的劳动工分。产品中的包产部分归集体统一分配，超产部分按适当比例分给承包户作为奖励。包产到户使农业生产队基本核算单位由劳动群体改为单个农户，基本克服了平均主义。与"包产到户"同时出现的还有安徽凤阳县小岗村农民搞的"包干到户"。1978 年 11 月安徽省凤阳县小岗村首创"包干到户"是中国农村改革的一个标志性事件，它打破了"左"的思想禁锢，对

---

① 这篇文章由南京大学哲学系教师胡福明撰写原稿，后来经过修改以《光明日报》特约评论员名义发表。

② 马立诚，凌志军. 交锋——当代中国三次思想解放实录［M］. 北京：今日中国出版社，1998：67.

③ 即"凡是毛主席做出的决策，我们都坚决维护；凡是毛主席的指示，我们都始终不渝地遵循"。

当时中国农业的发展方向以及政策制定产生了巨大的影响。由于责任最明确、利益最直接、方法最简便、生产更灵活，包干到户受到农民热烈的拥护，成为家庭联产承包责任制最主要的形式。

包产到组、包产到户、包干到户的改革过程也就是同"左"倾错误斗争的过程，在这一过程中，围绕我国农业能否实行生产责任制、怎样实行生产责任制等问题，广大党员干部、理论工作者和群众展开了激烈的争论，联产承包责任制的相关政策也在适时调整。对农民自发搞的包产到户，中央经历了从不允许、允许例外、小范围允许到全面推广的过程。党的政策对于家庭联产承包责任制的确立和推广起到了难以估量的作用。1983年中央一号文件统一了全党对家庭联产承包责任制的认识，以家庭联产承包为主的责任制成为我国农村集体经济组织中普遍实行的一种最基本的经营形式。到1984年，家庭联产承包责任制已在全国范围普及推行。家庭联产承包责任制的实行和推广调动了农民生产的积极性，解放了农村生产力，提高了农民的生活水平，推动了农村经济的发展。

## 第一节　联产承包责任制的探索

农业生产责任制改革经历了从不联产到联产、从包产到组到包产到户、从包产到户到包干到户的发展过程。包产到组使农业生产责任制发展为联系产量的责任制，产生了明显的增产效果，但由于包产到组未能克服组内成员之间分配上平均主义的矛盾，于是包产到组进而又发展为包产到户。包产到户使农业生产队基本核算单位由劳动群体改为单个农户，基本克服了平均主义。同样是包产，包产到组和包产到户的区别在于"到组（作业组）"和"到户（农民家庭）"。"包干到户"与"包产到户"几乎同时出现，两者最大的区别在于"包干到户"使农民获得了生产经营的自主权和生产成果的支配权，彻底克服了分配上的平均主义，因而受到农民最热烈的拥护，成为家庭联产承包责任制的主要形式。

## 一、包产到组、联产计酬责任制的尝试

20世纪70年代末，安徽、四川、贵州等部分地区搞起了"包产到组、联产计酬""双包到组""定产到组"等农业联产承包责任制改革，强化了生产队的生产经营自主性，提高了社员生产劳动的积极性，农业产量显著提高，开始了冲破人民公社经营制度的初步尝试。1979年比较普遍的联产计酬责任制形式是包产到组、联产计酬。包产到组、联产计酬责任制（又叫"三包一奖"或"五定一奖"制）即在生产队统一领导、统一计划、统一核算、统一分配的前提下，将生产队划分为若干作业组（几户社员），分组承包生产任务。[①] 作业组向生产队承包工分（投工量）、成本（投资）和产量（或产值），超产有奖，减产受罚；再由作业组在其成员中按工分进行分配。[②] 到1979年年底，全国约有1/4的生产队实行了包产到组、联产计酬责任制，尤其是安徽、四川、贵州三省中，实行包产到组、联产计酬责任制的分别占到了生产队总数的61.6%、57.6%、52%。[③]

（一）安徽联产承包责任制的产生

1. 安徽"省委六条"的出台

粉碎"江青集团"后，安徽省广大干部群众要求解放农业生产力、还农民以生产自主权和制定新的农村政策。1977年春，滁县地委组织394名干部，分成115个小组，对全区落实党的农村政策情况进行全面调查，并将调查报告上报省委，但调查报告没有引起省委的重视。1977年6月，万里任中共安徽省委第一书记。万里来到安徽后，看到滁县地委上报的《关于落实党的农村经济政策的调查情况和今后意见》后，当即做出批示："滁县地区组织力量

---

① 刘绪茂. 我国农村现行的几种主要生产责任制简介 [J]. 经济管理，1981 (9)：12-14.

② 于光远. 经济大辞典：上册 [M]. 上海：上海辞书出版社，1992：945-946.

③ 周太和. 当代中国的经济体制改革 [M]. 北京：中国社会科学出版社，1984：173.

深入群众，对农村经济政策认真进行调查研究，这是个好的开端。这个问题很值得引起各地重视。报告中所提的意见，可供各地参考。"① 随即将这份报告批转全国各地、市参考。8月下旬，周曰礼（时任安徽省农委政策研究室主任）向万里做了全省农村情况的专门汇报，包括安徽农村落后的生产力水平状况、农民生活艰难情况、人民公社体制的种种弊端、"农业学大寨"运动出现的问题等。万里指示省农委要进一步调查研究，尽快拿出政策性意见。在万里的指示下，周曰礼率领省农委政策研究室调查组到滁县地区做进一步调查，并多次召开有关农村工作部门人员参加的座谈会。9月下旬，调查组起草了《关于当前农村经济政策几个问题的规定（试行草案）》。

1977年11月15日至21日，中共安徽省委召开了由各地、市、县委书记和省直各部门负责人参加的全省农村工作会议。会议的中心议题是研究当前农村迫切需要解决的经济政策问题。会议最后通过了经过修改的《关于当前农村经济政策几个问题的规定（试行草案）》（简称"省委六条"）。1977年11月28日，"省委六条"下发全省各地贯彻执行。

"省委六条"对原有的农村政策做了重大的突破和调整，其基本内容包括：①搞好农村的经营管理，允许生产队根据自身的情况组织生产，可以根据农活的不一建立不同形式的生产责任制，可以在生产队之下组织作业组，只需个别人完成的农活也可以责任到人；②尊重生产队的自主权（包括生产的自主权、分配的自主权、劳动力支配的自主权等）；③减轻自生产队和社员负担；④落实按劳分配政策；⑤粮食分配兼顾国家、集体和个人利益；⑥允许和鼓励社员经营自留地、家庭副业，开放集市贸易。② 在生产管理方面，"省委六条"规定："根据不同的农活，生产队可以组织临时的或固定的作业组，定任务、定质量、定时间、定工分；生产队有权因地制宜、因时制宜地安排作物茬口，决定增产措施。"在分配方面，"省委六条"规定："大力发展多种经营，使生产队有现金分配，使更多的社员能多分到一点现金。"在对

---

① 张广友. 改革风云中的万里［M］. 北京：人民出版社，1995：151.
② 陈大斌. 饥饿引发的变革——一个资深记者的亲身经历与思考［M］. 北京：中共党史出版社，1998：64.

待个体生产方面，"省委六条"规定："自留地种什么作物，由社员根据自己的生活需要来决定；允许和鼓励社员经营正当的家庭副业；社员自留地和家庭副业的产品，可以拿到集市上出售。"① "尊重生产队的自主权；生产队实行责任制，只需个别人完成的农活可以责任到人；允许和鼓励农民经营正当的家庭副业，产品可以到集市上出售"这些内容反映了广大农民的迫切愿望和要求，但在当时却涉及许多"原则问题"，甚至属于"禁区"。"省委六条"还明确指出："新的政策是对全省的一般性规定，各地应根据党的政策、原则，联系本地实际，经过群众充分讨论，具体贯彻落实。省委、省革委会过去发的文件，如有同这个文件抵触的，一律以这个文件为准。"②

1977 年安徽率先冲破"左"倾错误的影响，实事求是地调整了农村政策，成为农村改革的先锋。安徽"省委六条"下达后，生产队掌握了自主权，调动了农民的积极性，安徽农业生产责任制迅速发展，从不联产到联系产量，许多地方搞起了包产到组，还有些地方搞起了包干到组。1978 年 3 月，新华社向全国发布了安徽"省委六条"的通稿，后由《人民日报》和各省、区、市报纸先后争相转载，一时间轰动全国。③ 安徽"省委六条"是冲破十几年农村"左"倾政策的第一炮，也是粉碎"江青集团"后全国出现的第一份有关农村政策的突破性文件④，正式拉开了安徽农村改革的序幕，它的出台为安徽农村经济的恢复提供了一个相对良好的政治环境。

2. 安徽凤阳马湖公社"包产到组、联产计酬"的尝试

安徽凤阳县农村改革最初出现的形式是马湖公社的联产计酬。马湖公社位于凤阳县西南边界，地方偏僻，生产落后，年年吃国家返销粮，因农民的主食是山芋，被称为"芋头乡"。马湖公社书记詹绍周上任后来到公社中最"难缠"的前倪生产队，先是成立评分小组，实行评工记分，但因为矛盾难以

---

① 李小群. 安徽农村改革 [M]. 合肥：安徽文艺出版社，2011：49.

② 崔海燕. 改革开放三十年重要档案文献·安徽——安徽农村改革开放三十年 [M]. 北京：中国档案出版社，2008：47.

③ 王立新. 要吃米，找万里：安徽农村改革实录 [M]. 北京：北京图书馆出版社，2000：69.

④ 杜润生. 中国农村改革决策纪事 [M]. 北京：中央文献出版社，1999：202.

解决，评分小组解散。之后实行定额包工的办法，将农活分到作业组，根据农活量记工分。实行这个办法后，又出现了农民片面追求数量忽视质量的问题，也没有成功。1975 年年春，詹绍周在社员建议下决定对烟叶实行"包产到组，以产记工"的管理方法，后因为烟叶质量问题，决定实行"联产联质记工法"，不同质量和数量的烟叶记不同的工分数，解决了质量和数量的矛盾。同年秋，这种方法遭到上级领导的批评，被要求更正，但是在詹绍周的带领下，前倪生产队仍然偷偷坚持到 1977 年年底。1978 年 3 月，马湖公社党委在群众的要求下，决定将"包产到组，联产联质记工"方法推广到粮食作物上①，实行"联产计酬"生产责任制，即在生产队统一领导、统一经营、统一分配下，实行分组作业②，定产到组，以产记工，超产奖励，减产赔偿，费用包干，节约归组的三定（定产、定工分、定费用）一奖制度。实行"联产计酬"好处很多：出勤出力，避免了"大呼隆"；人人出点子，人人关心生产；以前社员干活只想千分（工）、不想千斤（粮），现在干活先想怎样收千斤（粮）、后想怎样干千分（工）；干活既注重数量，也注重质量；小组人少，开会方便，干活灵活；等等。③ 对马湖公社推行联产计酬当时有不少非议，但是凤阳县委采取"不宣传、不制止、不推广"的方式支持他们，随后马湖公社有一半以上的生产队搞起了联产计酬。1978 年 7 月，安徽省委和中央政策研究部门先后派人来马湖调查，经过详细的调查，调查组的同志对马湖公社的做法给予了肯定和支持。1978 年年底，因大旱全县粮食大减产，但马湖公社基本上平产，实行联产计酬的生产队，有的平产，有的增产，没有一个减产。

3. 安徽滁县地区"双包到组"的兴起

20 世纪 70 年代末，滁县地区农村人均口粮只有 500 斤左右，社员集体分

---

① 当时生产队队长詹绍周决定不动磙子的作物都包产到组，按产按质记工。马湖公社的农作物中，不动磙子（除小麦、水稻）的占 80% 以上，整个前倪队近 500 亩的土地中，只有 20 亩种水稻，其余都是不动磙子的作物。

② 分组原则上按照大家庭、亲戚来划分，例如，将弟兄、父子近房划分成组，遇到哪个家庭不和时，就把他们划到别的组里，如果别的组不要，划不下去，就把他们的户头留在组里，将田分给他们单干。

③ 安徽省委党史研究室. 安徽农村改革口述史 [M]. 北京：中共党史出版社，2006：153.

配的人均年收入只有 70 元左右，一些地方合作化以后 20 多年的集体积累折价还不够抵偿国家银行贷款。每到冬春季，全地区有大批农民逃荒要饭。在这种情况下，滁县地区一些地方偷偷搞起了联系产量责任制，还有一些地方划小了核算单位，搞起了包产到组，其中有三个典型。第一个典型是来安县烟陈公社杨渡大队魏郢生产队的"定产到组，以产计工"的生产责任制。1978 年春天，魏郢生产队把生产队分成两个生产作业组，制订了"分组作业，定产到组，以产计工，统一分配"的办法，称之为"包产到组"。包产到组的具体做法是：实行"六定到组"和"八个统一"。"六定"是指定劳力、定土地、定产量、定工分、定奖惩、定领导；"八个统一"是指生产计划和茬口安排统一，耕牛、农具、机械使用统一，种子和生产费用统一，用水统一，农田基本建设、技术活和杂工安排统一，规章制度统一，经济核算和收益分配统一，领导统一。① 实践证明这种办法可以有效地调动农民的生产积极性。1978 年来安县遭受了百年未遇的大旱，粮食减产 3.7%。而魏郢生产队的粮食总产量却由 1977 年的 4.4 万公斤增加到 6.25 万公斤，增长了 42%，超额完成了粮食征购任务；油料总产量达到 8 400 多斤，粮油都超过历史最高水平；社员平均口粮 350 公斤；留足种子、饲料后，储备粮 7 000 多公斤；人均收入79.8 元，比 1977 年增长 30%。② 第二个典型是天长县新街公社的"六定一奖"责任制。新街公社是天长县产棉区的一个公社，但是因为棉花产量低，社员普遍不愿意种棉花。1978 年春，由于大旱，棉花苗面临枯死的危险，公社决定对棉花生产实行联产计酬、责任到人（实际上是责任到户）的产量责任制。具体做法是：实行"六定（有的是五定、四定）、一奖、三统一（有的是两统一）"。"六定"是指定人员、定任务、定产量、定报酬、定费用、定技术管理；"三统一"是指统一计划种植、统一管理技术要求、统一使用耕

---

① 丁龙嘉. 改革从这里起步——中国农村改革 [M]. 合肥：安徽人民出版社，1998：22.
② 中共安徽省委党史研究室. 中国新时期农村的变革（安徽卷）[M]. 北京：中共党史出版社，1999：312-313.

畜农具和水肥。① 新街公社对棉花生产实行的联产计酬、责任到人的产量责任制调动了社员的生产积极性。1978 年（大旱之年）棉花生产大增产，棉花总产达 2 913 万斤，比 1977 年将近翻了一番，平均亩产皮棉由 1977 年的 29 斤增加到 1978 年的 55 斤，增产 89%，超过了历史最高水平。② 第三个典型是来安县广大公社实行干部奖励制度，将大队和生产队干部的报酬与产量直接挂钩，增产发奖金，以此调动干部的工作积极性。1978 年（大旱之年）广大公社粮食、油料总产与上一年相比，分别增加了 12% 和 17%，均超额完成了国家征购任务。③ 这些办法在当时都是被禁止的，只能在暗中实行，被称为"三个秘密武器"。

1978 年 9 月，滁县地委召开地、县、区、公社四级干部会，布置生产自救和秋耕秋种。来安县和天长县一些公社介绍了他们试行的"定产到组、以产计工""联产计酬、责任到人"以及对基层干部按工作实绩进行奖励等行之有效的办法，在会上引起强烈的反响。会后，地委书记王郁昭向安徽省委做了汇报，得到省委的支持。滁县地委下发文件要求各县先在一个大队或一个公社进行包产到组的试点，待取得经验后再逐步推广。文件下达后，许多县纷纷要求扩大试点范围，各社队都争当试点。随后，一些不是试点的社队也自发地搞起了包产到组。④

在试点中，凤阳县有的地方还搞了包干到组。最早搞包干到组的是凤阳县城南公社岳林大队岳北生产队。岳北生产队分小组（当时分成 4 个作业组）承包生产队的土地。年终，小组在完成了国家粮、油、棉、菸（烟）征购任务和集体的公共提留后，其余收入由作业组自行分配，社员积极性很高。由于群众积极性很高，到 1979 年 3 月底，滁县地区 68.3% 的生产队实行了包产

---

① 陈大斌. 饥饿引发的变革——一个资深记者的亲身经历与思考 [M]. 北京：中共党史出版社，1998：249.
② 陆子修. 农村改革哲学思考 [M]. 上海：上海人民出版社，1986：21.
③ 同②.
④ 王郁昭. 大包干是亿万农民的自觉选择——纪念中国农村改革 20 周年 [J]. 党的文献，1998（6）：37-42.

到组、联产计酬和包干到组。①"双包到组"的推行，其意义不仅在于这种责任制形式实现了由不联产向联产的转变，更重要的是它为"包干到组"和后来"包产到户""包干到户"的兴起开辟了道路。②

（二）四川广汉县金鱼公社"包产到组"的尝试

广汉县位于川西平原，属于四川省内交通发达、地势平坦、土地肥沃、灌溉便利的经济富庶地区。但在人民公社时期，广汉县的农民却常常吃不饱饭。1977 年广汉县委书记常光南下乡调研时，看到农民群众生活困难，萌发了搞"包产到组"的想法。但在当时的政治形势下，搞"包产"触动人民公社体制，是一个十分严重的政治路线问题，因此在 1977 年（秋收以后小春播种之前）召开的广汉全县公社党委书记会议上，与会者围绕是否实行"包产到组"改革展开了激烈的讨论。有的领导同志听到"包产"二字，便连连摇头说"不能搞"。事情汇报到省委后，省委领导同意先在一个公社试行，于是广汉县委便选择在金鱼公社搞试点。1978 年实行"分组作业、定产定工、联产计酬、超产奖励"的"包产到组"改革的金鱼公社，在品种和种植技术都没有改变的情况下，全公社 116 个生产队，队队增产，全公社粮食总产量达到 250 万公斤，比 1977 年增产 22.5%，亩产粮食达 750 公斤，每亩平均增产粮食近 150 公斤。③ 在四川省委的支持下，金鱼公社"包产到组、联产计酬"的改革经验逐渐在四川农村推广开来。到 1979 年 5 月，四川全省已有 30 万个生产队（占生产队总数的 57.6%）实行了"包产到组"的生产责任制。④

（三）贵州关岭县顶云公社试行"定产到组、超产奖励"

20 世纪 70 年代，贵州关岭县顶云公社 28 个生产队以"生产队大集体"的方式经营管理土地，生产落后，群众吃粮难，每年有几个月靠国家救济粮过日子。为了解决老百姓吃粮问题，1976 年春天，顶云陶家寨生产队队长陈高忠决定将生产队的田地、劳动力、耕牛和所有农具分成三个组，重新建立

---

① 安徽省委党史研究室. 安徽农村改革口述史 [M]. 北京：中共党史出版社，2006：111.
② 陈大斌. 中国农村改革纪事 [M]. 成都：四川人民出版社，2008：169.
③ 王能典，陈文书. 农村改革逐浪高 [M]. 成都：四川人民出版社，1999：122-127.
④ 段志洪，徐学初. 四川农村 60 年经济结构之变迁 [M]. 成都：巴蜀书社，2009：159.

新账,偷偷地搞"包产到组"。具体做法是:定组和定各组组长,定土地定产量,定人口定劳动力,定耕牛和分农具。[①] 1977 年,陶家寨粮食产量比往年增加了两倍多,人均口粮从原来的 106 公斤增加到 252 公斤,人均收入从原来的几十元增加到 200 多元。"定产到组、超产奖励"增加了粮食产量,提高了生产力,让村民吃上了饱饭。由于全村保守秘密,陶家寨的"包产到组"没有被公社发现。1977 年顶云公社的云乐与常家寨等几个生产队纷纷效仿陶家寨生产队"包产到组"的做法,粮食都增了产。到 1978 年春,顶云公社 28 个生产队有近 10 个队都搞了"包产到组"。1978 年 2 月,八角岩生产队[②]的副队长伍正才分别给贵州省委书记、安顺地委书记和关岭县委书记写信,公开提出:八角岩要搞"包产到组",定产量,奖勤罚懒,调动群众的生产积极性,统收统分不变。伍正才认为:"既然包产到组做法是正确的,就要光明正大地搞,边干边向上面汇报情况。"[③]

1978 年 4 月,关岭县委工作队和公社党委召开会议讨论"包产到组",决定在顶云公社的 16 个生产队试行"定产到组、超产奖励"的生产责任制。即在"五统一"的前提下,把生产队划分成若干作业组,生产队对作业组实行"五定一奖惩"。"五统一"是指主要生产资料归生产队所有,由队统一调配,生产计划、经营范围和增产措施由队统一制定,种子、肥料等生产费用由队统一计划开支,劳动定额由队统一制定,粮食农副产品和现金由队统收统分;"五定"是指定劳动力,定生产资料(包括土地、耕牛、农机具),定当年生产投资,定各种作物产量指标,定工分报酬;"奖惩"是指超产奖励工分等,减产扣减。[④] 1978 年实行"定产到组"的生产队粮食产量比 1977 年平均增产 30%,受到了广大干部和社员的热烈欢迎。1978 年 11 月 11 日,《贵州日报》以整版篇幅加编者按发表的《定产到组姓"社"不姓"资"》和《定

---

① 苏丹,陈俊. 顶云经验:中国农村改革第一乡 [M]. 贵阳:贵州人民出版社,2008:67.

② 八角岩是顶云公社比较大的一个队,全队有 60 多户人家,320 多人,缺粮的占多数。

③ 同①80.

④ 王猛舟. 中国农村改革第一乡:让历史见证贵州关岭"顶云经验"三十年 [M]. 贵阳:贵州人民出版社,2008:11.

产到组、超产奖励行之有效》两篇报道，介绍了关岭县顶云公社实行定产到组的经过。1979 年顶云公社率先全面实行"定产到组"，全公社粮食总产量达 157.5 万公斤，比 1978 年增产 9.68%。

以上这些事例是 20 世纪 70 年代末农民对包产到组、联产计酬责任制形式的尝试和探索。包产到组使农业生产责任制发展为联系产量（包产）的责任制。由于包产到组划小了核算单位，生产好坏看得见，促使社员关心集体生产，在一定程度上调动了农民的劳动积极性，产生了明显的增产效果，受到广大农民的欢迎。包产到组推广得很快，在一些省份（如四川省）包产到组推广的面还比较大。但是实行包产到组，农民的个人所得还是要通过生产队统一计算分配，过程烦琐，操作麻烦，由于个人责任不明确，作业组内部仍会出现分配上的平均主义，使"大锅饭"变成"二锅饭"，"大呼隆"变成"小呼隆"。

## 二、"包产到户"的重新兴起

20 世纪五六十年代，以"包产到户"为特征的农业生产责任制在我国农村兴起过三次[1]，但在当时的情况下，家庭联产承包责任制的这些萌芽被认为是"单干"，都被以"走资本主义道路"为由而打压下去。但是由于它具备生产管理和激励上的有效性，农民对于集体土地上搞"包产到户"获得明显效益的记忆是深刻的，三次"包产到户"的实践为后来家庭联产承包责任制的形成提供了经验积累。因此，20 世纪 70 年代农村政策稍有放宽，农民就自然而然地再次选择了"包产到户"。

包产到户是在集体经济组织统一领导和安排下，农户承包一季或全年的生产任务，实行包工、包产、包费用。承包户在规定的费用限度内完成生产任务，并达到规定的产量指标后，即可按承包合同获得规定数量的劳动工分。

---

[1] "包产到户"第一次出现于 1956 年左右，最具有代表性和典型意义的是浙江省永嘉县；第二次出现于 20 世纪 50 年代末，在湖南、甘肃、河南、安徽、四川、浙江等省，包产到户以不同形式出现；第三次出现于 20 世纪 60 年代初，安徽省试验的"包产到组，责任到人"的责任田最为典型。

产品中的包产部分，归集体统一分配；超产部分按适当比例分给承包户作为奖励。[①] 包产到户使生产队的经营权分散到农户手中，分配上的平均主义也基本得到克服，但农村经济的基本核算单位仍然是生产队，农民没有成为真正的经营主体，对产品没有支配权。包产到户与包产到组的区别在于"到组"和"到户"，即承包主体由劳动群体改为单个农户。"到组"是按作业组承包生产任务，不少社队在实行联产到组以后，仍然存在组内的平均主义；"到户"意味着按各户的人口数承包生产任务。由于包产到组未能克服组内成员之间分配上平均主义的矛盾，于是包产到组进而又发展为包产到户。这种于20世纪70年代在四川、安徽、贵州等少数地区出现的家庭联产承包责任制的萌芽形式，从1980年开始在全国范围内推广开来。

（一）四川隆昌县界市公社"包产到户"尝试

20世纪70年代初，界市公社共有11个大队，112个生产队，集体耕地9 245亩，人均0.58亩，全社人均口粮在150公斤左右。1975年9月，四川隆昌县界市公社四大队八生产队将土质较差的田坎、坡地、洼地作为口粮地，按人头就近划给社员，人均0.073亩，谁种谁收。1976年收了一季小麦，人均比往年多收了20多公斤。1976年8月，生产队又将田坎全部划到户，同时每人增划田和土0.36亩，规定每人每年向集体交粮25公斤，超产自得。1977年全队粮食增产33%。1978年，在八生产队的影响下，四大队除两个生产队外，各生产队都将田和土全部划分到了户，实行包产到户，规定每亩地交粮150公斤。[②] 1978年小春作物播种时，公社知道八生产队实行包产到户后，党委内部产生了意见分歧：有的认为，四大队的做法已经超出了中央政策规定的范围，上面追究起来不好交代，要纠正；公社革委会副主任文忠海和公社党委书记李明章认为，衡量农业生产发展的标准是粮食产量，八队的做法使粮食增了产，公社不要去干预他们。在1979年小春作物技术培训会上，李明章大胆地宣布："搞什么样的责任制，各大队自行决定。四大队包产到户的做

---

① 于光远. 经济大辞典：上册［M］. 上海：上海辞书出版社，1992：540.

② 王能典，陈文书. 农村改革逐浪高［M］. 成都：四川人民出版社，1999：93-94.

法我们不反对，也不作为经验推广。"会议结束后，各生产队长自发地参观了四大队的生产，了解包产到户的具体做法，回去后，除少数生产队实行包产到组外，大部分的生产队实行了包产到户。1979 年界市公社粮食总产量达 5 305 吨，比 1978 年增长 11%，人均口粮上升到 275 公斤。[①] 不久，这种做法被走亲访友的群众知道了，迅速地传开，于是，周围的公社也纷纷搞起包产到户，影响面不断扩大。

（二）安徽"包产到户"改革

1. 借地度荒——包产到户的前奏

1978 年夏秋，安徽遭遇了严重干旱，全省大部分地区连续 10 个月没有下透雨，6 000 多万亩农田受灾，400 多万人口和 20 多万头牲畜饮水困难。一些受旱严重的地区，上半年新栽的幼苗、新长的幼竹几乎全部旱死。1978 年全省粮食总产量 1 482 万吨，比 1976 年减产 200 万吨，人均产粮 314 公斤，比 1976 年减少 55 公斤。[②] 除去上缴、集体提留和留作种子外，农民的口粮所剩无几，有些地方的农民再次被迫外出讨饭以度荒年。旱情在入秋以后更趋严重，秋种无法进行。面对这一严峻形势，安徽省委一方面组织人力、物力、财力，全力以赴投入抗旱；另一方面积极研究制订减灾度荒、摆脱困境的办法。1978 年 9 月 1 日，万里主持召开省委常委紧急会议研究对策，在会上提出："必须尽一切力量，千方百计地搞好秋种，争取明年夏季有个好收成。""我们不能眼看着农村大片土地撂荒，那样明年的生活会更困难。与其抛荒，倒不如划出一定数量耕地借给农民个人耕种。要千方百计把小麦种好，还要多种菜，种胡萝卜，度过荒年。……在严重干旱的非常时期，必须打破常规，采取特殊政策战胜灾难！"[③] 经过常委们讨论，这次会议形成了"借地度荒"的大胆决定：凡集体无法耕种的土地，可单独划出借给农民耕种，超过计划扩种部分，收获时不计征购，由生产队自己分配；放手发动群众，鼓励农民利用"四旁"（村旁、宅旁、路旁、水旁）空闲地和开荒地多种粮食蔬菜

① 王能典，陈文书. 农村改革逐浪高 [M]. 成都：四川人民出版社，1999：95.

② 李小群. 安徽农村改革 [M]. 合肥：安徽文艺出版社，2011：51.

③ 张广友. 风云万里 [M]. 北京：新华出版社，2007：148.

（规定每人可借两到三分地种菜，当时叫"保命菜"），谁种谁收谁有，不用上缴国家。[①]"借地度荒"充分调动了广大农民生产自救的积极性，大部分的边地也都种上了油菜、蚕豆和小麦，超额完成了当年的秋种任务。据估计，仅这一措施，全省增加秋种面积达 1 000 多万亩。1979 年夏收之后，旱灾形势迅速扭转，这与安徽省委"借地度荒"的决策是分不开的。[②] 特别是这一"借"，直接推动了"包产到户"的改革浪潮。

2. 安徽省肥西县山南公社试点"包产到户"

安徽农村的包产到户改革是从肥西县山南区开始的。安徽省委"借地度荒"的重大决策传达到山南区后，不少生产队偷偷地把全部麦子、油菜包到户去种，少数生产队把所有耕地都划到户去包产。1978 年 9 月 15 日，山南区委书记汤茂林在柿树公社黄花大队召开全体党员大会，讨论落实"借地度荒"的办法，决定实行"四定一奖"的办法，即定任务（每人承包一亩地麦、半亩地油菜）、定上缴（麦子每亩上缴 200 斤）、定工分（每亩耕地记 200 个工分）、定成本（每亩地生产成本 5 元）；超产全奖，减产全赔。[③] "四定一奖"办法宣布后，黄花大队 1 690 亩耕地中除 100 亩不宜秋种的土地外，其余耕地按人均 1.5 亩全部借给社员个人耕种。"四定一奖"办法在社员群众中引起强烈反响，其他公社、大队干部纷纷要求实施"借地"办法。最后，区委决定在全山南区实行"借地度荒"。到 1978 年 11 月上旬，山南全区播种小麦 8 万余亩、油菜 5 万亩、大麦 2 万亩，比计划多播种 9 万亩，比正常年份多播种7 万亩，超额完成当年秋种任务。[④]

1979 年 2 月 6 日，万里在省委常委会上公开表态："包产到户问题，过去批了十几年，许多干部批怕了，一讲到包产到户，就心有余悸，谈'包'色变。但是，过去批判过的东西，有的可能是批对了，有的也可能本来是正确的东西，却被当作错误的东西来批评。必须在实践中加以检验。我主张应当

① 黄书元. 起点——中国农村改革发端纪实 [M]. 合肥：安徽教育出版社，1997：18.

② 张广友，丁龙嘉. 万里 [M]. 北京：中共党史出版社，2006：173.

③ 李小群. 安徽农村改革 [M]. 合肥：安徽文艺出版社，2011：54.

④ 同③54.

让让山南公社进行包产到户的试验。"① 省常委会最后决定在山南公社进行包产到户试验。山南公社迅速将全部土地划分到户，彻底实行包产到户，成了全国第一个公开实行包产到户的公社。仅半个月时间，全社 206 个生产队就有 200.5 个生产队实行了包产到户。不久，剩下的 5.5 个生产队也将田地包到了户。山南公社周边的其他社、队纷纷效仿，实行包产到户，包产到户迅速传播到整个肥西县。1979 年年春耕时实行包产到户的生产队占肥西县生产队总数的 23%，夏种时达到 37%，秋种时达到 50% 以上。②

1979 年年底已全部包产到户的山南区，粮食总产达 11 530 万斤，比 1978 年增产 2 753 万斤，比历史最高水平的 1976 年增加 453 万斤；1979 年全区人均收入 110 元，比历史最高水平的 1976 年人均增加 37.6 元，全区向国家上交粮食 4 170 万斤，比 1976 年增加 1 252 万斤。1979 年，肥西县虽然遭受春旱、夏旱、雹、虫、涝等自然灾害，但由于包产到户充分调动了农民积极性，全县粮食总产达 75 457 万斤，比 1978 年增长 13.6%；油料总产达 2 478 万斤，比 1978 年增长 1.1%；全县向国家交售粮食 25 383 万斤，比 1978 年增长近 3 倍。③ 到 1980 年春，肥西县已有 8 199 个生产队搞包产到户，占生产队总数的 97%。④

与此同时，四川、贵州、甘肃、内蒙古、河南等省（区）的一些贫困地区农民群众，也先后冲破禁锢，公开或隐蔽地搞起了包产到户，但是这些改革（如四川隆昌县界市公社"包产到户"改革）大多未能得到上级党委的认可，甚至受到严厉的批评，只是一种暗地里搞的自发改革，影响较小，尚未形成典型示范的效果。而包产到户在安徽的重新出现，虽然招致了比包产到组更加强烈的反对和争论，但实际上得到了安徽省委的默许和支持，从而得到了迅速发展。1978 年安徽省实行了"包产到户"的生产队达到 1 200 个，

① 张广友，丁龙嘉. 万里 [M]. 北京：中央党史出版社，2006：179-180.
② 李小群. 安徽农村改革 [M]. 合肥：安徽文艺出版社，2011：56.
③ 《中国农业全书》总编辑委员会，《中国农业全书·安徽卷》编辑委员会. 中国农业全书·安徽卷 [M]. 北京：中国农业出版社，2000：263.
④ 黄道霞. 建国以来农业合作化史料汇编 [M]. 北京：中共党史出版社，1992：981.

1979 年发展为 38 000 个，约占全省生产队总数的 10%。[①] 后来，四川、甘肃、辽宁、广东、江西等省也都结合本省实际，制定和公布了本省有关落实农村政策的规定，包产到户在全国迅速发展起来。

### 三、"包干到户" 的兴起与发展

20 世纪 70 年代末，安徽省的农村改革一直走在全国各地的前列，当绝大多数地方都在奋力争取实行 "包产到户" 时，安徽省凤阳县梨园公社的小岗村生产队却搞起了 "包干到户"。

包干到户是在坚持基本生产资料公有制的前提下，生产队把耕地承包到户，牲畜、农具固定到户管理使用，实行农民分户经营；农户按合同上缴国家的征购任务，交足集体的提留，剩下的无论有多少都属于承包农户所有。用农民的话说，"大包干、大包干，直来直去不拐弯，上交国家的，留够集体的，剩下都是自己的。"[②] "包产到户" 和 "包干到户" 都是联产承包，都是 "包到户"，生产过程上都是把土地包下去，分户经营，但是在分配形式上两者却有很大的差别。"包产" 是以产量定工分，按工分分配；"包干" 则略去工分这个环节，由产量直接决定承包收入，即包干到户不包工，不包费，一切生产活动由社员自行安排，完成生产任务后，产品除上缴国家的征购任务，交足集体的提留，剩余产品全归承包户所有和支配。[③] 因此，"包干到户" 和 "包产到户" 最大的区别在于 "包干到户" 打破了生产队统一支配产品、统一经营核算，使农户成为农业和农村经济的经营主体，农户获得充分的自主权，取得了对农产品的实际支配权，社员的经济利益比包产到户更加直接，彻底克服了分配上的平均主义。由于责任明确，利益直接，方法简便，适合我国农村的生产力水平，包干到户受到农民最热烈的拥护，使其在较短的时

---

① 陈锡文，赵阳，陈剑波，等. 中国农村制度变迁 60 年 [M]. 北京：人民出版社，2009：27.

② 黄伟. 为农业 "大包干" 报户口——访安徽省原省长王郁昭 [J]. 百年潮，2008 (7)：63-67.

③ 杜润生. 中国农村改革决策纪事 [M]. 北京：中央文献出版社，1999：148-150.

间内演变为家庭联产承包责任制最主要的形式。

（一）"包干到户"的兴起

小岗村是农村改革的主要发源地，小岗村包干到户的尝试是中国改革的一个标志性事件，它打破了"左"的思想禁锢，对当时中国农业经营体制改革产生了巨大的影响。

1. 安徽凤阳县小岗村首创"包干到户"

凤阳县是安徽省的落后县，梨园公社是凤阳县最穷的公社，小岗生产队又是这个穷公社中有名的"三靠队"（吃粮靠返销、用钱靠救济、生产靠贷款）。1956 年小岗村进入高级社，只在入社的第一年卖给国家 4 万多斤粮食，此后 23 年没有向国家卖过粮食。"文化大革命"期间，小岗生产队全年人均口粮只有 100~200 斤，人均分配收入只有 15~30 元，每年有 5~7 个月吃国家供应粮，群众生活十分穷困。1966—1978 年，国家向小岗村提供了 1.6 万多元的贷款，小岗村吃国家供应粮 22.8 万斤，占这 13 年粮食总产量的 65%，即使这样，小岗村的农民还是无法维持最基本的生活。[1] 20 世纪 70 年代的凤阳县因以逃荒要饭人多而出名，小岗村更是穷得叮当响，成了远近闻名的"讨饭村"，生产队 20 户人家，115 口人，人均年收入只有 22 元，村民的生活十分艰苦。在此背景下，小岗生产队搞起包产到组、联产计酬责任制，将 20 户人家从两个大组分成八个小组，每个组只有二三户，基本形成了以父子组、兄弟组的形式发展生产。但是这样没干几天，妯娌吵架、兄弟反目的情况不断，包产到组、联系产量计算报酬的措施在小岗村的效果并不明显。

1978 年 10 月，梨园公社任命严俊昌为生产队长，严宏昌为副队长，严立学为生产队会计。受长期僵化思想的影响，人们谈私色变，一旦触碰分和包，就容易被戴上"开社会主义倒车，走资本主义道路"的帽子。1978 年 11 月 24 日晚上，小岗村十八户的当家人[2]在严宏昌的主持下，召开秘密会议，全村村民一致同意实行"单干"，立下了一纸契约。契约中写道："时间：1978

---

① 童青林. 回首1978——历史在这里转折 [M]. 北京：人民出版社，2008：327.

② 小岗共20户人家，除严国昌、关友德两户外出讨饭联系不上，其余18户全部到齐。

年 12 月　地点：严立华家　我们分田到户，每户户主签字盖章，如此后能干，每户保证完成全年上交的公粮，不在（再）向国家伸手要钱要粮。如不成我们干部作（坐）牢杀头也干（甘）心，大家社员们也保证把我们的小孩养活到 18 岁。"① 大家保证严守秘密。第二天小岗人就悄悄开始分地了。小岗人采用抓阄的办法将全生产队的耕地、牲口、农具按人口分配给各户，农民可以在承包的土地上自由耕种，不再由生产队记工分，粮食在完成国家征购和集体提留外，其余归农户自己支配。自此，小岗村的"大锅饭"被彻底打破，一种与安徽省所有联产责任制都不同的"大包干"诞生了。这份契约的诞生，实际上宣布了一种比"包产到组""包产到户"改革方式更彻底的新生产关系悄悄降临。② 自此，小岗人开始了"包干到户"。

2. 小岗村"包干到户"带来的成效

在小岗村实行的包干到户生产责任制，责任最明确、利益最直接、方法最简便、生产更灵活，一经出现就受到农民的热烈欢迎。有了土地的经营权，小岗生产队的每一个人都迸发出了从未有过的生产热情。实行包干到户的小岗村 1979 年实现了大丰收：全队粮食总产 132 370 斤，相当于 1966—1970 年五年粮食产量的总和；油料总产 35 200 斤，是过去 20 多年油料产量的总和；家庭副业也有很大发展，生猪饲养量达 135 头，超过历史上任何一年；完成油料统购任务 300 斤（过去统计表上这一栏从来都是空白），交售给国家花生、芝麻共 24 933 斤，超过定购任务 80 多倍；首次向国家上缴公粮 6 万多斤，超额 6 倍完成上缴任务，第一次归还了国家贷款 800 元；全队还留储备粮 1 000 多斤，留公积金 150 多元。由于生产发展，社员收入大大增加。据初步统计，1979 年全队农副业总收入 4.7 万多元，平均每人 400 多元（毛收入）。最好的户总收入可达 6 000 元，平均每人 700 多元，最差的户平均每人收入也在 250 元左右。全队 20 户，向国家出售农副产品得款 2 000 元以上的

---

① 杨继绳. 邓小平时代：中国改革开放二十年纪实（上卷）［M］. 北京：中央编译出版社，1998：178.

② 童青林. 回首 1978——历史在这里转折［M］. 北京：人民出版社，2008：329-331.

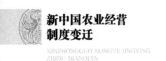
2 户，1 000 元以上的 10 户。[1]

（二）"包干到户"的发展

1. 安徽凤阳县包干到户

1979 年 8 月 16 日至 21 日，安徽凤阳县委召开了区委书记会议，讨论巩固提高和完善大包干的措施。会上各区委书记反映社员普遍要求"包干到户"。造成社员普遍要求单干的原因主要是大包干到组这一生产责任制的自身原因（作业组虽小，但它仍像一个小生产队，生产"小呼隆"，分配上吃"小锅饭"仍然存在），其次是受小岗生产队实行包干到户和零星的包干到户的影响。1979 年 10 月，滁县地委在凤阳县召开县、社、大队三级干部会，总结完善大包干到组的责任制，布置年终分配和冬季农田基本建设等任务。会议决定"允许小岗先干三年，继续试验，在实践中不断完善提高"。[2] 地区"三干会"后，小岗包干到户责任制影响越来越大，在凤阳全县不推自广。1979 年秋收以后，包干到户在凤阳县得到迅速发展。1980 年 9 月 1 日，凤阳县委正式颁布了《关于农业生产包干到户的管理办法（初稿）》，包干到户在凤阳县正式落了"户"并进入不断完善的新阶段。到 1980 年年末，全县90% 以上的生产队实行了包干到户，1980 年凤阳县虽遭遇各种自然灾害（麦收前后连续两个多月的阴雨天，七八月发生多年未遇的洪涝灾害，中晚稻又出现严重的虫害等），但仍获得农业丰收。1980 年全县粮食总产达 50 247 万斤，比 1979 年增长 14.2%；人均生产粮食 1 069 斤，比 1979 年增长 18%；油料总产 2 063.8 万斤，比 1979 年增长 65%；生猪饲养量达 24.97 万头，比1979 年增长 9%；社队企业总收入 1 300 多万元，比 1979 年增长 10%。1980年全县向国家交售粮食 11 063 万斤，超过征购任务的一倍多，比 1979 年增长27.2%；农副产品收购总额 5 000 万元，比 1979 年增长 23%。社员生活水平普遍提高。1980 年全县农副业总收入达 10 310 万元，比 1979 年增长 14%；

---

① 黄道霞. 建国以来农业合作化史料汇编 [M]. 北京：中共党史出版社，1992：988-989.
② 安徽省委党史研究室. 安徽农村改革口述史 [M]. 北京：中共党史出版社，2006：118-119.

人均收入比 1979 年增长 20%；人均口粮由 1979 年的 650 斤增加到 750 斤。[①]有一大批社员首先富裕了起来，成为"冒尖户"。1980 年凤阳县家有万斤粮食的社员达 1 万多户，占总农户的 10.5%；2 400 多户人均生产粮食超过2 000 斤，同时还出现了一些向国家交售万斤粮的社员户。实践充分证明了包干到户更能调动广大社员的积极性，促进生产的发展。

2. 山东东明县包干到户

党的十一届三中全会后，各种形式的农业生产责任制在山东兴起。东明县是山东省有名的穷县，也是菏泽地区进行农村改革最早的县。1978 年年初，东明县把 10 万亩撂荒地分给了社员自种自收。1979 年春，有些缺牲畜、种子、化肥和劳动力外流的生产队，把集体耕地包给各户自己耕种。有的队规定收入分配交集体一部分；有的队则规定收入分配全部归个人；有的队把一部分地分给社员作为"口粮田"，生产队不再分口粮，把另一部分地定产定工包给社员作为"责任田"，定产部分交生产队，由集体按工分分配，超产部分归自己；社员承包土地种植经济作物，按规定产量交集体，剩余的全部归社员自己所有。这就是山东东明县"包干到户"的雏形。凡是已实行包干到户的社队，粮棉大幅度增产，农民收入成倍增长。农民反映说，"只要把土地包到户，保证一年后不再向国家要统销粮和救济款"。[②]从此，"包干到户"责任制在菏泽、聊城及鲁西北地区逐步蔓延，菏泽地区最先普及。

3. 四川大邑县五龙公社包干到户

1979 年大邑县五龙公社三大队九队有农户 33 户 150 人，集体耕地 105亩，自留地 9 亩，社员生活非常困难。为了调动社员的生产积极性，摆脱贫困，1979 年秋全公社率先将胡豆秧包干到户：饲料田和田坎划到户，归社员种植，实行自种、自管、自收。由于分到户后用肥足，管理好，胡豆秧长势很好，产量大增，比集体种植时亩产平均增长一倍以上，从而满足了猪用饲料，

①　陈怀仁，夏玉润. 起源：凤阳大包干实录 [M]. 合肥：黄山书社，1998：385-386.
②　陈希玉，傅汝仁. 山东农村改革发展二十年回顾与展望 [M]. 济南：山东人民出版社，1998：55-56.

增加了农户收入。1980 年秋实行小春①作物包干到户，采用的办法是把全队土地按上中下三等分田块编号，抽签落实到人，一次划拨，谁种谁收。通过精耕细管，小春作物产量大幅度增加。集体种植时小麦亩产只有 150 多公斤，油菜亩产只有 50 多公斤，1981 年小麦和油菜亩产分别上升到 250 多公斤和 100 多公斤。② 由于小春作物包干到户后长势好，与外队生产形成鲜明对比，公社党委书记梁恩玉来该队总结经验，并召开全公社队长以上干部现场会，提倡全社学习该队经验。1981 年大春生产，全县几乎都实行了包干到户。

20 世纪 70 年代末，生存的需要迫使农民自发进行了不同形式生产责任制的尝试和探索，农民对生产责任制形式的选择是多样化的，多种联产责任制都得到了发展。许多农村地区涌现出多种多样的联系产量的责任制，主要有专业承包③、联产到劳④、包产到组、包产到户和包干到户，而包产到组、包产到户和包干到户是三种最主要的形式。包产到组是几户社员结合组成一个组，共同耕种一部分土地，收获分配权在生产队；包产到户是单户农民耕种一份土地，收获分配权在生产队；包干到户是"完成国家的，交够集体的，剩下全是自己的"，农户可以自由支配产品。从包产到组到包产到户，再到包干到户，是一步更进一步地把权力下放给农民。总的来说，农业生产责任制的多种形式，经历了从不联产到联产，从包工到包产再到包干，从包产到组到包产到户再发展为包干到户的演变过程。农业生产责任制形式演变的总趋

---

① 农民将春种秋收称为大春，一般指种植水稻的时期，即 5 月到 9 月左右；秋种春收称为小春，小春是种油菜、小麦的时期，即 10 月到第二年 4 月左右。

② 王能典，陈文书.农村改革逐浪高 [M].成都：四川人民出版社，1999：187-192.

③ 专业承包、联产计酬，又叫"四专一联"，即生产队根据本地自然资源、劳力资源、技术条件和生产发展情况，按照统一经营、分工协作的原则，因地制宜，把农、林、牧、副、渔、工、商各业分别承包到专业队、专业组、专业户、专业人，联系产量计算报酬。它的基本特点是按专业分工、按劳动者专长分业承包。

④ 联产到劳的具体做法是：在坚持"三不变"的前提下，生产队实行"四统一""五定奖赔"到劳力。"三不变"就是生产资料集体所有制不变，按劳分配原则不变，基本核算单位不变；"四统一"就是统一种植计划，统一管理使用集体耕畜和大中型农机具，统一管水和抗灾，统一核算与分配；"五定奖赔"就是定劳力、定地段、定费用、定产量、定工分，超产奖励、减产赔偿。详见刘绪茂.我国农村现行的几种主要生产责任制简介 [J].经济管理，1981 (9)：12-14.

势是：实行小段包工、定额计酬责任制①的生产队逐步减少，实行联产责任制的生产队逐步增加；在联产责任制中，实行包产到户和包干到户的生产队不断增加，而实行包产到组的生产队则不断减少。

由于长期以来"左"倾思想的禁锢，20世纪70年代农民自发进行的生产责任制的尝试和探索都是偷偷进行的。1978年11月安徽省凤阳县小岗村首创"包干到户"，同时期，四川、山东等省、市、区也都出现了"包干到户"的探索和尝试，这些探索和尝试并非只是根据小岗村的经验而模仿，说明包干到户适合农业生产的特点和农村生产力发展要求，是一种客观规律。小岗村实行的"包干到户"之所以成为中国农业发展史上的一个典型代表，是因为安徽省的包干到户改革得到了上级领导的支持而得以迅速推进，对当时中国农业经营制度改革产生了巨大的影响。后来的实践证明了"包干到户"的优越性，其他地区的地方政府开始支持和积极推广，农业生产因此取得更大的发展。1981年《人民日报》所刊载的有关农村生产责任制的文章中，大部分都是从正面来报道包产到户和包干到户。

## 第二节　联产承包责任制的争论与农业政策调整

20世纪70年代，广大干部、理论工作者和群众围绕我国农业能否实行生产责任制、怎样实行生产责任制等问题展开了激烈的争论，对于农民自发搞出来的"家庭联产承包制"重新给予了符合客观实际的认识，但这个认识的

---

① 小段（或季节）包工、定额计酬，是一种包工不包产，按照劳动的数量和质量计算报酬的生产责任制。它的具体做法是：生产队在制定农活劳动定额的基础上，根据生产计划要求，把一段作业或某项作业任务，包到组、到劳、到户，实行定人员、定数量、定质量、定时间、定工分。按时完成作业任务后，由生产队组织检查验收，符合质量要求的，付给原来包定的工分，不符合质量要求的，返工重做，或者相应扣减工分。

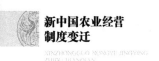

转变过程并非一帆风顺的，经历了很多波折。

## 一、关于农业生产责任制的争论与农业政策调整

（一）争论的经过

1978 年 2 月 3 日，《人民日报》在头版显要位置刊登题为《一份省委文件的诞生》的文章，详细介绍了安徽"省委六条"的诞生经过和主要内容，对安徽省委认真落实党的农村经济政策给予了肯定，在全国产生了较大的反响。1978 年 2 月 16 日《人民日报》刊登《尊重生产队的自主权》的文章，指出"不同地区对待农业问题，应当根据实际情况，尊重生产队干部和社员群众的意见"。① 不久，《人民日报》又先后发表张广友、陆子修等撰写的《滁县地区落实党的农村政策》《生产队有了自主权农业必增产——安徽定远县改变农业生产落后状况的调查》《政策调动千军万马——安徽省滁县和六安地区农村见闻》等文章，对新出现的农业生产责任制进行了大量报道。1978 年 3 月，中共中央主办的理论刊物《红旗》杂志发表了万里的长篇文章《认真落实党的农村经济政策》，新华社及时予以转发。这些报道不仅对刚刚兴起的安徽农村改革给予了有力的支持，也使得安徽开始成为全国关注的一个焦点。

然而，农业生产责任制的出现也引起一些人的反对。1978 年 4—5 月，《山西日报》刊出《昔阳调动农民社会主义积极性的经验好》《真学大寨就有农业发展的高速度》等文章，批评农业生产责任制。1978 年 7 月《人民日报》刊载了《落实党的政策非批假左真右不可——安徽滁县地区落实农村经济政策的一条重要经验》等文章②，从实行农业生产责任制不会出现两极分化、助长资本主义倾向等方面给予了针锋相对的辩驳。③

---

① 尊重生产队的自主权 [N]. 人民日报，1978-02-16（1）.

② 南振中，沈祖润，张广友. 落实党的政策非批假左真右不可——安徽滁县地区落实农村经济政策的一条重要经验 [N]. 人民日报，1978-07-06（2）.

③ 郭宇，高正礼. 历史转折时期农业生产责任制之争与马克思主义中国化 [J]. 马克思主义理论学科研究，2017（3）：115-123.

1978 年七八月间，国务院召开全国农田基本建设会议，会议的核心思想依然是坚持农业的发展必须走"农业学大寨"的道路。会议强调："农业要搞上去最根本的还是要靠学大寨""全国许许多多高产的县、社、队，都是大寨式的典型，或者是学大寨的先进单位""所有这些实践，都一再证明了农业学大寨的正确性。大寨精神我们永远不能丢"①。陈永贵极力提倡"农业学大寨"，他一直希望能够通过运动的形式将大寨经验向全国普及。

1978 年 9 月 16 日，邓小平在听取王恩茂（时任中共吉林省委第一书记）等汇报农业问题时指出："学大庆、学大寨要实事求是，学它们的基本经验，如大寨的苦干精神、科学态度。大寨有些东西不能学，也不可能学。""要鼓励生产队根据自己的条件思考怎样提高单位面积产量，提高总产量……这样，发展就快了。""总之，实事求是，从实际出发，因地制宜。"② 邓小平清楚地看到了"农业学大寨"的弊病，坚持实事求是，支持立足实际的探索和尝试。万里也明确表示坚决抵制"农业学大寨"："我们没有大寨那样的条件。你走你的'阳关道'，我走我的'独木桥'，我没有'阳关道'可走，只好走'独木桥'。你们不要强加于我们，我们也不强加于你们，谁是谁非，实践会做出公正结论来的。"③

（二）农业政策调整：放宽政策，建立农业生产责任制

1978 年 11 月 10 日至 12 月 15 日④，中共中央工作会议在北京京西宾馆召开，中央及各部门、各省区市、各大军区的负责人出席了会议，会议的议题是经济问题。1978 年 11 月 12 日陈云在中央工作会议中发言指出："对于有些遗留的问题，影响大或者涉及面很广的问题（'文化大革命'以及'左'倾错误的重大问题），需要中央考虑和做出决定。"陈云的发言得到多数同志的热烈拥护。结果，中央工作会议变成了解决"文化大革命"乃至中华人民共

---

① 陈大斌. 饥饿引发的变革——一个资深记者的亲身经历与思考［M］. 北京：中共党史出版社，1998：145.

② 冷溶，汪作玲. 邓小平年谱（一九七五—一九九七）：上册［M］. 北京：中央文献出版社，2004：376-378.

③ 同①80.

④ 会期 36 天，一个工作会议会期如此之长，在中国共产党的历史上是绝无仅有的。

和国成立以来若干重大理论问题和历史问题的会议。① 在中央工作会议上，陈云强调，"要取得发展，首先就要保障农民的根本利益。只有稳定农民群众，才能稳定农业生产，进而促进社会发展。稳定农民群众在当时最首要的问题就是要解决好农民群众的吃饭问题，在当时的情况下，就要先解决好农民的土地问题，对农村的土地措施做出改变，通过土地措施的改变来积极促进农业的发展。"② 在这次中央工作会议中，有不少中央领导同志提出了自己的看法："现在全国有近两亿人每年口粮在 300 斤以下，吃不饱肚子。造成这种局面，主要是过去在政策上对农民卡得太死，动不动就割'资本主义尾巴'，农业上不去，主要是'左'倾错误作怪。""不要怕农民富，如果认为农民富了就会产生资本主义，那我们只有世世代代穷下去，那我们还干什么革命呢？"③ 可见当时中央的许多领导同志对于农业问题有着清醒的认识。

1978 年 12 月 13 日，在中央工作会议闭幕会上，邓小平做了题为《解放思想，实事求是，团结一致向前看》的重要讲话，强调"不打破思想僵化，不大大解放干部和群众的思想，四个现代化就没有希望"④。邓小平在讲话中提出的"解放思想，开动脑筋，实事求是，团结一致向前看"的口号，成为十一届三中全会乃至以后党的各项工作的根本指导方针。⑤ 这次工作会议讨论和解决了许多有关党和国家命运的重大问题，是在重大的理论和实践问题上解放思想、拨乱反正的会议，为十一届三中全会的顺利举行准备了充分的条件。⑥

1978 年 12 月 18 日至 22 日，党的十一届三中全会在北京召开。这次会议批判了"两个凡是"的错误方针，高度评价了关于真理标准问题的讨论，确定了"解放思想，开动脑筋，实事求是，团结一致向前看"的指导方针；做

---

① 马立诚，凌志军. 一次至关重要的中共中央工作会议 [J]. 党史天地，1998（5）：11-15.

② 陈云. 陈云文选：第 3 卷 [M]. 北京：人民出版社，1995：236.

③ 中共中央党史研究室. 中国共产党历史第二卷（1949—1978）：下册 [M]. 北京：中共党史出版社，2011：1057.

④ 邓小平文选：第二卷 [M]. 北京：人民出版社，1994：140-143.

⑤ 同①.

⑥ 马立诚，凌志军. 交锋——当代中国三次思想解放实录 [M]. 北京：今日中国出版社，1998：72.

出了把全党工作重点转移到社会主义现代化建设上来的战略决策。十一届三中全会原则通过了《中共中央关于加快农业发展若干问题的决定（草案）》（以下简称《决定（草案）》）。《决定（草案）》初步总结了党领导农业的7条经验教训，提出了发展农业生产的25项政策和措施，强调要端正指导思想，纠正"左"倾错误，充分发挥我国农民的积极性，通过加强经营管理和落实按劳分配的原则来解决农村集体经济存在的问题。在分配方面规定"按劳分配，多劳多得，少劳少得，男女同工同酬的原则，加强定额管理，按照劳动的数量和质量付给报酬，建立必要的奖励制度，坚决纠正平均主义"，提出"可以按定额记工分，可以按时记工分加评议，也可以在生产队统一核算和分配的前提下，包工到作业组，联系产量计算劳动报酬，实行超额奖励"。对农民在集体生产中如何计算劳动报酬问题所提出的"可以、可以、也可以"，被认为是思想解放、政策放宽的重要标志，这是农业生产经营管理体制的一个重大突破。《决定（草案）》又强调要"保护生产队的所有权和自主权，任何单位和个人，绝对不允许无偿调用和占有生产队的劳力、土地、牲畜、机械、资金、产品和物资"。① "恢复社员的自留地、自留畜、家庭副业和农村集市贸易，鼓励和支持农民经营家庭副业，增加个人收入"，这些措施都立足于实事求是，改变了过去不注重实际的做法。

党的十一届三中全会强调放宽农业政策，建立农业生产责任制，允许"包工到作业组，联系产量计算报酬，实行超产奖励"，这些决定开启了中国农村的伟大变革。正是在这一方针政策指导下，各地农业生产责任制得到了恢复和发展。但同时，《决定（草案）》又规定了"不许包产到户，不许分田单干"。这种把"包产到户"与"分田单干"等同起来，都当作不符合社会主义方向的规定，反映了在传统社会主义教条的束缚下，思想解放仍然是一个艰难的过程。

---

① 中共中央文献研究室. 三中全会以来重要文献汇编：上册 [M]. 北京：人民出版社，2011：161-162.

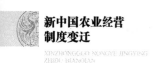
## 二、关于"包产到组"的争论与农业政策调整

党的十一届三中全会之后，不少地方积极试验和推广包产到组、联产计酬责任制，还有一些地方，如安徽省的步子更大，实行了"包干到组"，在全国引起了激烈的争论。

（一）争论的经过

1979 年 3 月 12 日至 24 日，国家农业委员会（国家农委）① 召开七省三县农村工作座谈会②，这是一次专门讨论生产责任制的会议，讨论主要集中在"包产到组"和"包产到户"上。有些人对"包产到组"持否定或谨慎的态度，理由是现在生产队户数并不多，不宜提倡再去分组，即使要分组作业，也不能包产，只能包工，由作业组把工分"活评到人"。另一种意见是划分小组易于互相监督，联产计酬最能体现按劳取酬的原则，可以激发劳动积极性。会上争论最多的是所谓的"四统一""四固定"。"四统一"是指生产队统一计划、统一安排劳力、统一核算、统一分配；"四固定"是指生产队把劳力、农具、土地、牲畜固定到组。关于"四统一"，有些人强调生产队是生产经营的主体，搞联产到组的生产责任制，也必须保持"四统一"，应当允许"四固定"到组；另一种意见是不必规定过多的"统一"，土地、耕畜、大农具还是生产队所有，不否定生产队的统一经营支配权。关于"四固定"，有的认为不能"四固定"到组，认为把劳力、农具、土地、牲畜固定到组就是分队，是"三级所有"变成"四级所有"；有的主张要联系产量必须固定到组。③ 会上有人建议对"包产到户"也要有个态度。广东、吉林主张"开个口子"，允许边远山区或经济落后、生活困难的少数地方实行"包产到户"。而四川、湖南的同志不赞成，说这个口子不开为好，一开口子就难以控制。安徽省农委

---

① 国家农委作为国务院指导农业建设的职能机构，同时兼理党中央委托的农村工作任务，并指导各省、市、自治区、直辖市农业委员会和中央相关部门的工作。

② 参加会议的有广东、湖南、江苏、安徽、四川、河北、吉林省农村工作部门负责人和广东博罗、安徽全椒、四川广汉的县委负责人。会议经过了三个阶段，前期是各省汇报农村情况，然后是集中讨论生产责任制，最后讨论修改纪要初稿。

③ 杜润生. 杜润生自述：中国农村体制变革重大决策纪实 [M]. 北京：人民出版社，2005：104.

副主任周曰礼在会议上做了长篇发言，介绍了安徽推行联产承包制的情况，认为包产到组是责任制的一种形式，符合党的十一届三中全会精神，采用哪一种形式的责任制应该由群众选择。他在发言中用大量实例来证明"包产到户"的优越性，主张实行责任制不搞一刀切，允许由群众决定，领导不去过多干涉。会议讨论的分歧，集中在"包产到组"允不允许"四固定"和对"包产到户"应不应该"开个口子"上。①

就在这次会议期间，1979 年 3 月 15 日《人民日报》头版发表了一封署名为"张浩"的读者来信，题为《"三级所有，队为基础"应该稳定》。来信认为"现在实行三级所有、队为基础的体制，适合当前农村的情况，应当稳定，不能随便变更。轻易地以队为基础退回去，搞分田到组、包产到组，是脱离群众的，是不得人心的，同样会搞乱三级所有、队为基础的体制，搞乱干部群众的思想，挫伤群众积极性，给生产带来危害"。"建议中央予以纠正"。②《人民日报》为这篇文章加了编者按，指出："已经出现'分田到组''包产到组'的地方，应当认真学习三中全会原则通过的《中共中央关于加快农业发展的若干问题的决议（草案）》，正确贯彻执行党的政策，坚决纠正错误做法。"③

"张浩来信"和《人民日报》的"编者按"，在全国农村引起强烈震动，对刚刚兴起的中国农村改革产生了消极的影响，其中安徽省的反应最为强烈。当时安徽省不少地方已经实行了"包产到组"，"张浩来信"和《人民日报》的"编者按"使干部群众思想波动，普遍担心被"纠正"。安徽省滁县地委在听到"张浩来信"的广播后，及时向各县发出电话通知，明确指出："春耕大忙季节已经开始，一切责任制都要稳定，不能变来变去；如果今后由于实行联产责任制出了问题，一切后果由地委负责；各种形式的责任制都要完善，以搞好生产和尊重农民意见为准；农时不可误，各级干部都要深入社队抓春

---

① 杜润生. 中国农村改革决策纪事 [M]. 北京：中央文献出版社，1999：83-86.
② 张浩. "三级所有，队为基础"应该稳定 [N]. 人民日报，1979-03-15（1）.
③ 安徽省委党史研究室. 安徽农村改革口述史 [M]. 北京：中共党史出版社，2006：112.

播，认真解决问题。"① 针对张浩的来信，万里认为："究竟什么意见符合人民的根本利益和长远利益，靠实践来检验，决不能读了一封读者来信和编者按，就打退堂鼓。"他还说："地委做得对，及时发通知，已经实行的各种责任制一律不动，只要今年大丰收，增了产，社会财富多了，群众生活改善了，你们的办法明年可以干，后年还可以干，可以一直干下去。"② 接着，万里以中共安徽省委的名义向各地、市发出了八条紧急代电，内容主要包括：必须把宣传贯彻中共中央、国务院《关于进一步加强全国安定团结的通知》（即中央 12 号文件），当成大事来抓，做到家喻户晓；严肃对待，及时、果断地处理有些地方出现的聚众闹事；认真加强群众来信来访工作；纠正冤错假案不能影响春播和生产；平反冤错假案工作必须严格按照中央和国务院规定的有关政策办事；生产队已经决定实行包工到组，联系产量计酬的，必须在春耕前抓紧落实，认真搞好，还没有实行的，现在就不要再搞了，以免影响春耕生产；对目前有的地方出现的赌博、搞封建迷信活动，以及投机倒把等违法行为，应坚决予以制止；妥善处理好敌我矛盾与人民内部矛盾，克服某些同志束手束脚，不敢坚持原则，不敢领导的现象。③ 这样安徽省绝大多数地方干部群众的思想情绪稳定了下来，没有造成更大损失。但也有极少数地方出现反复，由联产责任制退到不联产责任制。其中最突出的是霍邱县，由于"张浩来信"的影响，全县有 1/3 的生产队由联产退回到不联产。1979 年周围各县普遍增产，但是霍邱县粮食总产比 1978 年减产 20%。④ 在河南、四川、山东等省，"张浩来信"和"编者按"引起干部群众思想波动，一些准备开始实行包产到组的社队，不敢搞了，有些已经实行了包产到组的社队开始纠正包产到组的"错误"。

"张浩来信"和"编者按"发表之后的强烈反响，农业主管部门的决策

---

① 安徽省委党史研究室. 安徽农村改革口述史 [M]. 北京：中共党史出版社，2006：145.

② 杜润生. 中国农村改革决策纪事 [M]. 北京：中央文献出版社，1999：207.

③ 崔海燕. 改革开放三十年重要档案文献·安徽——安徽农村改革开放三十年 [M]. 北京：中国档案出版社，2008：52-54.

④ 张广友，丁龙嘉. 万里 [M]. 北京：中共党史出版社，2006：197.

者们也始料未及。两周之后，1979 年 3 月 30 日《人民日报》又发表了两封来信，第一封信是安徽省辛生、卢家丰的来信《正确看待联系产量的责任制》，这封信批评"张浩来信"和"编者按"在农村"造成了混乱"，认为包产到组"既不改变所有制性质，也不改变生产队基本核算单位，又不违背党的政策原则"①。第二封信是河南省兰考县张君墓公社党委书记鲁献君写的，这封信赞扬"张浩来信"和"编者按"，认为它"对于当前正确贯彻党的政策、巩固农村集体经济，有一定的意义"。《人民日报》还写了一篇题为《发挥集体经济优越性，因地制宜实行计酬方法》的编者按，按语中说道："本报 3 月 15 日发表张浩同志的《'三级所有、队为基础'应该稳定》的来信，并加了编者按，目的是对一些地方出现的分队现象（指当时一些地方出现的'分田到组''包产到组'现象）和影响春耕生产的不正确做法加以制止。其中有些提法不够准确，今后应当注意改正，有不同意见可以继续讨论。"② 发生在《人民日报》上的争论，说明当时中央领导对"包产到组"的看法也是不一致的。经过大量的努力，这场关于"包产到组"争论的风波暂时得到了平息。

（二）农业政策调整：肯定"包产到组"

1979 年七省三县农村工作座谈会最终形成文件《关于农村工作座谈会纪要》报送中央。1979 年 4 月 3 日，中共中央批转国家农委党组报送的《关于农村工作问题座谈会纪要》的通知（中发〔1979〕31 号），这是党的十一届三中全会后由中央转发的第一个讲生产责任制的文件，文件强调了"在坚持生产资料集体所有，坚持劳动力统一使用，坚持生产队统一核算，统一分配的前提下，实行生产责任制的具体办法，应当按照本地具体条件，由社员民主讨论决定……生产责任制的形式，必然是多种多样""只要群众拥护，都可以试行"，这样就确定了对包产到组的共识。另外，文件重申了"不论实行哪一种办法，除特殊情况经县委批准者以外，都不许包产到户，不许划小核算

---

① 辛生，卢家丰. 正确看待联系产量的责任制［N］. 人民日报，1979-03-30（1）.
② 陈大斌. 中国农村改革纪事［M］. 成都：四川人民出版社，2008：179.

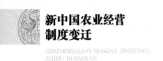
单位，一律不许分田单干"。①

1979 年 9 月 28 日，党的十一届四中全会正式通过了《中共中央关于加快农业发展若干问题的决定》。与十一届三中全会通过的《决定（草案）》相比有一个重大改动：把"不许分田单干，不许包产到户"改为"不许分田单干。除某些副业生产的特殊需要和边远山区、交通不便的单家独户外，也不要包产到户"。② 对"包产到户"，由"不许"改为"不要"，而且允许某些例外，这就为不少地区农民群众暗中自发搞的包产到户开了一个小小的口子，以"包工到组、联产计酬"为突破口，广大农民进行了"包产到户"的探索和尝试。

## 三、关于"包产到户"的争论与农业政策调整

1980 年全国各地农村改革浪潮日益高涨，各种联产责任制的实行，冲击了"三级所有，队为基础"的人民公社体制，特别是搞包产到户的生产队数量大增。包产到户使原来生产队过分集中的经营权部分地分散到农户手中，社员之间分配上的平均主义也得到较多的克服，但由于仍然存在统一分配和分散经营的矛盾，做法也比较烦琐，不易为农民所掌握，包产到户进而发展为包干到户。③ 在当时的条件下，包干到户被认为是分田单干，是资本主义性质的，是绝对不允许的，因此争论就集中到"包产到户"上。

（一）争论的经过

1980 年 1 月，中共安徽省委召开扩大会议，滁县地委书记王郁昭向省委提出要求，正式承认"包产到户"是社会主义生产责任制的一种形式。万里在会议总结中指出，"包产到户不同于分田单干，单干不等于资本主义。如果说分田单干意味着集体经济瓦解，退到农民个体所有和个体经营的状况，那

---

① 国家体改委办公厅. 十一届三中全会以来经济体制改革重要文件汇编（上）[M]. 北京：改革出版社，1993：88.
② 中共中央文献研究室. 三中全会以来重要文献汇编：上册 [M]. 北京：人民出版社，2011：162.
③ 于光远. 经济大辞典：上册 [M]. 上海：上海辞书出版社，1992：540.

么，包产到户并不存在这个问题，它仍然是一种责任到户的生产责任制，是搞社会主义，不是搞资本主义"。① 最终，包产到户在安徽上了"户口"。此时，除了内蒙古、贵州、甘肃等少数省区外，全国范围内"包产到户"仍然是不合法的，在不少省区，一些地方的农民只能悄悄地实行。

1980 年 1 月 11 日至 2 月 2 日，全国农村人民公社经营管理会议在北京召开。会议争论的焦点是："包产到户"到底是集体经济的责任制形式，还是"单干"？究竟姓"社"还是姓"资"？滁县地区是联产承包的发源地，对"包产到户"的支持最坚决。周曰礼（时任安徽省农委副主任）做了题为《联系产量责任制的强大生命力》的发言，列举了大量数据说明组比队好，户比组好；包产到户有利于在贫困地区加强集体经济；包产到户有利于调动农民的社会主义积极性；"包产到户"是一种责任制形式。② 周曰礼阐述的这些观点，除少数省的代表表示支持外，大部分参会者都持反对态度。持反对意见者认为，包产到户就是分田单干，包产到户调动的是农民个体的积极性，不符合社会主义的大方向。国家农委和江苏、湖北、江西、浙江、山西等省的负责人坚持认为包产到户是错误的，甚至认为"包产到户是搞资本主义，破坏了集体经济。我们要坚决地和这些人作斗争"③。这次会议在激烈的争论中结束。

1980 年 3 月 6 日，国家农委发出《全国农村人民公社经营管理会议纪要》。该纪要指出："要普遍建立生产责任制，必须坚持去年中央 31 号文件所规定的因地制宜、不强求整齐划一的方针。""应该按照中共中央《关于加快农业发展若干问题的决定》，'除某些副业生产的特殊需要和边远山区、交通不便的单家独户外，不要包产到户'。至于极少数集体经济长期办的很不好，群众生活很困难，自发包产到户的，应当热情帮助他们搞好生产"。④

---

① 万里. 万里文选 [M]. 北京：人民出版社，1995：135.
② 周曰礼. 农村改革的理论与实践 [M]. 北京：中共党史出版社，1998：120-128.
③ 李小群. 安徽农村改革 [M]. 合肥：安徽文艺出版社，2011：67.
④ 中共中央党史研究室，中共中央政策研究室，中华人民共和国农业部. 中国新时期农村的变革：中央卷（上）[M]. 北京：中共党史出版社，1998：85-86.

这次会议结束后不久，国家农委主办的刊物《农村工作通讯》于 1980 年 2 月、3 月连续两期刊发文章《分田单干必须纠正》《包产到户是否坚持了公有制和按劳分配？》，对"包产到户"进行了批判。文章认为"分田单干不符合党的现行政策，不利于贯彻按劳分配、多劳多得的社会主义分配原则"，要"坚决反对和防止分田单干和包干到户的错误作法"①"包产到户既没有坚持公有制，也没有坚持按劳分配，它实质上是退到单干"②。

1980 年 3 月，万里调离安徽到北京任国务院副总理兼国家农委主任，他感到包产到户争论问题值得重视，于是找吴象等人，叮嘱他们写文章批评反对农村改革的论调。吴象、张广友根据安徽等地的实际情况，写了一篇《联系产量责任制好处多》的文章。万里建议用安徽省委农村工作部的名义先在《安徽日报》发表。但是安徽省委领导认为"不能用省委农工部的名义，也不同意在《安徽日报》登载"。后来这篇文章于 1980 年 4 月 9 日在《人民日报》发表。文章认为"不论哪一种形式的生产责任制，只要有利于充分调动群众的生产积极性，有利于发展生产，符合群众的意愿，得到群众的拥护，都应当允许实行"③，使广大农民和支持农村改革的人受到很大的鼓舞。

但是全国上下，各省干部和群众的思想尚未统一，关于包产到户的争论仍在继续。在领导干部中对"包产到户"的争论也极为激烈。有些省、自治区的领导人支持包产到户，支持农村改革；有些省则极力反对，对农民强烈要求的"包产到户"继续压制，对已经实行包产到户的地方派人下去"纠正"。江苏、浙江、湖北等省在与安徽比邻地区贴大标语、放高音广播，反对安徽"单干风"。

万里调离安徽去北京工作后，安徽形势出现了反复，又经历了一段曲折。1980 年 3 月底安徽省委在蚌埠召开安徽北部地市委书记会议（包括阜阳、宿县、滁县地区，蚌埠、淮北、淮南等地市委书记），省委领导把包产到户提高到"经济主义""工团主义"和"机会主义"的高度，要求县以上干部保持

① 印存栋. 分田单干必须纠正 [J]. 农村工作通讯, 1980 (2).
② 刘必坚. 包产到户是否坚持了公有制和按劳分配？[J]. 农村工作通讯, 1980 (3).
③ 吴象，张广友. 联系产量责任制好处多 [N]. 人民日报, 1980-04-09.

头脑清醒，不能犯机会主义的错误。这次会议使得县以上干部惶恐不安，担心在包产到户问题上又犯了大错误。① 1980 年 4 月 23 日至 26 日，安徽省委在芜湖市铁山宾馆召开南三区（皖南的芜湖、徽州、池州三个地区）地市委书记会议，重点讨论农业生产和责任制问题。新任省委书记张劲夫说："'包产到户'在穷的地方增产效果显著，但不能把它说成是治穷的'灵丹妙药'。有人把它作为好办法推广，条件好的地方也搞包产到户，那就超越了正确的界限。将包产到户大力推行，这实际上是在搞'经济主义''机会主义'。"② 南三区地市委书记会议后，安徽农村改革形势急转直下。正在搞（包产到户）的不搞了，已经搞起来的，有的违心地下令限期改正（实际上是明改暗不改）。

在农村改革发展极为关键的时刻，1980 年 5 月 31 日，邓小平在同中央有关负责人就农村政策问题的谈话中指出，"农村政策放宽以后，一些适宜搞包产到户的地方搞了包产到户，效果很好，变化很快。安徽肥西绝大多数生产队搞了包产到户，增产幅度很大。'凤阳花鼓'中唱的那个凤阳县，绝大多数生产队搞了大包干，也是一年翻身，改变面貌。有的同志担心，这样搞会不会影响集体经济。我看这种担心是不必要的。我们总的方向是发展集体经济。实行包产到户的地方，经济的主体现在还是生产队。"③ 邓小平这番谈话旗帜鲜明地支持了包产到户和包干到户，鼓舞了正在改革中的农村干部和广大农民。万里同志曾说："中国农村改革，没有邓小平的支持是搞不成的，1980 年春夏之交的斗争，没有邓小平的那番话，安徽燃起的包产到户之火，很可能被扑灭。光我们给包产到户上了户口管什么用，没有邓小平的支持，上了户口还是有可能被'注销'的。"④ 邓小平的谈话打消了干部和群众的顾虑，农村改革的方向逐渐向着有利于包产到户的方向倾斜。但是全国性的争论并没有停止。农民要求农村改革，但是上层领导机关还是推行"农业学大寨"，对包产到户抵触情绪很大。农业部门的一些领导认为包产到户破坏了集体经济，

① 安徽省委党史研究室. 安徽农村改革口述史 [M]. 北京：中共党史出版社，2006：124.

② 同①132.

③ 邓小平文选：第二卷 [M]. 北京：人民出版社，1994：315-316.

④ 张广友. 改革风云中的万里 [M]. 北京：人民出版社，1995：251.

阻碍了机械化、水利化。鉴于这种情况，中共中央决定于 1980 年 9 月召开一次省委第一书记座谈会。

（二）农业政策调整：小范围允许"包产到户"

根据邓小平"5·31"谈话的精神，并经过几个月的深入调查研究，1980年 9 月 14 日至 22 日，中共中央召开各省、区、市党委第一书记座谈会。会议讨论了加强和完善农业生产责任制的问题，而对包产到户问题争论很大，开始只有贵州的池必卿、内蒙古的周惠、辽宁的任仲夷等少数几个人明确表示支持，多数表示沉默，有的还坚决反对（反对包产到户的有福建、江苏、黑龙江等几省的省委书记）。会上出现了有名的"阳关道"与"独木桥"的争论：黑龙江省委书记杨易辰反对包产到户，他认为，黑龙江是全国机械化水平最高的地区，搞包产到户会影响机械化发展，进而影响农业生产，因而包产到户是倒退，而集体经济是阳关大道，不能退出；贵州省委书记池必卿表态："你走你的阳关道，我走我的独木桥，我们贫困地区就是独木桥也得过。"① 最后，会议通过了《关于进一步加强和完善农业生产责任制的几个问题》（中发〔1980〕75 号），文件指出："各地干部和社员群众从实际出发，解放思想，大胆探索，建立了多种形式的生产责任制。"强调推广责任制要因地制宜，分类指导，"不同的地方、不同的社队，以至在同一个生产队，都应从实际需要和实际情况出发，允许有多种经营形式、多种劳动组织、多种计酬办法同时存在。凡是有利于鼓励生产者最大限度地关心集体生产，有利于增加生产，增加收入，增加商品的责任制形式，都是好的和可行的，都应加以支持，而不可拘泥于一种模式，搞一刀切"。"在那些边远山区和贫困落后的地区，长期'吃粮靠返销，生产靠贷款，生活靠救济'的生产队，群众对集体丧失信心，因而要求包产到户的，应当支持群众的要求，可以包产到户，也可以包干到户，并在一个较长的时间内保持稳定，就这种地区的具体情况来看，实行包产到户，是联系群众，发展生产，解决温饱问题的一种必要措施。""在一般地区，集体经济比较稳定，生产有所发展，现行的生产责任制

---

① 安徽省委党史研究室. 安徽农村改革口述史［M］. 北京：中共党史出版社，2006：133.

群众满意或经过改进可以使群众满意的，就不要搞包产到户。已经实行包产到户的，如果群众不要求改变，就应当允许继续实行，然后根据情况的发展和群众的要求，因势利导，运用各种过渡形式进一步组织起来。"① 人们把中共中央75号文件称作"不搞一刀切，可以切三刀"②。文件发布后，包产到户和包干到户不再被作为资本主义的东西被怀疑与批判，人们不再谈"包"色变，包产到户逐步得到认可，它极大地鼓舞着亿万农民放开手脚去进行改革，对于农业经营制度改革的推进产生了重要的影响。从此，包产到户在全国轰轰烈烈地开展起来，逐渐成了全国性的改革浪潮，中国的农村改革进入大步向前迈进的阶段。

包产到组、包产到户、包干到户的改革过程也就是同"左"倾错误斗争的过程。在这一过程中，有人要求继续坚持人民公社体制，也有人支持农民搞责任制改革，由此引发了激烈的争论和相关政策的调整。对农民自发搞的包产到户，中央的政策经历了从不允许、允许例外、小范围允许到全面推广，政策的调整主要体现在中央的一系列文件中（表4-1）。

表4-1　1978—1980年联产承包责任制的相关政策调整

| 年份 | 文件名称 | 主要政策内容 |
|---|---|---|
| 1978年12月 | 《中共中央关于加快农业发展若干问题的决定（草案）》 | 不许包产到户，不许分田单干 |
| 1979年4月 | 中共中央批转国家农委党组报送的《关于农村工作问题座谈会纪要》的通知（中发〔1979〕31号） | 除特殊情况经县委批准者以外，都不许包产到户，不许划小核算单位，一律不许分田单干 |
| 1979年9月 | 《中共中央关于加快农业发展若干问题的决定》 | 不许分田单干。除某些副业生产的特殊需要和边远山区、交通不便的单家独户外，也不要包产到户 |

① 中共中央文献研究室. 三中全会以来重要文献选编：上册 [M]. 北京：人民出版社，2011：472-474.

② "切三刀"是指落后地区、中间地区、先进地区实行三种不同类型生产责任制，即困难地区实行"包产到户、包干到户"，中间地区实行"统一经营、联产到劳"，发达地区实行"专业承包、联产计酬"。详见赵树凯. 家庭承包制政策过程再探讨 [J]. 中国发展观察，2018（16）：38-42.

表4-1(续)

| 年份 | 文件名称 | 主要政策内容 |
|---|---|---|
| 1980年9月 | 中共中央印发《关于进一步加强和完善农业生产责任制的几个问题》的通知（中发〔1980〕75号） | 在那些边远山区和贫困落后的地区，长期"吃粮靠返销，生产靠贷款，生活靠救济"的生产队，群众对集体丧失信心，因而要求包产到户的，应当支持群众的要求，可以包产到户，也可以包干到户，并在一个较长的时间内保持稳定 |

  1978年12月，党的十一届三中全会原则通过了《中共中央关于加快农业发展若干问题的决定（草案）》，规定了"不许包产到户，不许分田单干"。1979年4月，中共中央转批国家农委党组报送的《关于农村工作问题座谈会纪要》的通知，重申了"除特殊情况经县委批准者以外，都不许包产到户，不许划小核算单位，一律不许分田单干"。1979年9月，《中共中央关于加快农业发展若干问题的决定》明确指出，"不许分田单干。除某些副业生产的特殊需要和边远山区、交通不便的单家独户外，也不要包产到户。"这是第一次正式宣布包产到户可以作为一种例外存在的政策文件。① 1980年9月，中共中央印发《关于进一步加强和完善农业生产责任制的几个问题》的通知指出，"在那些边远山区和贫困落后的地区，群众对集体丧失信心，因而要求包产到户的，应当支持群众的要求，可以包产到户，也可以包干到户。"至此，在边远山区和贫困落后地区搞"包产到户""包干到户"得到了肯定。正如1992年年初邓小平在武昌、深圳、珠海、上海等地的谈话中评价所说："农村搞家庭联产承包，这个发明权是农民的。"②家庭联产承包责任制改革是中国农民自己创造的，但是党的政策对于家庭联产承包责任制的确立和推广起到了关键的作用，这些政策调整反映了农村改革和社会发展的历程，为农村的改革和发展提供了广阔的空间。

---

① 蔡昉，王德文，都阳. 中国农村改革与变迁：30年历程和经验分析［M］. 上海：上海人民出版社，2008：27.

② 邓小平文选：第三卷［M］. 北京：人民出版社，1993：382.

# 第三节　家庭联产承包责任制的确立和推广

十一届三中全会以来，中共中央发出一系列指导农村改革的文件，进一步解放了思想，推动了农村经济的发展。这些文件的基本精神是一致的，都是为了建设符合生产力发展要求的农业经营制度。①

## 一、家庭联产承包责任制的确立

（一）包产到户和包干到户社会主义性质的确认

第一个中央一号文件的制订工作是在党的十一届六中全会（1981 年 6 月 27 日至 29 日）后开始的。1981 年 7 月 18 日，杜润生（时任中央农村政策研究室主任）向万里汇报农村工作，万里提出："1980 年中央 75 号文件已被群众实践突破，要考虑制订新的文件。"② 1981 年 9 月，就文件的起草问题，国家农委召开了安徽、浙江、黑龙江、贵州等省农口负责人和滁县、嘉兴等地区主要负责人参加的座谈会。会上，滁县地区同志和农业部的同志发生了激烈的争论。争论的焦点是"包产到户"姓"社"、姓"资"的问题。一种主张是维持 75 号文件，包产到户不要扩展；一种则主张不要限制包产到户发展。③

1981 年 10 月 4 日至 21 日，中共中央召开中央农村工作会议，各省主管农村工作的负责人参加。10 月 12 日，中央书记处与会议代表一起讨论了文件草稿。针对"包产到户"究竟姓什么的争论，胡耀邦在讨论中指出，"现在有一个问题，文件需要讲清楚。这就是：农村改革、'包产到户'，并未动摇农村集体经济；可是有些干部、群众总是用习惯语言，把改革说成是'分田单

<hr/>

① 杜润生. 中国农村改革决策纪事 [M]. 北京：中央文献出版社，1999：10.

② 同①133.

③ 同①134-135.

干'，这是不正确的，责任制用了'包'字本身，就说明不是'单干'；土地是最基本的生产资料，坚持土地公有，只是'包'给农民，就不是'分田'，这应向干部和群众进行宣传解释，说明我国农业坚持土地公有制是长期不变的，建立生产责任制也是长期不变的。"① 最后，文件草稿由各省带回去，经过省里讨论、修改、定稿。12月21日中央政治局讨论通过，定名为《全国农村工作会议纪要》。

1982年1月1日，中共中央批转了《全国农村工作会议纪要》，即农村改革中的第一个"中央一号文件"。文件肯定了农业生产责任制在发展农村经济社会中的重要作用。文件指出："截至目前，全国农村已有百分之九十以上的生产队建立了不同形式的农业生产责任制；大规模的变动已经过去，现在，已经转入了总结、完善、稳定阶段。""建立农业生产责任制的工作，获得如此迅速的进展，反映了亿万农民要求按照中国农村的实际状况来发展社会主义农业的强烈愿望。生产责任制的建立，不但克服了集体经济中长期存在的'大锅饭'的弊病，而且通过劳动组织、计酬方法等环节的改进，带动了生产关系的部分调整，纠正了长期存在的管理过分集中、经营方式过于单一的缺点，使之更加适应于我国农村的经济状况。"②

第一个"中央一号文件"肯定了多种形式的责任制。文件指出："目前实行的各种责任制，包括小段包工定额计酬，专业承包联产计酬③，联产到劳，包产到户、到组，包干到户、到组，等等，都是社会主义集体经济的生产责任制。"文件进一步肯定了包产到户、包干到户的社会主义性质，文件指出："包干到户这种形式，在一些生产队实行以后，经营方式起了变化，基本上变为分户经营、自负盈亏；但是，包干到户是建立在土地公有制基础上的，农户和集体保持承包关系，由集体统一管理和使用土地，大型农机具和水利设

① 杜润生. 中国农村改革决策纪事 [M]. 北京：中央文献出版社，1999：135.
② 中共中央文献研究室. 三中全会以来重要文献汇编：上册 [M]. 北京：人民出版社，2011：363.
③ 专业承包联产计酬，又叫"四专一联"，即生产队根据本地自然资源、劳力资源、技术条件和生产发展情况，按照统一经营、分工协作的原则，因地制宜，把农、林、牧、副、渔、工、商各业分别承包到专业队、专业组、专业户、专业人，联系产量计算报酬。它的基本特点是按专业分工、按劳动者专长分业承包。

施，接受国家的计划指导……所以它不同于合作化以前的小私有的个体经济，而是社会主义农业经济的重要组成部分；随着生产力的进一步发展，它必将逐步发展成更为完善的集体经济。"① 这个文件让广大农民群众吃了"定心丸"。1982 年中央一号文件正式肯定了包产到户、包干到户的社会主义性质，开辟了农村经济体制改革的新局面，中国农村从此进入前所未有的发展时期，特别是最受农民欢迎的包干到户，以燎原之势，迅速在全国扩大开来。

（二）联产承包责任制合理性的论证

1982 年 1 月 11 日，胡乔木（时任中央政治局委员、书记处书记）向杜润生（时任中央农村政策研究室主任）提出，1980 年的 75 号文件、1982 年的一号文件都没有从农业合作化理论上对生产责任制进行论证，需要加强这方面的调查和研究。1982 年 3 月新成立的农村政策研究室（农研室）开始了文件起草的酝酿工作。4—6 月农研室派出由杜润生等农口主要负责人率领的调查组到全国各地进行了两个多月的调查。② 4—8 月，农研室召开了五次农村经济政策研讨会，主要研究了"包产到户"后出现的新情况和新问题。会议争论的焦点是政策上是否允许农民搞个体、私营经济。一种意见是允许一定的个体、私营经济，作为社会主义公有经济的有益补充，可以促进社会生产力发展，让农民尽快富起来；另一种意见则认为，允许农民搞个体、私营经济会引起两极分化，甚至导致资本主义复辟。③ 1982 年 11 月，中央召集各省、自治区主管农业的书记和宣传部部长在北京召开全国农村工作会议，主题是研究 1983 年农村工作的指导方针和加强农村思想政治工作问题。11 月 11 日国务院领导与各省委书记座谈了一号文件的起草。12 月 31 日，中央政治局讨论通过了《当前农村经济政策的若干问题》。

1983 年 1 月 2 日，中共中央发布了《当前农村经济政策的若干问题》，即

---

① 中共中央文献研究室. 三中全会以来重要文献汇编：下册 [M]. 北京：人民出版社，2011：364-366.
② 调查地包括山东（烟台、德州）、安徽（嘉山）、江苏（无锡）、四川（广汉）、广东（佛山、惠阳、汕头）、广西（梧州）、河北（无极）以及山西、辽宁、吉林等。
③ 杜润生. 中国农村改革决策纪事 [M]. 北京：中央文献出版社，1999：136-137.

第二个"中央一号文件"。1983年中央一号文件从理论上对联产承包责任进行了论证。文件指出："党的十一届三中全会以来，我国农村发生了很多重大变化。其中，影响最深远的是，普遍实行了多种形式的农业生产责任制，而联产承包制又越来越成为主要形式。联产承包制采取了统一经营与分散经营相结合的原则，使集体优越性和个人积极性同时得到发挥。这一制度的进一步完善和发展，必将使农业社会主义合作化的具体道路更加符合我国的实际。""联产承包制和各项农村政策的推行，打破了我国农业生产长期停滞不前的局面，促进农业从自给半自给经济向着较大规模的商品生产转化，从传统农业向着现代农业转化。""联产承包责任制迅速发展，绝不是偶然的。它以农户或小组为承包单位，扩大了农民的自主权，发挥了小规模经营的长处，克服了管理过分集中、劳动'大呼隆'和平均主义的弊病，又继承了以往合作化的积极成果，坚持了土地等基本生产资料的公有制和某些统一经营的职能，……这种分散经营和统一经营相结合的经营方式具有广泛的适应性，……它和过去小私有的个体经济有着本质的区别，不应混同。因此，凡是群众要求实行这种办法的地方，都应当积极支持。当然，群众不要求实行这种办法的，也不可勉强，应当始终允许多种责任制形式同时并存。"[①] 1983年的中央一号文件统一了全党对家庭联产承包责任制的认识，认为"这是在党的领导下我国农民的伟大创造，是马克思主义农业合作化理论在我国实践中的新发展"，初步明确了今后农村改革发展的基本方向。至此，以家庭联产承包为主的责任制成为我国农村集体经济组织中普遍实行的一种最基本的经营形式。为了适应这一新的农业经营制度的变化，文件还提出了对人民公社体制进行改革，改革从两方面进行，"实行生产责任制，特别是联产承包制；实行政社分设。"

（三）稳定和完善联产承包责任制，延长土地承包期

在稳定和完善联产承包责任制的过程中出现了一些新的问题迫切需要解

---

① 中共中央文献研究室，国务院发展研究中心. 新时期农业和农村工作重要文献选编［M］. 北京：中央文献出版社，1992：165-168.

决，土地承包问题反映尤为强烈。一是有不少地方在承包初期，耕地分配不尽合理，过于分散，要求调整；二是出现土地转包问题，有许多办法需要总结，做出决定；三是农民有怕变心理，不肯对土地进一步投入，采取掠夺式经营，并有撂荒等现象。[①] 1983 年年初，邓小平同国家计委、国家经委和农业部门负责同志谈话，杜润生汇报当前农村土地分散，承包大户像"地主"又像"雇农"，关系很复杂。邓小平在谈话中指出："农业文章很多，我们还没有破题。农业是根本，不要忘掉。""农村、城市都要允许一部分人先富强起来，勤劳致富是正当的。一部分人先富裕起来，一部分地区先富裕起来，是大家都拥护的新办法，新办法比老办法好。农业搞承包大户我赞成，现在放得还不够。总之，各项工作都要有助于建设有中国特色的社会主义，都要以是否有助于人民的富裕幸福，是否有助于国家的兴旺发达，作为衡量做得对或不对的标准。"[②] 以这次谈话精神为基础，农研室布置了调查研究工作，研究重点是：生产责任制的稳定和完善；提高农民生产力水平，发展农村商品生产。1983 年 2 月下旬至 8 月上旬，农研室陆续召开了六个专题座谈会，主要探讨土地承包期限，建立生产责任制改革，乡村的政社分设，村级基层组织的建立、健全等问题。[③] 中央书记处三次（时间分别是 11 月 17 日、12 月 19 日、12 月 22 日）讨论了"一号文件"稿，并最后通过。1984 年 1 月 1 日，中共中央发出第三个中央一号文件《关于一九八四年农村工作的通知》。

　　1984 年第三个中央一号文件指出："农业生产责任制的普遍实行，带来了生产力的解放和商品生产的发展。由自给半自给经济向较大规模商品生产转化，是发展我国社会主义农村经济不可逾越的必然过程。"文件强调："要继续稳定和完善联产承包责任制，帮助农民在家庭经营的基础上扩大生产规模，提高经济效益。"文件明确规定："土地承包期一般应在十五年以上。生产周期长的和开发性的项目，如果树、林木、荒山、荒地等，承包期应当更长一些。在延长承包期以前，群众有调整土地要求的，可以本着'大稳定、小调

---

①　杜润生. 中国农村改革决策纪事 [M]. 北京：中央文献出版社，1999：187.

②　邓小平文选：第三卷 [M]. 北京：人民出版社，1993：23.

③　同①139-140.

整'的原则，经过充分商量，由集体统一调整。"①"延长土地承包期""土地承包期一般应在十五年以上"，这是第一次以中央文件的形式规定了农村土地承包的承包期。农村土地承包期十五年政策，是党在指导农村改革发展中的一项重大突破，在此之前，党中央从未在耕地承包具体年限上表过态，这次政策上突破性的重大决定，不仅具有现实意义，而且更有长远意义。②稳定各项政策，完善生产责任制，决定土地承包期延长到十五年，对此，农民群众热烈拥护，群众说第一个和第二个"中央一号文件"是"定心丸"，第三个"中央一号文件"是"长效定心丸"。③

## 二、家庭联产承包责任制的实行和推广

由小岗村到安徽省再到全国广大农村，家庭联产承包责任制的实行和推广呈现出由点到面，由局部到普遍，由边远落后地区向中心发达地区扩展的一个渐进发展过程。家庭联产承包责任制逐步推广和普及的过程，是广大干部和群众逐步解放思想、突破条条框框的改革实践过程，也是符合中国实际情况的农业经营制度逐步形成、不断完善的过程。

（一）家庭联产承包责任制的先期推广

由于责任明确、利益直接、方法简便，家庭联产承包责任制受到广大农民的欢迎，但是在不同的地区，其推广的进程又有明显的差别。

安徽省作为最早开始尝试农业经营体制改革的省份，1979 年实行"包产到户"的生产队发展为 38 000 个，约占全省生产队总数的 10%；到 1980 年年底，安徽省实行"包产到户""包干到户"的生产队已发展到占总数的 70%④，"淮河流域的宿县、六安、滁县 3 地区在 1980 年实行'包产到户'的

① 中共中央文献研究室. 十二大以来重要文献选编：上册 [M]. 北京：中央文献出版社, 2011：363.
② 杜润生. 中国农村改革决策纪事 [M]. 北京：中央文献出版社, 1999：184-185.
③ 黄道霞. 五个"中央一号文件"诞生的经过 [J]. 农村研究, 1999（1）：32-38.
④ 陈锡文, 赵阳, 陈剑波, 等. 中国农村制度变迁 60 年 [M]. 北京：人民出版社, 2009：29.

生产队已占到50%左右"①，到1981年年底，安徽省大部分生产队已实行包干到户。

在安徽等地实行包产到户责任制的带动下，贵州省开始放宽政策，包产到户和包干到户的生产责任制得到迅速发展。1979年年底，贵州省已经有10%的生产队自发实行了包产到户。② 到1980年年底，98.1%的生产队选定了生产责任制形式，其中，实行专业承包联产计酬的占9.2%；实行小段包工、定额记分的占10.8%，实行包产到户、统一经营和分配的占18.6%；而实行包干到户的占60.8%。③ 1981年4月底，86.8%的生产队实行了"包干到户"。④ 到1981年年底，实行"包产到户"的生产队达到98.2%，贵州成为全国"包干到户"范围最广、最彻底的一个省份。⑤

在中央1980年75号文件发布之后，内蒙古在自治区党委的带领下提出"农区允许'包产到户'、'包产到劳力'、'口粮田'等责任制形式并存"。1980年年底，全区农区就有40%左右的生产队实行了包产到户。随后，牧区也实行了牲畜作价承包到户和草场划拨承包到户的"草畜双承包"生产责任制。⑥ 1982年初，"包产到户"以不可阻挡之势席卷了内蒙古农村，并不断巩固发展。

在1980年75号文件下发前，四川省已有9%左右的生产队实行了包产到户。1980年年底，四川省各地大田生产最终都选择了包产到户、包干到户。到1981年年底，四川全省实行包产到户、包干到户的生产队达到38.37万个，占生产队总数的62.3%。至1982年年底，四川全省实行包干到户的生产队已达到55万多个，占生产队总数的89%，至1984年3月，实行包干到户的生

①　李锦. 大转折的瞬间：目击中国农村改革 [M]. 长沙：湖南人民出版社，2000：199.

②　杜润生. 杜润生自述：中国农村体制变革重大决策纪实 [M]. 北京：人民出版社，2005：128.

③　贵州农业合作化史料编写委员会. 贵州农村合作经济史料：第四辑 [M]. 贵阳：贵州人民出版社，1989：309.

④　苏丹，陈俊. 顶云经验：中国农村改革第一乡 [M]. 贵阳：贵州人民出版社，2008：124.

⑤　同②.

⑥　同③128-129.

产队所占比例又进一步增至99.5%[①]，包干到户成为改革开放新时期四川农业生产责任制的主要形式。

山东农业经营体制改革是从1979年开始的，首先是菏泽、德州等地实行了包产到户或包干到户。1979年年底，山东的西北地区有1 000多个生产队实行了包产到户，而这些地区不属于"边远山区"，也不是"单家独户"。之后，从鲁西北到胶东沿海各地逐步推行了专业承包、联产到劳、包产到户、包干到户等责任制形式。在中央下发1980年75号文件以后，山东的包产到户迅速发展。到1981年8月，包产到户发展到60%左右的社队。[②] 在改革实践中，"交足国家的，留够集体的，剩下都是自己的"大包干形式最受欢迎，全省大多数地区实行了大包干责任制。至1982年年底，全省农村424 864个基本核算单位，实行联产计酬的发展到423 624个，占99.7%，其中，包干到户的有411 081个，占96.8%。[③] 至此，山东省基本上普及了以大包干为主要形式的家庭联产承包责任制。

统计资料显示，1981年11月河南省农村实行包干到户的生产队占总队数的72.11%，而1982年年底已经发展到93.07%。[④] 到1984年年底，河南省实行联产承包责任制的队数占总队数的99.9%；实行大包干的队数占实行联产承包责任制队数的99.2%；实行联产承包责任制的户数占总户数的99.9%；实行大包干的户数占实行联产承包责任制总户数的97.4%。

（二）家庭联产承包责任制的全面推广

1980年75号文件将实行包产到户主要限定于"边远山区和贫困落后的地区"，但也明确了在其他地区"已经实行包产到户的，如果群众不要求改变，就应允许继续实行"[⑤]，这样，就除掉了长期套在人们头上的关于包产到户的

---

① 段志洪，徐学初. 四川农村60年经济结构之变迁 [M]. 成都：巴蜀书社，2009：161-162.

② 杜润生. 杜润生自述：中国农村体制变革重大决策纪实 [M]. 北京：人民出版社，2005：128-129.

③ 陈希玉，傅汝仁. 山东农村改革发展二十年回顾与展望 [M]. 济南：山东人民出版社，1998：56.

④ 李琳，马光耀. 河南农村经济体制变革史 [M]. 北京：中共党史出版社，2000：217-218.

⑤ 中共中央文献研究室. 三中全会以来重要文献选编：上册 [M]. 北京：人民出版社，2011：474.

意识形态紧箍咒，加速了包产到户在全国的发展。在中央 1980 年 75 号文件下发以后，农村形成了上下联动、整体推进的大好形势。从全国整体来看，除黑龙江部分地区尚未实行，在全国 20 个以上的省、区已经大规模地推行联产承包责任制，甚至北京、上海、天津等地的郊区也开始进行改革。全国实行双包到户的生产队占生产队总数的比例，由 1979 年的 1.1% 上升到 1980 年的 14.4%（表 4-2），全国最穷的生产队，至此都实行了包产到户或包干到户。1980 年中国遭受了较大的自然灾害，但是在许多实行了包产到户的地方，农业仍然获得了好收成。实行了包产到户的队，1980 年增产一般都在 30% ~ 50%。包产到户在一些地区实践中所取得的初步成效，进一步推动了包产到户在面上的扩展。

表 4-2　1979—1984 年家庭联产承包责任制全面推广情况

| 年份 | | 统计的基本核算单位 | 实行生产责任制的基本核算单位 | 包产到户 | 包干到户 |
|---|---|---|---|---|---|
| 1979 | 数量/万个 | 479.6 | 407 | 4.9 | 0.2 |
| | 比例/% | — | 84.9 | 1 | 0.1 |
| 1980 | 数量/万个 | 561.1 | 521.8 | 52.5 | 28.3 |
| | 比例/% | — | 93 | 9.4 | 5 |
| 1981 | 数量/万个 | 601.1 | 587.8 | 42.1 | 228.3 |
| | 比例/% | — | 97.8 | 7 | 38 |
| 1982 | 数量/万个 | 593.4 | 585.9 | 52.4 | 480.3 |
| | 比例/% | — | 98.7 | 8.8 | 80.9 |
| 1983 | 数量/万个 | 589 | 586.3 | 9.9 | 576.4 |
| | 比例/% | — | 99.5 | 1.7 | 97.8 |
| 1984 | 数量/万个 | 569.2 | 569 | 5.4 | 563.6 |
| | 比例/% | — | 100 | 0.9 | 99.1 |

注：基本核算单位指生产队或生产大队。

资料来源：黄道霞.建国以来农业合作化史料汇编［M］.北京：中共党史出版社，1992：1 390.

1981 年政策上进一步放松了限制，到 1981 年 10 月，实行双包到户的生产队已占 45%，其中实行包干到户的占了 38%（表 4-2）。自 1982 年 1 月 1 日中央一号文件颁发后，以包干到户为主的联产承包制进一步发展，并向经济发达地区扩展，形成不可阻挡的燎原之势，中国农业经营制度改革打开了新局面。到 1982 年 6 月，全国农村实行"双包"的生产队已经达到 71.9%，其中包干到户占 67%，包产到户缩小到 49%。[1] 1982 年年底，全国农村实行"双包"（包产到户、包干到户）的生产队已占生产队总数的 89.7%，其中 80.9% 是包干到户，即联产承包制基本覆盖了全国农村（表 4-2）。1982 年《人民日报》上关于农村联产承包责任制的报道中，已经鲜有"包产到户"的字眼，更多的是对包干到户所带来的农村"大变样""大翻身"等喜讯的报道。

在 1983 年中央一号文件精神鼓舞下，农村改革又有了新的发展。1983 年 10 月 12 日《中共中央、国务院关于实行政社分开建立乡政府的通知》（中发〔1983〕35 号）废除了人民公社政社合一的体制，实行生产责任制的农村基本核算单位迅速增加（图 4-1）。到 1983 年年底，99.5% 的生产队实行了家庭联产承包责任制，其中实行包干到户的占 97.8%（表 4-2）。根据对 20 个省（区、市）的调查统计，到 1983 年年底，各地实行联产承包制的生产队，除上海占 80%，其余均在 90% 以上，山西、安徽、湖南、青海、甘肃、内蒙古、山东、广西均在 99% 以上，机械化程度较高的黑龙江也达 87.1%。[2] 中国农村发展研究中心联络室 1983 年《"百村调查"综合报告》显示：1983 年联产承包制已在种植业中普及起来，并向林业、畜牧业、水产业及各项工副业领域延伸。[3] 自此，"包产到户""包干到户"实际上已经成为我国农业经营的主要形式。

---

① 张广友. 联产承包责任制的由来与发展 [M]. 郑州：河南人民出版社，1983：166.
② 杜润生. 中国农村改革决策纪事 [M]. 北京：中央文献出版社，1999：184-185.
③ 中共中央党史研究室，中共中央政策研究室，中华人民共和国农业部. 中国新时期农村的变革：中央卷（下）[M]. 北京：中共党史出版社，1998：1 343.

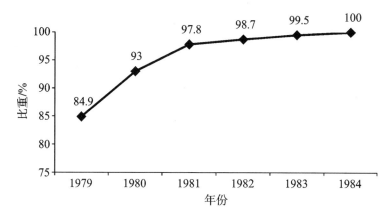

图 4-1　1979—1984 年全国实行生产责任制的生产队比重

资料来源：黄道霞. 建国以来农业合作化史料汇编［M］. 北京：中共党史出版社，1992：1390.

　　随着中央文件精神的深入贯彻，家庭联产承包责任制进一步扩展。1984年年底，全国所有的生产队都实行了联产承包责任制（实行联产承包责任制的生产队达到 100%），其中 99.1% 的生产队实行了大包干（表 4-2）。到1984 年，以家庭为单位的联产承包责任制已经在全国范围内取得了巨大的成功，家庭联产承包责任制已在全国普及推行。

### 三、家庭联产承包责任制推广的成效

　　经过生产实践，农民最终选择了"包干到户"，证明它是发展生产的一种有效的经营方式。家庭联产承包责任制是我国农村经济体制改革过程中一次重大的制度变迁，家庭联产承包责任制的实行调动了农民的生产积极性，提高了农民的生活水平，推动了农村经济的发展。

　　（一）农民劳动积极性的爆发与农村生产力的解放

　　农民积极性是农业发展的动力源泉。实行家庭联产承包责任制，在生产劳动方面最显著的变化就是农民劳动积极性爆发。家庭联产承包责任制能够调动农民的生产积极性，最根本的一条在于家庭联产承包责任制把生产成果和个人的经济利益最直接、最紧密地联系在一起。家庭联产承包责任制的实行，使农户拥有了农业生产经营上的自主权，农户可以自主安排种植计划，

可以按照市场需求调整种植结构。这种制度安排使农民真正拥有了做"主人"的感觉，农户劳动热情空前高涨。家庭联产承包责任制能够兼顾国家、集体和个人三者之间的利益。只要农户能够保证完成国家的征购任务，交足集体的提留，剩余的那部分产品全部归承包户所有，农户获得了收益分配权，克服了人民公社体制下的平均主义。这种责任明确的制度安排避免了政治激励带来的种种不确定性和不适应性，这就意味着农业产出越多，农户所拥有和支配的农业剩余也就越多，使农户的生产经营活动与经济利益直接联系起来，大大激发了农户的生产积极性。

（二）农业和农村经济的迅速发展

家庭联产承包责任制的实行和推广，使农业连续获得丰收，农产品长期短缺、供求紧张的状况彻底扭转，长期低增长甚至负增长的农村经济摆脱了困境，农业生产力连上台阶，带来了农、林、牧、副、渔及工业和服务业的大发展，对当时中国农业和农村经济发展起到了显著的促进作用。

1. 农作物产量大幅度增长

家庭联产承包责任制实行以后，农民劳动积极性的爆发和对农业投入的增加，促进了农作物产量的大幅增长。据国家统计局的统计，1978—1984 年，农业总产值由 1978 年的 1 118 亿元增加到 1984 年的 2 380 亿元，平均每年递增 13.5%。1978—1984 年，全国粮食产量由 1978 年的 30 476.5 万吨增加到 1984 年的 40 730.5 万吨（1984 年全国粮食总产量创历史最高水平），平均每年增长 1 709 万吨，增长率达 4.95%，比前 26 年 2.41%的增长率高一倍多，仅仅 6 年的时间，粮食产量就增加了 1 亿吨。粮食人均占有量从 1978 年的 316.6 公斤增长到 1984 年的 390.29 公斤，增加了 73.69 公斤，增长了 23%（表 4-3）。就全国来说，1983 年是一个创纪录的农业丰收年，有 21 个省、区、市的粮食总产创历史最高水平。[①] 1978—1984 年，全国棉花总产量由 1978 年的 216.7 万吨增加到 1984 年的 625.8 万吨，增长近 1.9 倍；油料产量由 1978 年的 521.8 万吨增加到 1984 年的 1 191 万吨，增长近 1.3 倍；猪、牛、羊肉产量由 1978 年的 856.3 万吨增加到 1984 年的 1 689.6 万吨，增长 97%；

---

① 杜润生. 中国农村制度变迁 [M]. 成都：四川人民出版社，2003：37.

水产品产量也从 1978 年的 465.3 万吨增加到 1984 年的 619.3 万吨，增长了 33%（产量增加趋势如图 4-2 所示）。1978—1984 年，主要农作物亩产不断提高。稻谷亩产由 241 公斤增加到 358 公斤，薯类亩产由 180 公斤增加到 211 公斤，大豆亩产由 71 公斤增加到 89 公斤，花生亩产由 90 公斤增加到 133 公斤。[①]

表 4-3　1978—1984 年粮食产量、年末总人口与人均粮食拥有量

| 年份 | 粮食产量/万吨 | 年末总人口/万人 | 人均粮食拥有量/公斤 |
| --- | --- | --- | --- |
| 1978 | 30 476.5 | 96 259 | 316.60 |
| 1979 | 33 211.5 | 97 542 | 340.48 |
| 1980 | 32 055.5 | 98 705 | 324.76 |
| 1981 | 32 502 | 100 072 | 324.78 |
| 1982 | 35 450 | 101 654 | 348.73 |
| 1983 | 38 727.5 | 103 008 | 375.96 |
| 1984 | 40 730.5 | 104 357 | 390.29 |

资料来源：中华人民共和国农业部计划司. 中国农村经济统计大全（1949—1986）［M］. 北京：农业出版社，1989.

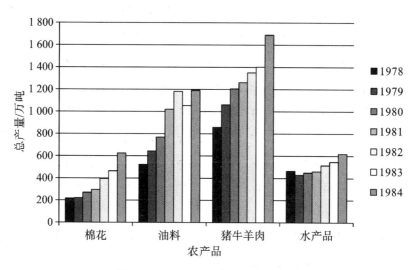

图 4-2　1978—1984 年主要产量对比

资料来源：中华人民共和国农业部计划司. 中国农村经济统计大全（1949—1986）［M］. 北京：农业出版社，1989：149-258.

---

[①]　中华人民共和国农业部计划司. 中国农村经济统计大全(1949—1986)［M］. 北京：农业出版社，1989.

林毅夫曾测算和评估中国各项改革对农业生产率增长的影响。研究结果表明，农村改革对 1978—1984 年的产出增长有显著贡献，其中，从生产队体制向家庭责任制的转变使产出增长了约 46.89%，大约相当于投入增加的总效应，是 1978—1984 年产出增长的主要源泉。[1] 1984 年中国粮食产量历史性地突破 4 000 亿公斤，人均粮食拥有量近 800 斤，接近世界平均水平，我国基本上解决了温饱问题，家庭联产承包经营制度这一重大改革取得成功。

2. 农村经济结构的变化

家庭联产承包责任制的实行使农民拥有了农业生产经营上的自主权，农户可以自主安排种植计划和调整种植结构；可以从事农业生产或林牧副渔业等其他生产，农村多种经营有了新发展，农业内部结构得到了调整，其中最明显的变化是农村劳动力结构和农村产业结构的改变。

家庭联产承包责任制实行以后，农户拥有了生产经营自主权，由于效率提高，劳动节约，在完成合同任务之外，剩余的劳动力多了，就会增加养殖、畜牧及其他副业的个人经营。在发展多种经营的过程中，有一部分农户逐步发展成为农业专业户，还有些农户开始放弃传统农业经营，专门从事第二、第三产业，使农村劳动生产力结构发生了变化。一是农户保留经营上的独立性，同时又在个人力不能及的项目上，进行程度不同的、形式多样的联合。以家庭经营为基础的专业户以及专业户间的联合，已成为发展多种经营（特别是饲养业、畜牧业）的经营模式。[2] 二是农民的就业结构发生变化，从事非农产业的人数呈现持续上涨趋势。1979—1984 年，第二产业从业人数由 6 945 万人增加到 9 590 万人，年均增长 6.4%；第三产业从业人数由 4 889 万人增加到 7 739 万人，年均增长近 8.1%。[3]

在家庭联产承包责任制实施后，传统农业内部各组成部分所占比例发生了显著变化，农业比重下降，牧业和渔业比重上升，农业结构逐渐合理。据

① 林毅夫. 制度、技术与中国农业发展 [M]. 上海：格致出版社，1994：62-65.
② 黄道霞. 建国以来农业合作化史料汇编 [M]. 北京：中共党史出版社，1992：1 008.
③ 国家统计局国民经济综合统计司. 新中国 50 年统计资料汇编 [M]. 北京：中国统计出版社，1999.

统计，1978—1984 年，农业比重由 76.7% 下降到 69.8%；林业比重由 3.4% 上升为 5%；牧业比重由 15% 上升为 17%；渔业比重由 1.6% 上升为 2.1%；副业比重由 3.3% 上升为 6.1%（表 4-4）。因此，家庭联产承包责任制的推行对农村产业结构调整有重大的推动作用。

表 4-4　1978—1984 年农业总产值构成　　　　　　　　单位：%

| 年份 | 农业 | 林业 | 牧业 | 渔业 | 副业 |
|------|------|------|------|------|------|
| 1978 | 76.7 | 3.4 | 15.0 | 1.6 | 3.3 |
| 1979 | 76.4 | 3.2 | 16.0 | 1.4 | 3.0 |
| 1980 | 72.0 | 4.8 | 17.3 | 2.0 | 3.9 |
| 1981 | 71.7 | 4.7 | 17.2 | 1.9 | 4.5 |
| 1982 | 71.0 | 4.6 | 17.5 | 2.0 | 4.9 |
| 1983 | 71.3 | 4.7 | 16.9 | 2.0 | 5.1 |
| 1984 | 69.8 | 5.0 | 17.0 | 2.1 | 6.1 |

注：农业总产值构成不包括村办企业。

资料来源：中华人民共和国农业部计划司. 中国农村经济统计大全（1949—1986）［M］. 北京：农业出版社，1989：115.

### 3. 农村非农产业的发展

家庭联产承包责任制的推行，使大量的农民开始参与到非农产业的发展中。1978 年后，随着政策的调整，队社企业①的存在和发展有了更加宽松的条件，队社企业（乡镇企业）得到了迅速发展。到 1978 年年底，全国已有 94.7% 的公社和 78.7% 的大队办起社队企业，社队企业有 152.43 万家，比 1976 年增加 40.9 万家；社队企业总收入达到 431.46 亿元，占人民公社三级（公社、大队、生产队）经济总收入的 29.7%。② 1979—1983 年，社队企业的

---

① 20 世纪 50—60 年代中国乡镇企业最初的称谓是"社队企业"，这一称谓一直延续到 1984 年。1984 年在中央转发农牧渔业部《关于开创社队企业新局面的报告》中，正式将社队企业更名为"乡镇企业"。

② 陈锡文，赵阳，陈剑波，等. 中国农村制度变迁 60 年［M］. 北京：人民出版社，2009：202，207.

固定资产（原值）平均每年增加 49.2 亿元，到 1983 年达 475 亿元。1983 年企业平均的增加值、营业收入分别为 3.03 万元、6.90 万元，分别比 1978 年扩大 1.21 倍、1.44 倍；社队企业总的增加值、营业收入分别为 408.14 亿元、928.70 亿元，分别比 1978 年增加了 94.92%、115.25%（表 4-5）。1984 年在中央转发农牧渔业部《关于开创社队企业新局面的报告》中，正式将社队企业更名为"乡镇企业"。由此，中国农村乡镇企业的发展进入第一个黄金期。1984 年乡镇企业迅速增加到 607.34 万家，是 1983 年的 4.51 倍；1984 年乡镇企业增加值和营业收入分别为 633.48 亿元、1 537.23 亿元，分别比 1983 年增加了 55.21%、65.52%；当年企业从业人员人数达到 5 028.10 万人，比 1983 年增加 1 793.46 万人；乡镇企业固定资产为 575 亿元，比 1978 年增长了 1 倍多；全国乡镇企业增加值达到 633 亿元，比 1983 年增长 55.21%，乡镇企业增加值是 1978 年的 3 倍多（表 4-5）。

表 4-5　1978—1984 年乡镇企业发展基本情况

| 年份 | 1978 | 1979 | 1980 | 1981 | 1982 | 1983 | 1984 |
|---|---|---|---|---|---|---|---|
| 集体企业数量/万家 | 152.43 | 148.04 | 142.47 | 133.76 | 136.18 | 134.64 | 607.34 |
| 从业人员/万人 | 2 826.56 | 2 909.34 | 2 999.68 | 2 969.56 | 3 112.91 | 3 234.64 | 5 028.1 |
| 增加值/亿元 | 209.39 | 228.34 | 285.34 | 321.37 | 374.25 | 408.14 | 633.48 |
| 营业收入/亿元 | 431.46 | 491.1 | 596.13 | 670.36 | 771.78 | 928.7 | 1 537.23 |

注：1983 年以前，乡镇企业统计范围仅为乡镇集体企业。

资料来源：中华人民共和国农业部. 新中国农业 60 年统计资料［M］. 北京：中国农业出版社，2009：47-56；农业部乡镇企业局. 中国乡镇企业统计资料：1978—2002［M］. 北京：中国农业出版社，2003：9.

家庭联产承包责任制的推行为乡镇企业提供了大量的劳动力资源，也为乡镇企业的发展提供了一定的资金和丰富的加工原料。于是，农村中集体的、个体的及私营的企业迅速发展起来，这是我国农村经济的一个历史性的变化。1978 年以来，乡镇企业在中国异军突起，并且在国民经济比重中所占比例也越来越大。乡镇企业的迅速发展，对农民收入的增加、农村经济的繁荣起到

重大作用，而且对整个国民经济中的产业格局、就业格局、收入分配格局的
变化也产生了重大的影响。

（三）农民收入的增加和生活水平的提高

家庭联产承包责任制的实行和农产品收购价格的大幅提高使得 20 世纪 80
年代初中国农民的实际经济收入有了较大的增长。从收入数量来看，家庭联
产承包责任制实施后，农民人均纯收入有了明显增加。1957—1976 年农民人
均年收入只增加 2 元；1978—1984 年，农民人均纯收入从 1978 年的 133.6 元
增加到 1984 年的 355.3 元，增长了近 1.7 倍，平均每年增加约 37 元，年均增
长 17.7%，成为中华人民共和国成立以来农民收入增长最快的时期（图 4-3）。
1979—1984 年，农民人均家庭经营性纯收入由 35.8 元增加到 296 元，增长了
7.3 倍，年平均增长速度达到 35.2%，其中 1983 年的增速达到了 121.5%。[①]

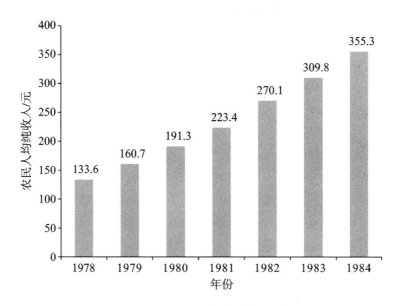

图 4-3　1978—1984 年农民人均纯收入

①　中华人民共和国农业部计划司. 中国农村经济统计大全（1949—1986）［M］. 北京：农业出版社，
1989：128.

　　家庭联产承包责任制实施以后，大部分地区基本解决了温饱问题，农村
贫困人口的绝对数量从 1978 年的 2.5 亿人，下降到 1985 年的 1.3 亿人，贫困
发生率从 30.7%下降到 15.1%，成为人类消除贫困历史上的一项奇迹。[①] 家庭
联产承包责任制实施以后，农产品产量快速增加，而且政府提高了农产品的
收购价格，使得 1978—1983 年城乡居民收入差距不断缩小。1978 年我国城镇
居民家庭人均可支配收入为 343.4 元，农村居民家庭人均纯收入为 133.6 元；
1983 年我国城镇居民家庭人均可支配收入为 564.6 元，农村居民家庭人均纯
收入为 309.8 元；城乡居民收入比从 1978 年的 2.57∶1 缩小到 1983 年的
1.82∶1，是历史最好的城乡居民收入比（表 4-6）。1978—1984 年农村居民
家庭人均消费支出从 116.1 元增加到 273.8 元，年均增长 15.4%；农民居民
家庭人均食物消费支出从 78.6 元增加到 162.3 元，平均增长 12.9%；农村居
民家庭恩格尔系数从 67.7%下降至 59.2%，以平均每年 1.4 个百分点的速
度下降，农民生活水平整体上从绝对贫困型转为温饱型，农民生活水平不断
提高（表 4-7）。1978—1984 年农民的收入水平、城乡居民收入比和农村居
民家庭恩格尔系数的变化，证明了家庭联产承包责任制是一种高效率的农
业经营制度。

表 4-6　1978—1984 年城乡居民收入比情况

| 年份 | 城镇居民家庭<br>人均可支配收入/元 | 农村居民家庭<br>人均纯收入/元 | 城乡居民收入比 |
|---|---|---|---|
| 1978 | 343.4 | 133.6 | 2.57∶1 |
| 1979 | 405 | 160.2 | 2.53∶1 |
| 1980 | 477.6 | 191.3 | 2.5∶1 |
| 1981 | 500.4 | 223.4 | 2.24∶1 |
| 1982 | 535.3 | 270.1 | 1.98∶1 |

[①]　蔡昉，王德文，都阳. 中国农村改革与变迁：30 年历程和经验分析［M］. 上海：上海人民出版
社，2008：33.

表4-6(续)

| 年份 | 城镇居民家庭<br>人均可支配收入/元 | 农村居民家庭<br>人均纯收入/元 | 城乡居民收入比 |
|------|------|------|------|
| 1983 | 564.6 | 309.8 | 1.82：1 |
| 1984 | 652.1 | 355.3 | 1.84：1 |

资料来源：中华人民共和国统计局. 中国统计年鉴 2013 ［M］. 北京：中国统计出版社，2013：378.

表 4-7　1978—1984 年农村居民家庭人均消费支出情况

| 年份 | 1978 | 1979 | 1980 | 1981 | 1982 | 1983 | 1984 |
|------|------|------|------|------|------|------|------|
| 农村居民家庭<br>人均消费支出/元 | 116.1 | 134.5 | 162.2 | 190.8 | 220.2 | 248.3 | 273.8 |
| 农村居民家庭<br>人均食物消费支出/元 | 78.6 | 86 | 100.2 | 114.1 | 133.5 | 147.6 | 162.3 |
| 农村居民家庭<br>恩格尔系数/% | 67.7 | 64 | 61.8 | 59.9 | 60.7 | 59.4 | 59.2 |

注：资料来源于历年《中国统计年鉴》和《中国农村统计年鉴》。

1981 年 3 月，杜润生到河南和鲁西北调查了解"包产到户"的实证材料，他们随机抽查时，看到家家户户粮缸满满。中国农村发展研究中心联络室 1983 年的《"百村调查"综合报告》显示：在调查的 20.4 万户农民中，1983 年人均纯收入在百元以下的已不足 20%（过去人均纯收入 50 元以下占 20%）；近 1/3 的农户人均收入超过 300 元；从商品销售、银行储蓄、消费结构等方面估价，农村进入新的发展阶段。[①] 据统计，1978 年农村人均粮食消费量为 248 公斤，1984 年达到 267 公斤；1978 年农村人均猪牛羊等肉类、家禽、鲜蛋和水产品的消费量为 7.65 公斤，1984 年为 15.1 公斤。

总之，家庭联产承包责任制激发了农民的生产积极性，解放了农村生产力，促进了农业增产、农民增收和生活水平的提高，它极大地改变了农村的

---

① 中共中央党史研究室，中共中央政策研究室，中华人民共和国农业部. 中国新时期农村的变革：中央卷（下）［M］. 北京：中共党史出版社，1998：1 343-1 344.

面貌，为中国改革开放的稳定发展奠定了坚实的农业基础，是保证我国农村稳定发展的重要条件之一。家庭联产承包责任制的实施，为农村商品经济的发展创造了条件，促使传统农业经济开始朝着专业化、商品化和社会化方向发展。这主要表现为农村中劳动力和资金的相对剩余、多种经营的发展、农产品商品率的提高和流通的活跃，特别是乡镇企业的发展，使我国由计划经济逐步向市场经济转轨。

"中国社会主义农业的改革和发展，从长远的观点看要有两个飞跃：第一个飞跃，是废除人民公社，实行家庭联产承包责任制，这是一个很大的前进，要长期坚持不变；第二个飞跃，是适应科学种田和生产社会化的需要，发展适度规模经营，发展集体经济。这又是一个很大的前进，当然这是很长的过程。"① 中国的改革是从农村开始并率先取得突破的，而中国农村改革首先从改变农业经营制度入手。家庭联产承包责任制是我国农业经营制度最重要的改革，是中国特色社会主义理论的重要组成部分。家庭联产承包责任制的产生和推广，使农村改革成为中国改革真正的起点和推动力量，对中国的经济制度改革产生了深远的影响。农民的创造、农业经营制度的改革，对于突破改革初期的迷茫，对于创新中国特色社会主义理论和体制、机制，都具有破冰起航的意义。②

从 1982 年开始，中共中央连续五年发布了五个"一号文件"，对农村改革起到指导和推动作用。1982 年中央一号文件明确指出包产到户、包干到户都是社会主义生产责任制。1983 年中央一号文件从理论上说明了家庭联产承包责任制"是在党的领导下中国农民的伟大创造，是马克思主义农业合作化理论在我国实践中的新发展"③，论证了家庭联产承包责任制的合理性，统一了全党对家庭联产承包责任制的认识。1984 年中央一号文件强调要"继续稳

---

① 邓小平文选：第三卷 [M].北京：人民出版社，1993：355.
② 陈锡文.农村改革四十年的突破、成就和启示 [J].中国农业文摘·农业工程，2019 (2)：5-9.
③ 中共中央文献研究室，国务院发展研究中心.新时期农业和农村工作重要文献选编 [M].北京：中央文献出版社，1992：165-166.

定和完善联产承包责任制，规定土地承包期一般应在 15 年以上，生产周期长的和开发性的项目，承包期应当更长一些"。继 1982—1984 年三个"一号文件"之后，1985 年中央一号文件《关于进一步活跃农村经济的十项政策》强调"联产承包责任制和农户家庭经营要长期不变，要继续完善土地承包办法"。1986 年中央一号文件《关于 1986 年农村工作的部署》肯定了农村改革的方针政策是正确的，应当进一步完善统一经营与分散经营相结合的双层经营体制。[①]

连续五个"中央一号文件"后，农村第一步改革基本实现，但是随着改革全局的发展和变化，限于种种条件，农村改革中的许多问题都不是农村本身所能解决的，农村改革需要不断地深化。1991 年 11 月 29 日，党的十三届八中全会通过了《中共中央关于进一步加强农业和农村工作的决定》（中发〔1991〕21 号）。该决定特别强调，"把以家庭联产承包为主的责任制、统分结合的双层经营体制，作为我国乡村集体经济组织的一项基本制度长期稳定下来，并不断充实完善。把家庭承包这种经营方式引入集体经济，形成统一经营与分散经营相结合的双层经营体制。这种双层经营体制，具有广泛的适应性和旺盛的生命力……是集体经济的自我完善和发展，绝不是解决温饱问题的权宜之计，一定要长期坚持，不能有任何的犹豫和动摇。"[②] 这是在党的全会决议决定中，第一次明确提出农村基本经营制度的概念，也是第一次强调实行这个制度绝不是权宜之计。[③] 1993 年 11 月 5 日，中共中央、国务院发出的《中共中央、国务院关于当前农业和农村经济发展的若干政策措施》明确指出，"以家庭联产承包为主的责任制和统分结合的双层经营体制，是我国农村经济的一项基本制度，要长期稳定，并不断完善。为了稳定土地承包关系，鼓励农民增加投入，提高土地的生产率，在原定的耕地承包期到期之后，

---

① 中共中央国务院关于"三农"工作的十个一号文件（1982—2008 年）［M］. 北京：人民出版社，2008.

② 中共中央文献研究室. 新时期经济体制改革重要文献选编（上）［M］. 北京：中央文献出版社，1998：713.

③ 陈锡文，罗丹，张征. 中国农村改革 40 年［M］. 北京：人民出版社，2018：47-48.

再延长三十年不变。开垦荒地、营造林地、治沙改土等从事开发性生产的，承包期可以更长。"① 后来，鉴于"联产"事实上已不存在，在1998年10月14日党的十五届三中全会审议《中共中央关于农业和农村工作若干重大问题的决定》时，把对我国农村基本经营制度的表述正式修订为"以家庭承包经营为基础，统分结合的双层经营体制"。文件指出："稳定完善双层经营体制，关键是稳定完善土地承包关系。……这是党的农村政策的基石，决不能动摇。要坚定不移的贯彻土地承包期再延长三十年的政策，同时要抓紧制定确保农村土地承包关系长期稳定的法律法规，赋予农民长期而有保障的土地使用权。"② 1999年3月15日，第九届全国人大二次会议通过的《中华人民共和国宪法修正案》③ 将宪法第八条第一款"农村中的家庭联产承包为主的责任制"修改为"农村集体经济组织实行家庭承包经营为基础、统分结合的双层经营体制"。④ 从而把"以家庭承包经营为基础、统分结合的双层经营体制"写入我国的根本大法。

2008年10月12日，党的十七届三中全会通过了《中共中央关于推进农村改革发展若干重大问题的决定》，文件指出："以家庭承包经营为基础、统分结合的双层经营体制，是适应社会主义市场经济体制、符合农业生产特点的农村基本经营制度，是党的农村政策的基石，必须毫不动摇地坚持。赋予农民更加充分而有保障的土地承包经营权，现有土地承包关系要保持稳定并长久不变。"⑤ 2013年党的十八届三中全会提出，"要加快构建新型农业经营体系，赋予农民更多财产权利"⑥。2019年中央一号文件强调"坚持家庭经营

① 廖盖隆，庄浦明. 中华人民共和国编年史 [M]. 郑州：河南人民出版社，2000：682.
② 中共中央文献研究室. 中共十三届四中全会以来历次全国代表大会中央全会重要文献选编 [M]. 北京：中央文献出版社，2002：530.
③ 1999年3月15日全国人民代表大会公告公布实施。
④ 中华人民共和国宪法 [M]. 北京：中国法制出版社，1999：45.
⑤ 中共中央关于推进农村改革发展若干重大问题的决定 [EB/OL]. (2008-10-12) [2019-06-06]. http://cpc.people.com.cn/GB/64093/64094/8194418.html.
⑥ 中国共产党第十八届中央委员会第三次全体会议公报 [EB/OL]. (2013-11-12) [2019-06-06]. http://www.xinhuanet.com/politics/2013-11/12/c_118113455.htm.

基础性地位，赋予双层经营体制新的内涵"①。可见，进一步稳定和完善以家庭经营为基础的农业经营制度，是保障农民权益、推动农业农村现代化的必然要求。

从"不许分田单干，不许包产到户"到"不许分田单干，不要包产到户"；从对"包产到户"严格限制在"某些副业生产的特殊需要和边远山区、交通不便的单家独户"的范围内，到"边远山区和贫困落后的地区，可以包产到户，也可以包干到户"，再到肯定包产到户、包干到户的社会主义性质；从"包产到户"到"包干到户"；土地承包期从"15 年不变"到"30 年不变"再到"长久不变"。政策发展变化的过程实际上是人们对家庭联产承包责任制的一个认识过程，是探索中国特色社会主义农业经营制度的过程。以家庭承包经营为基础、统分结合的双层经营体制，是按照一切从实际出发，实事求是，尊重客观经济规律，尊重农民的意愿，充分调动农民生产积极性的原则，在实践中反复探索形成的农村基本经营制度，这一基本经营制度是党的农村政策的基石，经过了 40 余年改革实践的检验，必须毫不动摇地坚持，并在发展过程中不断完善。

---

① 中共中央 国务院关于坚持农业农村优先发展 做好"三农"工作的若干意见［EB/OL］.（2019-02-19）［2019－06－06］. http://www.moa.gov.cn/ztzl/jj2019zyyhwj/2019zyyhwj/201902/t20190220_6172154.htm.

　　家庭联产承包责任制确立以后，随着农业生产的不断发展，农业组织形式和经营机制面临新的挑战。农业产业化经营以市场为导向，以家庭承包经营责任制为基础，依靠各类龙头企业带动，将生产、加工、销售紧密结合起来，提高农业组织化程度，实行一体化经营，改变了传统农业经营只从事原料生产的单一方式，增加了农民收入。我国农业产业化经营坚持遵循市场经济规律，充分发挥市场在资源配置中的基础性作用，尊重龙头企业、农户与各类中介组织的市场主体地位及其各自的经营决策权；坚持遵循因地制宜原则，实行分类指导，探索我国不同地区实行不同的农业产业化发展路径和模式，不断完善利益联结机制。2000 年 11 月 7 日，时任国务院副总理的温家宝在与农业部等八部委联合召开的全国农业产业化工作会议部分代表座谈时强调："农业产业化经营是我国农业经营体制的又一重大创造，是农业组织形式和经营机制的创新。"①

---

① 温家宝. 努力提高我国农业产业化经营水平 [EB/OL]. （2001-11-07）[2019-4-18]. http://www.people.com.cn/GB/channel4/996/20001108/304526.html.

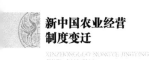

## 第一节　农业产业化产生的背景

### 一、农业生产调控方式从计划向市场的转变

1984 年，我国粮食产量突然大幅度增长，但当时各地粮食流通部门没有有效措施，导致粮食流通渠道堵塞，加上仓储部门也对粮食的收购情况估计不足，全国普遍出现了农民"卖粮难"的情况。1985 年 1 月 1 日，中共中央、国务院根据党的十二届三中全会通过的《中共中央关于经济体制改革的决定》，制定了 1985 年中央一号文件《关于进一步活跃农村经济的十项政策》（中发〔1985〕1 号）。该文件提出的第一项经济政策就是农产品统派购制度改革，即"从今年起，除个别品种外，国家不再向农民下达农产品统购派购任务，按照不同情况，分别实行合同订购和市场收购""粮食、棉花取消统购，改为合同定购""其他统派购产品，也要分品种、分地区逐步放开""任何单位都不得再向农民下达指令性生产计划"。这标志着我国农业生产调控方式从计划开始转向市场。

由于小农户长期在国家计划指导下进行生产，因此和市场缺乏有效的连接机制。1985 年农产品统派购制度改革，小农户被推到市场面前。分散的小农户既是生产者、又是销售者，进入市场的交易成本必然很高。一是信息成本高。单个农民封闭经营导致其对市场不熟悉。农民如果想在市场上出售自己生产的农产品，必须投入一定的时间、人力、财力去获取市场行情、动态，了解同类商品的质量、价格、品质、数量以及寻找交易对象等。二是评估成本高。当农户获取一定量的有关市场信息后，必然对其进行真伪辨别和可信度评价，以剔除虚伪信息，防止上当受骗。小农户辨识评估能力有限，对市场信息缺乏分析能力。三是交涉成本高。交易双方根据自己所掌握的信息，以各自的满意程度为目标进行讨价还价所发生的费用较高。这主要是由谈判地位、技巧和信息不对称（交易双方所占有信息的多寡、真伪及深浅不一）等造成的。小农户难以取得公平的谈判地位，这是农民进入市场的关键障碍。[①]

因此，小农户对接大市场，交易成本太高，很难适应市场的供求变化，难以把握准确的市场信息。分散的小农户容易受某一个时期农产品价格浮动的影响，盲目地随大流，在价格上涨时盲目扩大规模，价格下降时又会一哄而散，从而造成农产品的供求关系剧烈波动。1983—1993 年，我国先后出现两次大范围农产品卖难现象，说明我国小农户要实现与市场接轨将是一个艰难的过程。

## 二、国外农户小生产和大市场接轨的有效形式

早在 20 世纪 40 年代，美国农业就已经出现了传统养鸡业和工商业联合经营的新模式；20 世纪 50 年代，这一联合经营模式在西方发达国家普及开来。美国养鸡业率先实现了养鸡户小生产和大市场的衔接，发展成为农工商一体化经营、产供销一体化发展的高效率的商品化农业，并在此基础上发展提出了"农业一体化"理论，为世界各国解决小农户和大市场衔接提供了成熟的经验。

（一）美国肉鸡生产小农户和大市场接轨实践

美国是世界上肉鸡生产大国、出口大国。2007 年，美国肉鸡饲养、肉鸡加工、禽肉出口等数量均名列世界第一位。2007 年，美国鸡肉产量达到 1 621.1 万吨，占世界肉鸡总产量的 21.38%，比位居世界第二位的中国肉鸡产量高出 559.4 万吨。[②] 美国最初的养鸡业主要是作为农场的副业，即农民家庭养鸡，它属于农业生产的一个附属部分，农民养鸡的主要目的不是出售鸡肉和鸡蛋，而是提供家庭食品消费的需要，增加家庭食品蛋白质供给。第二次世界大战末期，美国南部的肉用仔鸡的饲养开始兴盛起来。白羽肉鸡育种公司运用数量遗传学技术对肉鸡进行了性能的选择，将生长速度快、产肉率高、饲料转化率高的肉鸡挑选出来进行繁育，经过多次人为选择和繁育，获

---

[①] 鲁振宇. 贸工农一体化产生的诱因及规模界定 [J]. 中国农村经济, 1996 (6): 24-28, 49.

[②] 张晶. 美国肉鸡业价值链对我国的启示 [J]. 江苏农业科学, 2012, 40 (2): 353-355.

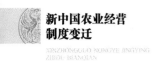
得新的肉鸡品种，大大提高了肉鸡生产效率。

早在 19 世纪 30 年代，处于养鸡业上游的美国饲料行业就已经进入快速发展期，饲料加工企业数量不断增加，饲料产能大幅增长。饲料加工企业重视养殖户对饲料的反馈意见，并针对产品不足开展持续研发，促使饲料标准化产品不断出现，提高了肉鸡饲养的机械化程度和饲料使用效率，也强化了对肉鸡疫病水平的控制。随着饲料加工企业的市场份额不断扩大，为了进一步降低交易成本，饲料加工企业逐渐选择避开批发商，通过合同方式直接向养殖户销售饲料，标志着美国肉鸡生产合同模式初步形成。肉鸡生产合同模式迈出了肉鸡产业纵向一体化经营的第一步，也推动了肉鸡养殖规模和产量的大幅增长。

20 世纪 40 年代，美国已经出现传统养鸡业和工商企业联合经营形式。产生的原因在于当时美国的国内市场经济已经相当发达，进一步刺激了畜禽产品的市场需求，家庭农场的规模化、专业化和社会化程度的进一步深化和强化为扩大畜禽产品供应提供了可能。[1] 进入 20 世纪 50 年代后，美国上游更为成熟的饲料加工业的发展为肉鸡产业链合同化发展带来了强大的动力。美国肉鸡的产量开始出现爆发式增长，与之相伴的却是大量传统养鸡户和小规模养殖户逐渐退出肉鸡养殖。1954—1959 年，肉鸡养殖场数量减少了 16.7%，其中出栏量在 1.6 万羽以下的养鸡场数量就减少了 46.7%，小型养殖场（出栏量在 2 000 羽以下）占比由 11% 下降到 2%。而另一方面，出栏量在 3 万羽以上的养殖场比例则逐步增加至 66%。[2] 肉鸡一体化经营的优势逐步显现。

（二）美国肉鸡农工商一体化流程

从美国肉鸡的流通过程来看，肉鸡从养鸡场出栏以后必须经过产地屠宰加工处理，然后通过批发商、零售商等流通途径，最后才到达消费者手中。美国肉鸡部门的龙头企业中饲料企业和屠宰加工企业占多数。农户通过与龙头企业签订产销合同保证肉鸡稳定进入市场。龙头企业同肉鸡养殖户签订合

①　吕名. 美国肉鸡产业化主要特点 [J]. 山西农业，2007 (2)：53-54.
②　佚名. 美国肉鸡产业成长史 [J]. 北方牧业，2016 (12)：10-13.

同的目的主要是保持稳定的加工货源。就屠宰加工企业而言，大规模的屠宰加工企业流水线每日肉鸡屠宰数量达到几万羽，如果没有稳定的合同安排生产，导致生产业务不均匀，甚至停工待料，其损失是非常严重的。由于养殖农户规模大，加上合作社等中介组织，农户有较大的交涉能力。农户与龙头企业签订生产合同的出发点是保护农户和龙头企业双方的利益。合同约定的内容从肉鸡市场价格较大幅度波动和鸡病疫情发生时养殖户经营风险如何化解与分摊的处理方案，逐渐演变成养殖户和企业共担风险、利润按一定比例分配的分红式机制，最后演变成为养殖户的全部风险由企业负担的均等定额报酬方式。在这种合同方式中，一般是养殖户提供禽舍、土地和劳动力资源，企业提供饲料、雏鸡、技术服务和一部分燃料费。具体来讲，饲料加工企业从孵化场购入雏鸡，通过合同的方式让养殖户饲养，然后收回肉鸡产品。在同养殖户签订的肉鸡饲养合同中，除了规定养殖户的饲养收入计算方式以外，还规定养殖户的管理质量，特别是饲料报酬效率。20 世纪 50 年代，这种合同生产方式在美国迅速普及开来。①

（三）"农业一体化"理论的提出

随着肉鸡产业生产专业化、社会化的进一步发展及其生产组织形式日趋成熟，农工商联合企业在若干重要农产品的生产经营中迅速发展起来。美国农工商一体化趋势不断加强，成为美国农业现代化的重要特征之一，也成为美国农业经济新的生产组织形式。

1952 年，美国哈佛大学的企业管理研究院制订了一项关于农业与其他部门的相互关系的研究计划，聘请了联邦政府农业部助理约翰·戴维斯（John H. Davis）主持这项工作。1955 年戴维斯（John H. Davis）在波士顿宣读了他的论文，首先使用了"Agribusiness"这个新词，"Agribusiness"由"Agriculture"和"Business"两个词组成，用以表示农场与工商企业纵向的协作或一体化。1957 年，戴维斯和他的助手戈德保（Ray A. Goldberg）合写了一本书——《农工商联合企业的概念》（*A Concept of Agribusiness*）。按照戴维斯的

---

① 胡定寰. 美国养鸡产业的发展和一体化经营模式 [J]. 世界农业，2002（9）：11-14.

解释，"Agribusiness"这个词既指一种生产组织形式，是国民经济中的一种新体系，就是将与农业有关的产供销各部门组织起来，成为一个跨行业的庞大的经济综合体系，同时又是一种新型的联合企业，即在专业化的基础上，把农工商有关单位在经济上、工艺上和组织上联成一体的工厂化大企业。戴维斯和戈德保在该书中提出了"农业一体化"（Agricultural Integration）的概念，将具有产、供、销三方面业务的企业综合体定义为"农业综合企业"（Agribusiness），又称"农工商综合体"，成为农业一体化的载体。此后，"Agribusiness"和"Agricultural Integration"这两个概念得到了广泛的应用，在我国，有的把它翻译成"农业一体化"，有的译成"农工（商）联合企业""农工综合体""农工商一体化"或者"农工一体化"。

20世纪50年代，农业一体化的经济实体首先出现于美国和西欧一些发达资本主义国家。到20世纪60年代末期，美国参加农业一体化的农业企业已占相当大的比重，特别是那些同食品加工业有密切关系和实现了生产工厂化的部门，参加一体化的企业数一般都占该类部门企业总数的80%以上。随着农业一体化趋势的加强，美国的农业生产迅速发展。如果将农业产前部门、产中部门和产后部门称为广义的农业部门，那么美国农业部门则是美国国民经济中最大的产业部门，它所生产的产值在1981年达到10 920亿美元，约占当年国民生产总值的1/5，它的就业人数在1981年为340万人，相当于运输、钢铁、汽车三个部门就业人数的总和。[①]

（四）南斯拉夫农业一体化案例：贝尔格莱德农工联合企业

20世纪60年代以后，农业一体化在南斯拉夫、罗马尼亚以及苏联和其他东欧国家逐步发展。不同国家实现农业一体化的道路和方法各有特点。南斯拉夫[②]的农工联合企业（又称"贝科倍"或"农工商联合体"）在社会主义

---

[①] 隋立新. 美国农工商一体化的考察与思考 [J]. 山东大学学报（哲学社会科学版），1992（4）：36-41.

[②] 1992年4月7日，欧共体承认南斯拉夫波黑共和国独立。同日美国宣布承认波黑、克罗地亚和斯洛文尼亚共和国独立。1992年4月27日，南联邦议会联邦院通过了由塞尔维亚与黑山两个共和国组成南联盟的宪法，标志着南斯拉夫社会主义联邦共和国彻底解体。

国家中异军突起，经济快速发展。20世纪70年代，南斯拉夫在第二次世界大战后短短20年时间内，就已实现了高度工业化，人均GDP超过了所有社会主义国家。

南斯拉夫的农工联合企业经营模式主要包括三种类型：一是横向联合，即各农场联合建立农产品加工厂、举办商业购销业务。二是纵向联合，即工业领域和商业领域的企业联合经营农业，或者是工商企业直接开办农场、畜牧场，实行大型的专业化生产，并建立农产品加工厂和储运业务，把农工商纳入一个统一的管理体制中，或者是采取合同办法，把农业和工商企业的生产、交换联结起来，叫作"合同制农业"。三是在国营农场的基础上，依靠自己积累，建设各种农产品加工厂及商业销售机构。该模式下，贝尔格莱德农工联合企业发展成效显著。

1. 贝尔格莱德农工联合企业的发展历程

贝尔格莱德农工联合企业（原文缩写为"PKB"，中文简称为"贝科倍"）是在位于南斯拉夫首都贝尔格莱德市以北郊区附近的一家国营农场的基础上发展而成的。1945年年底，南斯拉夫为了解决第二次世界大战后初期首都城镇居民的粮食供应不足的难题，在贝尔格莱德北郊建设起一家国营农场。国营农场兴建初期，没有一件农业机械设备，农业生产只能完全依靠人力劳动，劳动生产率很低，粮食单位面积产量不高。随着农业的发展和积累，国营农场逐步发展起畜牧业。进入20世纪50年代，国营农场开始进行一些简单的食品加工，生产仅限于黄油、奶酪和肉制品等少数品种。加工工业的发展使国营农场收入显著增加。农场资金的周转和积累不断加快，为农场扩大再生产创造了更加坚实的条件，促进了国营农场经营的农业、畜牧业、工商业等各项事业的协调发展。

20世纪60年代以后，贝尔格莱德农工联合企业不仅把郊区附近3个类似的国营农场联合在一起，而且还逐步联合了其他地区的农场或企业，最终发展成为一家从事多种经营的大型联合企业。贝尔格莱德农工联合企业除了从事农业（包括粮食、蔬菜、水果等生产）和畜牧业生产外，还进行食品加工（包括粮食、蔬菜、水果、肉类、奶制品、食糖等加工）、森林栽培、采伐和

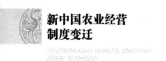
木材加工、包装品生产、国内外贸易、经营服务行业和旅游业、向国外投资和从事科学研究活动等。1977 年年底，经过不断发展壮大，贝尔格莱德农工联合企业在南斯拉夫 200 家大型企业排名中位居前列。按总收入计算，贝尔格莱德农工联合企业名列第 13 位；按社会产值计算，贝尔格莱德农工联合企业名列第 14 位。①

2. 贝尔格莱德农工联合企业基本经营制度

20 世纪 50 年代初，南斯拉夫通过了"把企业交给工人管理"的法令，即《工人自治法》，开始实行社会主义自治制度。作为一个社会所有制的农工联合企业，贝尔格莱德农工联合企业当然也不例外。它实行工人自治所依托的生产组织形式和经营管理制度，具备与工业企业的社会所有制基本相同的特点。进入 20 世纪 70 年代后，南斯拉夫的社会主义自治制度发展到联合劳动阶段这一个新的更高阶段。农工联合企业的联合劳动组织主要由三级组织构成：第一级是联合劳动基层组织；第二级是由联合劳动基层组织组成的联合劳动组织；第三级是由若干联合劳动组织组成的联合劳动复合组织。贝尔格莱德农工联合企业整体上是一个联合劳动复合组织，有 30 个联合劳动组织和 136 个联合劳动基层组织。

作为一个联合劳动复合组织，贝尔格莱德农工联合企业实行独立经营、自负盈亏，即国家不对企业进行直接投资，企业的发展依靠企业自身通过不断积累资金来实现。贝尔格莱德农工联合企业以纳税的形式承担国家的责任和义务。贝尔格莱德农工联合企业的土地和其他生产资料都属于社会所有，既不属于任何个人或利益集团，也不属于国家所有，而是属于全社会劳动者共同所有。贝尔格莱德农工联合企业只有管理、合理使用这些生产资料的权利，也有保护和利用这些生产资料进行扩大再生产的义务，但是没有权利自由出卖这些财产。

3. 贝尔格莱德农工联合企业与个体农民挂钩合作

作为农工联合企业，贝尔格莱德农工联合企业除了实现自身的积累与发

---

① 朱行巧. PKB（"贝科倍"）——贝尔格莱德农工联合企业简介 [J]. 世界经济，1978（4）：14-16.

展外，还肩负着另一个极其重要的使命，那就是紧紧团结和有效带动个体农民，使其沿着社会主义道路和方向前进。根据南斯拉夫共产主义者联盟关于改造小农经济的方针，贝尔格莱德农工联合企业首先大力发展联合企业的生产，积蓄力量，使其做出榜样，然后逐步吸引个体农民加入联合企业开展合作。在改造个体农民走社会主义道路的过程中，南斯拉夫共产主义者联盟坚持自愿、民主、逐步过渡以及物质利益保障的原则。根据 1976 年南斯拉夫共产主义者联盟颁布的《联合劳动法》的规定，贝尔格莱德农工联合企业采用多种形式与个体农民开展挂钩合作。合作主要可以分为三种类型：第一种类型是简单的购销关系，即联合企业出售优良种子，向农民提供机械服务等，农民向联合企业支付现款。第二种类型是联合企业和农民直接签订生产与劳务合同。联合企业向农民提供种子、代农民耕种与收割、向农民提供生产所需贷款等，农民有义务把农产品卖给联合企业。这类合同规定的时间可长可短，合作项目可多可少。实践中，联合企业和农民的合作普遍采用这种形式。1976 年年底，贝尔格莱德农工联合企业与周边的个体农民共签订了 3.72 万个合同。[①] 第三种类型是个体农民把自己的土地、资金和个人劳动等同企业联合，保留个人所有权，联合的土地面积大小不限。农民的生产纳入联合企业的计划，而经营的收益则根据双方投资额比例进行分配。这是一种比较高级的合作形式。个体农民通过参加这种联合劳动，在政治上享有与联合企业的工人同等地位、权利和义务，拥有联合劳动基层组织工人委员会代表的选举权和被选举权；在经济上还能享受联合企业的各种优惠政策和免费医疗福利。个体农民把土地与企业联合经营后，还可以免缴土地税。第三种类型的合作是在 20 世纪 70 年代以后才推广起来的，但其发展速度很快。

　　贝尔格莱德农工联合企业在采用以上三种联合形式的时候，始终秉承双方互利的原则，根据个体农民的具体情况，灵活选用，使他们感受到进行合作的切实利益和必要性。联合不仅调动了个体农民的生产积极性，促进了农

---

① 朱行巧. PKB（"贝科倍"）——贝尔格莱德农工联合企业简介 [J]. 世界经济，1978（4）：14-16.

业生产的发展，而且克服了农民生产的盲目性和分散性，使个体农民的生产和销售等经营活动逐步纳入联合企业计划的轨道。1977 年年底，贝尔格莱德农工联合企业已与 5 万个个体农民建立了多种形式的合作关系，其中贝尔格莱德郊区参加合作的农民占郊区农民总数的 70%。[①] 贝尔格莱德农工联合企业成为南斯拉夫社会主义大农业经营发展的一个缩影，农工并举、产供销统一、小农户和大市场接轨，为农业经营制度带来很大的启示。

### 三、我国农业产业化经营的萌芽与探索实践

国外的农业一体化经营和我国农业产业化经营的核心都是一体化。我国农工商联合体试点始于 1978 年 9 月，产生于家庭联产承包责任制确立之前。我国全面推行家庭联产承包责任制后，小农户与大市场的矛盾日益突出，我国农业在学习国外农工商联合体管理经验的基础上不断探索中国特色的一体化经营，在农工商联合体的基础上出现了贸工农一体化、产加销一体化等农业产业化经营模式的探索实践。

（一）农工商联合体

1978 年 5 月，我国首次向国外派出代表团，学习国外科学技术和管理经验。改革开放初期，由于思想还不够解放，出国考察团刻意避开美国等发达资本主义国家，先后访问了欧洲 5 个国家的 25 个城市，参观了 80 多个工厂、农场、港口、矿山、大学和科研机构。在东欧国家中，南斯拉夫早在 20 世纪50 年代就摒弃了从苏联引入的计划经济模式，实行市场经济。访问西欧的代表团对南斯拉夫的农工联合企业印象深刻，并予以高度关注。

1978 年 9 月，根据国务院的要求，全国 26 个省、区的 36 个农垦单位开展农工商综合经营试点，学习南斯拉夫农工联合企业经验。四川广汉县（现广汉市）实验农工商联合体，把产、供、销、政以公社为单位组织起来。新

---

① 朱行巧. PKB（"贝科倍"）——贝尔格莱德农工联合企业简介 [J]. 世界经济，1978（4）：14-16.

疆石河子垦区很快建设成农工联合企业,在农业现代化中发挥示范带头作用。① 江苏省农垦黄海农场将此总结为"无农不稳,无工不富,无商不活"。苏南地区基层干部和农民也说"农业一碗饭,副业一桌菜,工商富起来"。两种说法上报中央后,时任国务院副总理万里很欣赏,多次引述。② 总之,农工商联合体是把农业和农产品加工业有机地结合起来,把农产品原料加工成商品,适应了农业发展的要求。但当时由于传统计划经济体制的束缚,农工商联合体只是按照一、二、三产业的顺序,搞生产、加工、销售一条龙,没有从市场经济的角度搞好各主体之间的互利互惠、共同发展的经济利益的一体化。③

农工商联合体试点时,农村家庭联产承包责任制改革尚未进行。随着家庭联产承包责任制改革全面铺开,我国农业逐渐进入由计划经济体制下的"卖方市场"向市场经济体制下的"买方市场"转变的全新的战略阶段。小农户经营与大市场需求之间的矛盾应运而生。为了解决农产品销路问题,在农工商联合体基础上,全国各地不断涌现"农工商一体化""牧工商一体化""贸工农一体化"等各种经营形式。

农工商一体化,就是把原来属于农业部门的育种,饲料生产,农药、化肥的配制和施用,农业技术设备的维修以及农产品的加工、包装、储藏、运输、销售和有关的服务等许多职能,逐渐从农业中独立出来,成为独立的工业或者商业企业,加强农业生产环节与农业产前、产后有关的工业企业、商业企业之间的相互依赖和联系,通过各种组织形式实行更加直接的、有计划的联合经营。而牧工商一体化的生产经营运行形式概括起来就是以牧业生产为基础,以加工企业为龙头,以企业流通部门为先导,形成生产、服务、加工、销售一体化链条,将牧民和企业联结成为产销对接、风险共担、利益互补的经济共同体。畜禽产业生产部门承担畜禽饲养管理的生产环节,保证加工和销售的畜禽产品原料供应;畜禽产业加工部门承担畜禽产品的收购、加

① 丁泽吉. 农工联合企业浅论 [J]. 经济研究, 1979 (8): 23-27.
② "无农不稳, 无工不富, 无商不活"江苏人最早提出"三句话"[EB/OL]. (2018-12-18) [2019-04-20]. http://www.yangtse.com/jiangsu/2018/12/18/1375814.html.
③ 毛东凡. 对贸工农一体化经营的研究 [J]. 江西农业经济, 1997 (4): 7-11.

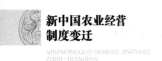
工、储藏等环节；畜禽产业服务部门，承担种畜禽的供应服务、饲料供应服务、技术指导服务、防疫灭病服务等诸多环节；畜禽产业流通部门承担全部畜禽产品的销售功能，主动发挥市场导向作用，及时把市场需求信息反馈给生产和加工环节。[①]

（二）贸工农一体化

贸工农一体化经营是从农工商联合体经营演化而来的。与"农（牧）工商一体化"相比，贸工农一体化的特点是把市场导向放在最优先的位置，因而在产业链中把"贸"即市场流通放在了首要位置，可以看出它与"农（牧）工商一体化"中把"农"或"牧"放在首位的不同。以"贸"字当头的贸工农一体化经营，突出市场的导向作用，既根据国内外市场的需求容量，确定加工工业的发展规模，又根据加工工业的发展要求，确定初级农产品的生产规模。这样，就有利于提高农民进入市场的组织化程度，提高农业的比较利益，并有利于缓解市场与价格的风险，增加农民的收入。[②]

为了解决农业比较效益低的问题，在农业、工业和服务业有了一定发展的村镇，都在不同程度上实行农工商一体化经营的新模式。实践中，在一些经济比较发达、特别是沿海的乡镇、村，在农工商一体化经营的基础上，逐步向贸工农型的一体化经营转化，围绕出口创汇产品，实行产供销一条龙，农工商贸有机结合，协调发展。[③] 农业部统计，1992 年仅在畜牧领域内采取这种经营方式的组织就有两千多家。1995 年 9 月 28 日党的十四届五中全会明确提出，要"大力发展贸工农一体化经营"。1997 年 7 月 2 日，国家经贸委印发了《关于发展贸工农一体化的意见》（国经贸市〔1997〕413 号）。

贸工农一体化首先发端于那些商品生产总量增长较快、经济发展水平较高和商品生产能力较强的地方。山东省诸城市是隶属潍坊市的一个县级市，

① 赵令新. 牧工商一体化是加速畜牧业两个转化的捷径 [J]. 黑龙江畜牧兽医, 1988 (1)：38-39, 13.

② 毛东凡. 对贸工农一体化经营的研究 [J]. 江西农业经济, 1997 (4)：7-11.

③ 姜春云. 在诸城召开的农村改革现场会议上的讲话——走贸工农一体化的发展路子（1987 年 6 月 25 日）[EB/OL]. (2010-01-17) [2019-4-23]. http://theory.people.com.cn/GB/40557/179596/179597/10784023.html.

从 1985 年起开始发展肉鸡贸工农一体化。具体做法是：由诸城市外贸公司引进国外优良肉鸡品种和先进生产加工设施，先后建立起良种鸡繁育场、饲料加工厂和屠宰冷冻厂，并与日本商人建立起比较稳定的外贸交易关系。公司向养鸡户提供"四上门、三赊销、两公开、一结算"的系列服务，即上门送鸡雏，上门供饲料，上门指导防疫和技术，上门收购运输；赊销鸡雏、赊销饲料、赊销防疫药物；公开企业的经营状况和利润分配；肉鸡宰杀后一次性结算收入，屠宰厂获得了稳定的货源，不断地开拓市场，扩大规模。[①] 这种经营组织形式使生产与市场连接，提高了农业生产水平，解决了农产品的"卖难"，企业和农民结成利益共同体，实现了"双赢"。

经过多年努力，诸城市初步确立起贸工农一体化经营和产供销一条龙管理的经济格局。潍坊市委及时向全市推荐了他们的做法，贸工农一体化已经渗透和扩展到全市 12 个县市区的相关经济领域之中，并以其适应市场经济的突出能力、明显的经济效益和社会效益，成为人们普遍共识。[②] 1985—1993年，山东省潍坊市全市肉鸡饲养量从 200 万只增加到 4 000 万只，分割鸡出口量从 740 吨扩大到 1.6 万吨；养殖户平均每只鸡的养殖纯收入达到 1.2 元，大多数养殖户一年能养上万只鸡。潍坊市外贸公司不断发展。截止到 1993 年年底，潍坊市全市共拥有 13 个下属企业、2 个合资企业、19 个外贸收购站、10个驻外办事处，融社会生产、加工、储存、运输、科研、销售、服务为一体；公司有 7 100 名职工，固定资产达到 2 亿元，销售收入 6 亿元，创汇近 1 亿美元，年产值达到 5 亿元。[③]

（三）产加销一体化

产加销一体化是 20 世纪 80 年代末 90 年代初农村地区深化改革、发展农村经济的一种新的生产经营形式，又称"产加销一条龙"。产加销一体化的特点是：以市场为导向，进行生产、加工、销售的一体化经营。该经营形式的

---

① 艾云航. 把农业引向市场经济的好形式——贸工农一体化、产加销一条龙问题研究 [J]. 中国农村经济，1993（4）：19-22.

② 赵健武. 贸工农一体化发展的基本态势 [J]. 中国农村经济，1993（5）：30-33.

③ 同①.

具体做法是：企业根据市场需求，与农户签订产销合同，公司依托农户建立生产基地，公司向农户提供配套服务。农户根据合同规定安排生产和交售，企业根据合同规定收购和加工农产品，并把产品运往国内外市场销售。农户通过产销合同的形式成为企业优质农产品原料保障基地。在获得稳定原料供应的前提下，企业提高了农产品由初级加工向精深加工改造升级的综合能力和市场开拓的专注力，不断增强市场拓展能力，实现农产品精深加工品进入市场并顺利销售出去。生产者、加工者、销售者形成风险共担、利益共享的经济共同体，利益上的一致性使得各经济主体不只是追求本部门的经济利益，而是追求一体化经营的整体效益，减少内部交易成本和相互争利的内耗。产加销一体化通过共同体内部在计划指标、内部价格或分配政策等方面形成合理分配，实现共同体内部自我调节生产和分配，增强对市场的整体应变能力，保持各经济主体生产经营的相对稳定和均衡发展。① 对于农户来说，产加销一体化经营为农户提供了一定的农产品销售保障，延伸了农业产业链，还可以通过利益均沾②的分配方式获得除生产环节之外的加工和流通环节的合理利润。

广东省温氏食品集团有限公司的前身是广东省新兴县的一个民营小型养鸡场。1982年11月，新兴县勒竹人民公社（现勒竹镇）的一个集体养殖农场因连年亏损濒临倒闭，实行招标承包。1983年6月，停薪留职的新兴县食品公司养鸡技术员温北英联合家乡的兄弟叔侄6户，包括温北英的儿子温鹏程共7户8人，每人出资1 000元，共集资8 000元，与集体养殖农场联营养鸡。但不到半年，因生产经营、利润分配等诸多矛盾，联营难以为继。1984年2月，以温北英为首的7户农户全面承包了这个养鸡场，以股份制的形式办起了勒竹养鸡场，实行自繁、自育、自养、自销。当时养殖规模为种鸡300只、肉鸡8 000只。由于当地村民到县城买饲料、卖鸡所付出的时间成本高，就来勒竹养鸡场代购饲料、代为卖鸡，鸡场不断吸收新的农户入股。1986年，勒竹养鸡场开始采取"场户合作""代购代销"，提供技术、饲料、防疫等方

---

① 程荣喜，蔡长立. 种养加销一体化经营的优势和思路 [J]. 农垦经济研究，1990（2）：32-34.

② 产加销一体化提出的"利益均沾"，是一个不严谨、不科学的概念，分一点也可以说成均沾，难以真正保障农民的利益。

法，与 5 家农户进行合作，当年上市肉鸡 5 万只，产值 36 万元。1987 年，鸡场新吸收 42 个农民入股，股份采取记账形式。1988 年，鸡场改变了过去简单帮助周边农户代销肉鸡的模式，逐渐减少农场自养数量，逐步兴办起种鸡场、孵化场、饲料加工场，发展成为主要从事种鸡饲养、鸡苗孵化、饲料生产，以及向农户提供技术、饲料、防疫、管理等产中服务以及产后销售成鸡的新的经营模式。1989 年，勒竹养鸡场把"代购代销"变为"保价收购"。农场和农户按照鸡场规定的技术、管理流程及其价格饲养、收购和结算，保证农民每只鸡有合理的利润。挂靠农户数由 1988 年的二三十户增至 1990 年的 280 户，1992 年更是达到 1 500 户。1992 年起，鸡场大规模地开展综合经营的基本建设，扩建饲料厂，建设饲料编织袋厂，引进肉鸡分割生产线和冷冻厂，构建起一套肉鸡产加销一体化经营体系。1993 年 7 月，勒竹养鸡场更名为"新兴温氏食品集团有限公司"，1994 年 10 月正式更名为"广东温氏食品集团有限公司"。1997 年挂靠农户户均获利 14 250 元。[①]

广东省温氏集团产加销一体化经营的实践证明，在原料、能源、资金紧缺、市场瞬息万变的商品经济浪潮下，单个农户和企业孤军奋战很难取胜，要增强农户和企业对市场的应变能力，促进生产力的迅速发展，就必须走种、养、加、销一体化经营的道路，寻求合作效应，提高整体效益的经营形式。

## 第二节　农业产业化经营的确立与推广

### 一、"农业产业化"的提出

（一）农业产业化是在贸工农一体化基础上的实践

农业产业化经营诞生于中国农村计划经济体制向市场经济体制转轨的过

---

① 傅晨. "公司+农户"产业化经营的成功所在——基于广东温氏集团的案例研究 [J]. 中国农村经济，2000（2）：41-45.

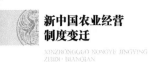
程中。我国现代农业农村市场体系建设处在初级发展阶段，难以发挥全国统一的大市场功能，市场有关的法律和制度不够健全，因此分散的农户进入市场的交易成本很高。具体表现为：农户不论是作为生产主体还是消费主体都数量庞大而且分散；农户在市场交易中的主体地位与其能够获得的信息严重不对称；农户对市场信息掌握不充分，导致农户经营风险过大。千家万户的小农户在进入千变万化的大市场时如何少承担风险、多获得利益，是新时期农业生产经营组织创新的难点和核心问题。

我国农业产业化是在山东省贸工农一体化实践经验的基础上发展提出的。1985年中央一号文件《关于进一步活跃农村经济的十项政策》（中发〔1985〕1号）提出要"搞活农村商品流通、大力发展商品经济"的要求。山东省潍坊市的诸城市委、市政府为了支持农民发展商品经济，率先提出"商品经济大合唱"的改革号召，要求政府各部门紧紧围绕"商品经济大合唱"、全力支持农民发展商品经济，在资金、技术、人才、物资、政策等方面开展一系列改革。诸城市结合当地实际情况，借鉴泰国正大集团实行的"公司+农户"经营模式，以诸城市外贸公司为龙头，推行贸工农一体化和产加销一条龙的经营体制，大力发展养鸡业，获得了良好的效果，为全国推广贸工农一体化经营提供了国内实践经验。以"贸"字当头，把农产品的销售和市场问题摆在首位，确立"市场—加工、销售—生产"的产业链，从而改变了过去农民生产什么就卖什么的方式，沟通了产销关系，为农产品进入大市场开辟了宽广的道路。不管搞什么形式的农业产业化，也不管搞什么形式的产加销一条龙，都必须以"贸"字当头，面向市场，研究市场，开拓市场，以市场为导向，实行贸工农一体化经营。[①]

随着农村改革的不断深入和市场经济的逐步发展，我国许多地区特别是大中城市及其郊区以及沿海经济发达地区，围绕着建立社会主义市场经济体制、推动传统农业向现代农业转变，地方各级政府在认真总结贸工农一体化经营、产加销一条龙经营实践经验的基础上，积极探索和开展农业产业化实践。

---

① 毛东凡. 对贸工农一体化经营的研究 [J]. 江西农业经济, 1997 (4): 7-11.

（二）"农业产业化"的确立

农业产业化的基本内涵是：以市场需求为导向，以科技进步为动力，以经济效益为中心，依靠龙头企业带动，在农业和农村经济推行区域化布局、专业化生产、企业化管理、社会化服务、一体化经营，形成贸工农一体化经营和产加销一条龙经营的农业经营方式与产业组织形式创新。农业产业化就是按照社会主义市场经济体制建立的总体要求，通过组织、改造农业经营方式和提高农业经营效率，实现小农户和市场的接轨，在坚持家庭经营制度的基础上，逐步推进和实现农业生产的商品化、规模化、社会化和专业化①。

农业产业化这个概念来源于山东省潍坊市贸工农一体化实践经验的总结。党的十四大召开之后，潍坊市在贸工农一体化做法的基础上，按照建立社会主义市场经济体制的要求，探索新的更高层次的农业发展形式。1993年年初，为贯彻落实省委、省政府领导同志的重要指示精神，潍坊市委领导同志组织市委办公室、研究室、市农委等部门的同志，在广泛调查研究、全面总结潍坊市自党的十一届三中全会之后的农业农村经济发展的基础上，认真总结了诸城市贸工农一体化、寿光市依靠市场带动发展农村经济、高密市实行区域种养和寒亭区"一乡一业，一村一品"等做法和经验，结合出国考察学习总结的日本农协、美国垂直一体化农业公司、法国农业联合体等现代化农业发展的先进经验，首次提出了"农业产业化②"这个对中国农业经营制度发展和创新具有重大影响的概念。

1993年3月中旬开始，潍坊市委领导同志组织市委办公室、市农委和研究室的同志着手起草潍坊市实施农业产业化战略的文件。在文件起草过程中，潍坊市委领导同志先后深入寿光市、昌邑市、寒亭区、诸城市、安丘市、昌乐县、高密市等县市广泛调查研究，与这些县市区的党政主要领导深入交谈。

1993年5月25日，《中共潍坊市委、潍坊市人民政府关于按照农业产业化要求进一步加强农村社会主义市场经济领导的意见》正式印发。山东省委、

---

① 艾云航. 发展产业化经营 增加农民收入 [J]. 理论学习，2008（8）：8-10.
② 农业产业化译为"Agricultural Industrialization"。

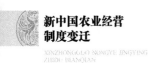

省政府领导和省直相关部门先后多次来潍坊市考察、总结和推广农业产业化。山东省农委组成专项调查组，赴潍坊市展开深入调查，形成了题为《关于按产业化组织发展农业的初步设想与建议》的调查报告。这份调查报告得到省政府办公厅的积极肯定。1993 年 6 月中旬，省政府办公厅在参阅件上转发了此份调研报告。

新闻媒体大量报道了山东的农业产业化实践。1993 年 10 月 11 日至 12 日，作为中央级综合性大报的《农民日报》连续两日在显著位置上发表了关于我国农业产业化的第一篇报道，即题为《轻舟正过万重山——山东各级领导抓住产业化带领农民闯市场思路考》长篇通讯文章的上篇和下篇。

1994 年，山东省委、省政府印发一号文件，在全省范围内号召推广潍坊市农业产业化经验，强调要按照产业化经营组织各地农业生产，自此山东省进入农业产业化战略全面实施阶段。1994 年 11 月初，山东省委、省政府的领导带领农委和潍坊市的干部专程向时任国务委员的陈俊生做了农业产业化的汇报。陈俊生当即肯定山东省农业产业化，表示"山东又对全国农业做出了一大贡献"，并批示将山东省农业产业化汇报提纲转发在国务院参阅件上。财政部和中国农业银行的负责同志也对山东省提出的农业产业化发展的思路和方案表示赞赏，并表示将在资金上给予大力支持。随即从 1994 年开始，国家农业综合开发办公室专门从农业综合开发资金中划出专项资金，用于扶持农业产业化经营的各类项目（最初叫作"多种经营及龙头企业项目"）。从 1996 年开始，山东省每年拿出 10 亿元信贷资金，对 50 个省级重点龙头企业进行扶持，实行银企联手，连续扶持。[①]

## 二、农业产业化经营全面推广

1995 年 12 月 11 日，《人民日报》在头版头条的位置上刊发社论《论农业产业化》，同时配发了 3 篇述评。这篇社论的刊载，不仅为农业发展新思路

---

① 张永森. 山东农业产业化的理论与实践探索（下）［J］. 农业经济问题，1997（12）：9-12.

进入中央高层决策奠定了思想舆论基础，而且为全国推行和实施农业产业化起到了重要的导向作用。1996 年 1 月 12 日，时任中共中央总书记的江泽民在《致中华全国供销合作社全国代表会议的信》中讲道："引导农民进入市场，把千家万户的农民与千变万化的市场紧密地联系起来，推动农业产业化，这是发展社会主义市场经济的迫切需要，也是广大农民的强烈要求。"1996 年 2 月 5 日至 7 日，国家体改委和农业部在黑龙江省肇东市举行了全国农业产业化座谈会。这是专门研究农业产业化的一次重要会议。会议强调："农业产业化是我国农民和基层干部的一个创举……是在稳定家庭联产承包为主的责任制和统分结合的双层经营体制的基础上，实行农业规模经营的一种重要形式，是农民进入社会主义市场经济的重要形式，是实现邓小平同志提出的农村改革和发展'第二个飞跃'的重要途径。"①

1996 年 3 月 17 日，第八届全国人大四次会议通过的《国民经济和社会发展"九五"计划和 2010 年远景目标纲要》② 中，提出"鼓励发展多种形式的合作与联合，发展联结农户与市场的中介组织，大力发展贸工农一体化，积极推进农业产业化经营。"1997 年 1 月 10 日，中央农村工作会议提到"实行产业化经营，各地积累了许多好的经验"。1997 年中共中央国务院 6 号文件（中发〔1997〕6 号）明确提出："农业产业化经营是推进农业和农村经济实现两个根本性转变的一种有效方式，也是提高农业效益，增加农民收入的重要途径。"1997 年 9 月 12 日，党的十五大报告提出："积极发展农业产业化经营，形成生产、加工、销售有机结合和相互促进的机制，推进农业向商品化、专业化、现代化转变。"党的十五大之后，全国掀起了全面推广农业产业化经营的热潮。

全国各地积极推行农业产业化经营的过程中，农业经营组织形式不断创新。截至 1997 年 10 月，我国已有 11 824 个农业产业化经营组织，其产业化经营主要分为四种基本组织形式：第一种是龙头企业带动型。即围绕一项产业或产品，以农产品加工企业、运销企业为龙头，实行农产品生产、加工和

---

① 姜春云，李铁映. 致农业产业化座谈会的一封信 [J]. 农村合作经济经营管理，1996（4）：3.

② 中华人民共和国国民经济和社会发展"九五"计划和 2010 年远景目标纲要 [EB/OL]. (2015-10-14) [2019-04-25]. http://china.huanqiu.com/politics/2015-10/7757194.html？agt=15438.

销售等一体化经营。这种经营形式发育较早，较为普遍，最为典型的是山东诸城外贸集团公司、上海大江公司、广东温氏集团公司和吉林德大公司等肉鸡产业化经营。全国共有龙头企业带动型产业化经营组织 5 380 个，占全国总数的 45.5%。第二种是市场带动型。就是通过发展农产品专业市场，特别是大型批发市场，带动形成区域化和专业化生产以及产供销一体化经营。这种经营形式最早出现在山东省寿光市，随后在全国其他地方迅速发展起来。全国共有市场带动型产业化经营组织 1 450 个，占全国总数的 12.3%。第三种是主导产业带动型。即从发展特色经济入手，利用当地资源，扩大生产经营规模，逐步形成一体化的产业群和产业链。全国共有主导产业带动型产业化经营组织 1 608 个，占全国总数的 13.6%。第四种是中介组织带动型。即各级政府的专业技术部门、各种专业技术协会、专业合作经济组织以及社区合作经济组织等各类中介组织通过开展农业生产相关服务，培育和发展主导产品和主导产业，引导和组织农民进行生产、加工和销售的一体化经营。全国共有中介组织带动型产业化经营组织 3 382 个，占全国总数的 28.6%。①

## 第三节　龙头企业带动型农业产业化经营

　　龙头企业带动农户产业化经营是我国农业产业化经营最基本的模式之一。农业产业化经营的龙头企业往往不同于一般的工商企业，它肩负着开拓市场、进行科技创新、引入现代工业管理制度，把千家万户的农户联结起来的经营责任，发挥着引导和组织农户加入生产基地、开展生产经营的样板和示范作用。在坚持我国家庭承包经营制的前提下，龙头企业通过与农户建立契约关

① 吴晓华，尹晓萍. 农业产业化经营：农村经济改革和发展的新主题 [J]. 经济改革与发展，1998 (2)：56-60.

系，将分散经营的一家一户组织起来，实施专业化生产、区域化布局和一体化经营，从而为解决产加销相脱节的状况提供一条切实可行的途径。在农业产业化经营中，各类龙头企业是支柱，广大分散的农户是基础，龙头企业要依靠农户，农户要依靠龙头企业，二者既互为条件、又互为依靠，既相互影响、又相互促进，形成以产业化链条为纽带的经济利益共同体。这是全国各地实践中兴起的最具代表性、最有发展潜力的产业化经营组织形式，广泛分布在农作物种植业、畜禽养殖业，特别是在外向型创汇农业中最为流行。实践中，"公司+农户"是龙头企业带动型农业产业化经营的主要表现形式。早在 20 世纪 70 年代，为了开辟中国市场，泰国正大饲料公司开始推行公司向农户提供种鸡、饲料等生产资料以及技术服务，带动农户发展养鸡业，取得了经营成效并得以在中国养殖业站稳脚跟。这是中国最早的一批"公司+农户"的经营实践，也被称为"正大模式"。1988 年 8 月 1 日至 7 日，我国农业部政策法规司、中国技术经济研究会、《人民日报》经济部等部门组织召开了理论研讨会，初步确立了"公司+农户"是农业经营组织创新和农村经济发展的新路子。8 月 7 日，《人民日报》刊登了题为《公司+农户·新的生长点——大江公司的评介》的述评，这篇文章评价了中泰合资上海大江有限公司的发展情况和取得的成就，是国内第一次正式概括和使用"公司+农户"这一经营形式。目前这种形式已在中国许多地区得到发展。据农业部统计，截至 2016 年年底，全国各类龙头企业达 13.03 万个，年销售收入约为 9.73 万亿元，其中销售收入 1 亿元以上的农业产业化龙头企业数量同比增长了 4.54%，固定资产约为 4.23 万亿元。[①]

## 一、龙头企业带动农户经营的背景

（一）龙头企业向农户提供社会化服务

我国农户家庭经营符合农业生产经营的规律和特点，它能够使农业生产

---

[①]　高鸣，郭芸芸. 2018 中国新型农业经营主体发展分析报告——基于农业产业化龙头企业的调查和数据［N/OL］. 农民日报，2018-02-22［2019-05-14］. http://www.tudi66.com/zixun/6935.

与其经营管理统一于农户家庭，农户进行生产管理的积极性高，责任心强，管理监督费用低，其劳动往往不计入成本①，生产出的农产品很便宜，因此农户家庭经营固有的优点很明显。在农村经济商品化、农业现代化转变的大背景下，农户作为生产主体和消费主体数量多而且分散，农户进入市场的交易成本高，要求加强社会化服务来克服分散经营的局限。龙头企业的市场把握能力强，与经济技术部门以及村集体经济组织联合，向农户提供资金、种苗、物资、技术、加工、销售等系列服务并获得相应的服务收益。龙头企业在合同的制约和服务经济效益的驱动下自觉地、主动地、高效地、系统地向农户提供生产需要的服务。在当时的历史条件下，龙头企业带动农户推进农业产业化经营，是历史和时代的选择。

（二）龙头企业带动农户增收

龙头企业带动农户开展农业产业化经营，能够使农户分享到市场扩张和农业产业链拓展的增值收益，是国家推进大力支持龙头企业、农业产业化发展的基本前提和根本目的。龙头企业要自觉地带动和服务农户，针对农业产前、产中、产后各环节所需的服务，为农户提供专业化服务，降低农户家庭经营对接市场的交易成本，同时履行订单合同，进一步提高农业生产效益，使农户经营性收入在龙头企业的带动下不断提高。

## 二、龙头企业带动型产业化经营的发展过程

（一）1996—2001 年：强调龙头企业在农业产业化经营中的重要性，逐渐明确"扶持龙头企业就是扶持农业、扶持农民"的政策目标

市场经济发展初期，我国农村处于分散的家庭小生产经营状态。要解决千家万户的分散生产与社会主义大生产大市场的矛盾，最有效的途径和方式是推行龙头企业带动型农业产业化经营。在推进农业产业化经营的过程中，强有力的龙头企业偏少、与龙头企业配套的体系仅局限于部分行业以及有些

---

① 丁力. 农户：农业产业化的主角 [J]. 经济工作导刊, 1997 (2)：20-21.

经济效益不理想的体系，抑制了农业产业化发展。[①] 据农业部的调查资料显示，1996 年全国有 11 824 个龙头组织，占到以农产品为原料的轻工类独立核算企业总数的 7%。[②] 政府更多地运用财政、税收、信贷等经济杠杆，积极推动农业产业化经营。《中共中央　国务院关于"九五"时期和今年农村工作的主要任务和政策措施》（中发〔1996〕2 号）中要求"要以市场为导向，立足本地优势，积极兴办以农产品加工为主的龙头企业，发展具有本地特色和竞争力的拳头产品，带动千家万户发展商品生产，带动适度规模经营的生产基地建设和区域经济的发展"。1997 年 1 月 10 日中央农村工作会议明确提出："实行产业化经营，各地积累了许多好的经验。关键是选准、办好能够带动千家万户的龙头企业。有了具备较强经济实力和服务手段的龙头企业，才能带基地、联农户，扩大规模，开拓市场。要重视做好培育龙头企业的工作……鼓励工商企业和外商投资兴办带动农业发展的龙头企业。农业银行和其他商业银行要安排一定比例的贷款扶持龙头企业发展。各级政府在政策上要给予农业企业同样的优惠。"1997 年国务院调研组对 12 省调研的结果显示，农业产业化经营带动农户的比例为 7.6%，参加的农户增收的比例为 8.2%。[③] 农业产业化龙头组织的数量还不多，整体带动作用还有限。

中央政策逐渐重视龙头企业在农业产业化经营中带动农户的作用，加大对龙头企业的扶持力度。1998 年 10 月 14 日党的十五届三中全会通过的《中共中央关于农业和农村工作若干问题的决定》中提出："发展农业产业化经营，关键是培育具有市场开拓能力、能进行农产品深加工、为农民提供服务和带动农户发展商品生产的龙头企业。要引导龙头企业同农民形成合理的利益关系，让农民得到实惠，实现共同发展。"《中共中央　国务院关于做好 1999 年农业和农村工作的意见》（中发〔1999〕3 号）提出："发展农业产业化经营对于调整、优化农业结构，提高农副产品加工水平具有重要的带动作用。

---

① 赵健武. 贸工农一体化发展的基本态势 [J]. 中国农村经济, 1993 (5): 30-33.
② 李谦. 发展农业产业化经营的几个问题 [J]. 中国农村经济, 1998 (12): 40-44.
③ 同②.

各地要选择一批市场开拓能力强的龙头企业，予以扶持。"《中共中央 国务院关于做好 2000 年农业和农村工作的意见》（中发〔2000〕3 号）明确提出："国务院有关部门要在全国选择一批有基础、有优势、有特色、有前景的龙头企业作为国家支持的重点，在基地建设、原料采购、设备引进和产品出口等方面给予具体的帮助和扶持，各地也要抓好这项工作。龙头企业要与农民建立稳定的购销关系和合理的利益联结机制，更好地带动农民致富和区域经济发展。"

中央政策逐渐明确"扶持龙头企业就是扶持农业，扶持农民"。2000 年 10 月 8 日，农业部等九部委下发的《关于扶持农业产业化经营重点龙头企业的意见》（农经发〔2000〕8 号）中提出："龙头企业是发展农业产业化经营的关键……扶持龙头企业就是扶持农业，扶持农民。国家择优扶持一批有优势、有特色、有基础、有前景的重点龙头企业……通过重点龙头企业的带动和示范，必将有力的推进农业和农村经济结构的战略性调整。"2000 年 11 月 26 日，时任国务院副总理的温家宝与全国农业产业化工作会议部分代表座谈时强调："目前农业产业化经营还处于起步阶段，龙头企业的整体实力还不强，对龙头企业进行一定的扶持是必要的。扶持龙头企业，就是扶持农业、扶持农民。"2001 年 6 月 26 日农业部等九部委首次联合印发《农业产业化国家重点龙头企业认定和运行监测管理暂行办法》①，明确了农业产业化国家重点龙头企业实行资格认证制度及其相应的优惠政策和财政扶持，构建起农业产业化国家重点龙头企业的淘汰机制。

（二）2002—2010 年：强调扶持龙头企业发展的具体措施，重视龙头企业与农户的利益联结机制

虽然龙头企业在调整农业生产结构、提升农业产业发展层次、推动农业产业化发展、增加农民收入的过程中发挥着不可替代的作用，但是，由于龙

---

① 中华人民共和国农业部. 印发《农业产业化国家重点龙头企业认定和运行监测管理暂行办法》的通知［EB/OL］.（2008 - 06 - 06）［2019 - 05 - 24］. http://jiuban.moa.gov.cn/zwllm/zcfg/nybgz/200806/t20080606 _1057287. htm. 2008 - 03 - 04. 2010 年 9 月 19 日对其进行修订印发（农经发〔2010〕11 号），2018 年 5 月 10 日农业农村部多部门再次对 2010 年版进行了修改印发（农经发〔2018〕1 号）.

头企业和农户是天然不同的两个利益主体，决定了他们在市场经济的竞争中都有各自的利益。财政资金通过龙头企业发挥农民增收效应需要一系列的传导机制，如果简单地将"扶持龙头企业"等同于"带动农民增收"，势必会对地方各级政府的政策执行造成误导。为了响应中央政策的号召，也为了各自的政绩工程，地方各级政府势必会把工作的重点落到对龙头企业的扶持上，而不关心龙头企业同农户是否实现了真实的利益联结以及农户是否真正地从产业化经营中受益。中央政策进一步明确了对龙头企业的扶持方式，加强对农户带动力强的龙头企业财政和信贷政策的扶持。2002 年 1 月 10 日下发的《中共中央　国务院关于做好 2002 年农业和农村工作的意见》（中发〔2002〕2 号）中更是明确地提出："发展农业产业化经营，关键是尽快培育一批辐射面广、带动力强的龙头企业。……各级财政都要增加投入……对重点龙头企业的贷款给予贴息。……农业银行要安排一定的规模和资金，优先支持符合贷款条件的龙头企业。安排国债资金支持技术改造，要把国家重点龙头企业纳入支持范围，把农产品加工企业作为全国中小企业信用担保体系的优先扶持对象。"《中共中央　国务院关于做好 2003 年农业和农村工作的意见》（中发〔2003〕3 号）明确指出："近几年，为推进农业产业化，国家制定了一系列支持龙头企业的政策措施，各地要进一步做好落实工作，为促进龙头企业发展，增强企业的带动能力创造良好的条件。……同时对龙头企业的收购资金贷款和有关融资，要加强监管，防止改变使用方向。"

1998—2002 年，在一系列政策的推动下，农业产业化组织总数由 30 344个发展到 94 432 个，其中龙头企业由 15 088 万个发展到 41 905 个，带动农户由 3 900 万户上升到 7 265 万户，占全国农户总数的 30%。随着龙头企业的发展壮大，带动农户的数量不断增多，中央政策日益重视龙头企业和农户之间的利益联结。2004—2010 年，连续七个中央一号文件围绕财政、信贷等具体措施进一步明确怎么扶持龙头企业，强调龙头企业与农户之间的利益联结。《关于促进农民增加收入若干政策的意见》（中发〔2004〕1 号）提出："各级财政要安排支持农业产业化发展的专项资金，较大幅度地增加对龙头企业的投入"。《中共中央　国务院关于进一步加强农村工作提高农业综合生产能力若干政策的意见》(中发〔2005〕1号)指出:"继续加大对多种所有制、多种经营形式的农业产业化龙头企业的支持力度。鼓励龙头企业以多种利益联结方式,带动基地和农户发展。"《中共中央 国务院关于切实加强农业基础建设进一步促进农业发展农民增收的若干意见》(中发〔2008〕1号)提出:"中央和地方财政要增加农业产业化专项资金,支持龙头企业开展技术研发、节能减排和基地建设等。……龙头企业要增强社会责任,与农民结成更紧密的利益共同体,让农民更多地分享产业化经营成果。健全国家和省级重点龙头企业动态管理机制。"

金融机构纷纷将龙头企业作为其信贷支持的重点对象,在资金安排上给予倾斜。《中共中央 国务院关于加大统筹城乡发展力度 进一步夯实农业农村发展基础的若干意见》(中发〔2010〕1号)提出:"支持龙头企业提高辐射带动能力,增加农业产业化专项资金,扶持建设标准化生产基地,建立农业产业化示范区。"据统计,截止到2010年年末,龙头企业获得贷款余额累计达到5 404亿元。①重庆、陕西、江西、浙江、湖北等十多个省(区、市)积极探索兴建信贷担保机构,化解龙头企业融资难问题。符合条件的国家重点龙头企业得到中国证监会大力支持,可以上市融资、发行债券。

(三)2012年至今:各级政府继续支持龙头企业发展壮大,重点关注紧密型利益联结机制的建设

党的十八大以来,我国进入工业化与城镇化深入发展、同步推进农业现代化的关键时期,努力补齐农业现代化发展的短板这一任务更加凸显,迫切需要进一步推动龙头企业发挥带动作用。截止到2012年3月,我国农业产业化组织共有28万个,带动农户1.1亿户,参加龙头企业产业化经营的农户年户均增收金额从2000年的900多元,快速提高到2011年的2 400多元;共有龙头企业11万家,其农产品供应能力强大,供应量占到了全国农产品及加工制品的市场供应总量的1/3、主要城市"菜篮子"农产品供给总量的2/3以

---

① 农业部.关于支持农业产业化龙头企业发展的意见 [EB/OL]. (2008-12-25) [2019-05-29]. http://www.scio.gov.cn/xwfbh/xwbfbh/wqfbh/2012/1225/xgxwfbh/Document/1259965/1259965.html.

上，其销售收入突破了 5.7 万亿元。<sup>①</sup> 龙头企业在带动农户产业化经营和促进农户增收等方面作用越来越突出。但同时，龙头企业的发展壮大也面临着不少的困难和问题，需要出台更加直接和有力的政策措施，进一步扶持壮大龙头企业。2012 年 3 月 6 日，国务院出台《关于支持农业产业化龙头企业发展的意见》（国发〔2012〕10 号）。2012 年中央财政共安排了 30.95 亿元的资金直接用于重点扶持龙头企业开展产业化经营项目，受到资金支持的龙头企业达到 3 826 个。另一方面是通过现代农业生产发展资金提供支持。中央财政确立的现代农业生产发展资金支持对象包括农业产业化龙头企业。2012 年，我国各类龙头企业通过中央财政安排的"菜篮子"产品生产资金扶持，共获得现代农业生产发展扶持资金 15 亿元。<sup>②</sup> 各省、市各级政府相继出台了龙头企业的支持政策和优惠政策。

农业产业化国家级龙头企业在 2011 年年底数量已达上千家。不同企业在规模和效益方面差异很大，通过收购、兼并重组、控股等方式组建起大型企业集团是打破地方行政条块分割、实现农业产业化经营的最有效途径。《中共中央 国务院关于加快发展现代农业 进一步增强农村发展活力的若干意见》（中发〔2013〕1 号）指出："培育壮大龙头企业。支持龙头企业通过兼并、重组、收购、控股等方式组建大型企业集团。创建农业产业化示范基地，促进龙头企业集群发展。推动龙头企业与农户建立紧密型利益联结机制，采取保底收购、股份分红、利润返还等方式，让农户更多分享加工销售收益。"首次在中央一号文件中明确提出组建大型企业集团，推动龙头企业与农户建立紧密型利益联结机制。

龙头企业成为构建新型农业经营体系的重要主体。《中共中央 国务院关于全面深化农村改革 加快推进农业现代化的若干意见》（中发〔2014〕1 号）提出："构建新型农业经营体系……扶持发展新型农业经营主体。……鼓励发

---

① 农业部. 关于支持农业产业化龙头企业发展的意见［EB/OL］.（2008-12-25）［2019-05-29］. http://www. scio. gov.cn/xwfbh/xwbfbh/wqfbh/2012/1225/xgxwfbh/Document/1259965/1259965.html.

② 中央财政安排 30.95 亿元资金扶持 3 826 个龙头农金［EB/OL］.（2012-12-18）［2019-05-30］. http://www.gov.cn/gzdt/2012-12/18/content_2292656.htm.

展混合所有制农业产业化龙头企业，推动集群发展，密切与农户、农民合作社的利益联结关系。"《中共中央 国务院关于加大改革创新力度 加快农业现代化建设的若干意见》（中发〔2015〕1号）提出："推进农业产业化示范基地建设和龙头企业转型升级。"《中共中央 国务院关于落实发展新理念 加快农业现代化 实现全面小康目标的若干意见》（中发〔2016〕1号）提出："积极培育家庭农场、专业大户、农民合作社、农业产业化龙头企业等新型农业经营主体。""创新发展订单农业，支持农业产业化龙头企业建设稳定的原料生产基地、为农户提供贷款担保和资助订单农户参加农业保险。"首次在中央一号文件中提出新型农业经营主体的四大类型，明确龙头企业对农户的带动作用。《中共中央 国务院关于深入推进农业供给侧结构性改革 加快培育农业农村发展新动能的若干意见》（中发〔2017〕1号）提出："以规模化种养基地为基础，依托农业产业化龙头企业带动，聚集现代生产要素，建设'生产+加工+科技'的现代农业产业园，发挥技术集成、产业融合、创业平台、核心辐射等功能作用。"

发挥龙头企业对小农户带动作用。《中共中央办公厅国务院办公厅关于促进小农户和现代农业发展有机衔接的意见》（中办发〔2019〕8号）提出："完善农业产业化带农惠农机制，支持龙头企业通过订单收购、保底分红、二次返利、股份合作、吸纳就业、村企对接等多种形式带动小农户共同发展。鼓励龙头企业通过公司+农户、公司+农民合作社+农户等方式，延长产业链、保障供应链、完善利益链，将小农户纳入现代农业产业体系。鼓励小农户以土地经营权、林权等入股龙头企业并采取特殊保护，探索实行农民负盈不负亏的分配机制。鼓励和支持发展农业产业化联合体，通过统一生产、统一营销、信息互通、技术共享、品牌共创、融资担保等方式，与小农户形成稳定利益共同体。"

## 三、龙头企业带动型产业化经营的利益联结机制

农业产业化经营的核心在于建立起行之有效的利益联结机制。按照客观经济规律，农业产业化经营要把各产业部门组织起来，建立与之相适应的利

益联结机制，以契约为纽带，让多元参与主体在不同产业化经营组织形式中实现利益再分配，风险共担，利益共享，各得其利，以达成产业化经营的共同目标和多元参与主体的个别目标相统一。尤其是对广大农户来说，农业产业化经营的组织制度创新实现了分散经营的小农户与国内外大市场的有效连接。在遵循市场交换关系和市场经济运行规律的基础上，农业产业化经营实现了整个农业产业及其关联产业的相关经济主体"风险共担、利益共享"，促进农业产业资源的优化配置。由此可见，农业产业化经营的利益联结机制实际上由"市场交换关系"和"风险共担、利益共享"的利益关系这两个重要关系组成，二者相辅相成，缺一不可。因此，农业产业化经营的利益联结机制区别于那种侵占农户利益、让农户吃亏、不讲平等交易条件的市场交换关系。

（一）农业产业化经营利益联结的前提

第一，农业产业化经营是经济参与主体的联合与合作，要把由交易成本节约而形成的生产者剩余保留在农业内部，各利益主体共同分享由农业产业资源配置效率提高而带来的经济利益，必须形成合理的利益分配关系。因此，农业产业化经营的发展和成熟，将最终取决于利益分配机制的健全与完善程度。

第二，合理的利益分配关系不能简单地用"让农户分享加工、销售环节的利润"来定性。在农业产业化经营初期，处于产前或产后环节的企业或组织自身的发展水平还比较低，自身还需要不断积累和壮大，因此这一阶段农户与加工流通企业或组织应以契约为纽带。在农业产业化经营的中后期，企业或经济组织积累到一定程度，规模扩大，与农户之间的相互依赖性增强，往往以建立生产基地等形式巩固市场交换关系，做到"风险共担，利益共享"。

第三，农业产业化经营能够起到节约交易成本的作用，但是其建立与运行仍需要付出相应的组织成本。如果农业产业经营内部组织的边际交易成本高于外部市场的边际交易成本，各利益主体将会退出组织而独立进入市场进行交易，农业产业化经营则无从谈起。

第四，作为农业产业化经营的参与主体，龙头企业、农户、政府和其他新型农业经营主体等各自又是独立的经营主体，都追求自身的目标及其利益

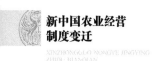
最大化。只有建立"利益共享，风险共担"的经济利益共同体，参与主体的利益才能既对立又统一。如果仅仅是将农业再生产的产前、产中和产后诸环节联结为产业链条，各参与主体实行松散联系，各参与主体间交易关系仅仅是买断而没有二次返利，农户不能得到加工、流通环节的利润共享，或者只有利益共享而缺乏风险共担，那么各参与主体都有可能在自然风险或市场价格波动时出现违约行为，从而很难达到降低农户经营风险、提高农民收入的目的。

（二）农业产业化经营利益联结的类型

根据小农户与龙头企业（公司）在利益联结方式中结成的利益关系的紧密程度，龙头企业带动型农业产业化经营利益联结的类型可分为松散型、半紧密型和紧密型三种。松散型和半紧密型是农业产业化组织的初级形式。公司与农户一体化关系不稳定，一般没有书面契约，或者即使有书面契约但内容也不健全、不规范，没有建立起一体化利益关系，农户仍旧没有改变出售初级农产品获得收益的地位，不能分享公司对农产品的加工、流通产生的增值利润。严格意义上说，紧密型利益联结才能让龙头企业和个体农户真正实现"利益共享，风险共担"，才是真正的利益共同体。2008年中央一号文件《中共中央 国务院关于切实加强农业基础建设 进一步促进农业发展农民增收的若干意见》（中发〔2008〕1号）就明确提出："龙头企业要增强社会责任，与农民结成更紧密的利益共同体，让农民更多地分享产业化经营成果。"利益主体根据实际情况选择适合的利益联结方式。总体来说，在市场经济作用下，龙头企业和农户间的利益联结由"松散型"向"半紧密型"过渡，再逐渐向"紧密型"变迁。

1. 松散型利益联结

松散型利益联结即所谓的"买断型"或"市场交易型"。松散型利益联结有两种情况：一是龙头企业凭靠自身的信誉和传统的产销关系，与农户按照市场价格机制随行就市交易产品，即纯粹的市场交易方式。龙头企业与农户事先不签订合同（契约），没有建立价格保护机制，也不提供其他服务，不存在"利益共享，风险共担"。二是龙头企业与农户签订远期购销合同（契约），在农产品交割时节有合约关系下的市场交易行为，该松散型合同所约定的交易价格并未约定保障农户利益的最低保护价格，龙头企业在产前、产中和产后各环节不提供其他服务。这类松散型合同的利益联结方式与纯粹的随行就市的市场交易方式唯一不同之处在于事先确定了交易价格。

实践中，松散型利益联结操作比较灵活，在一定程度上可以解决农户农产品销售渠道的难题，但这种利益联结关系极不稳定。不论是纯粹的市场交易活动还是在松散型合同约束下的市场交易活动，农户只能获得售卖农产品的收益，完全不能参与也根本分享不到龙头企业在农产品加工和销售环节的利润。相应地，龙头企业也不能获得稳定的原料供给基地。龙头企业和农户双方抵抗各种风险尤其是机会主义行为风险的能力都非常弱。因此，松散型合同的违约率是所有产业化经营合同中最高的。

2. 半紧密型利益联结

半紧密型利益联结是介于松散型和紧密型之间的一种利益联结。该联结下龙头企业和农户之间缔结的商品契约约定了农产品或服务的交易关系和利益分配方式，但风险共担机制不够合理甚至完全空白。半紧密型利益联结仍旧没有真正形成"利益共享、风险共担"的利益共同体。农户仍旧只能获得出卖农产品的收益而无法合理分享甚至根本分享不到龙头企业在产前、产后环节的利润。半紧密型利益联结主要包括以下两种类型。

（1）订单农业式利益联结

龙头企业与农户事先签订农产品购销契约（合同），以合同方式确定购销或服务关系和各利益主体的责权利，又称"订单农业"。订单农业是龙头企业带动型产业经营的基础。2005 年各类产业化组织共带动农户 870 多万户，其中龙头企业以订单合同带动农户近 600 万户，约占总数的 68.97%。[①] 可见，龙头企业带动型农业产业化经营利益联结的主要方式是订单合同。2009 年全国各类农业产业化组织中，有订单关系的有 10.39 万个，占 46%。[②] 订单合同一般包括保护价收购合同、"保护价收购+优惠服务"合同、"保护价收购+二

① 郑文凯. 全面提高农业产业化工作水平 [J]. 农业产业化，2005（4）：18-20.
② 傅晨. 中国农业改革与发展前沿研究 [M]. 北京：中国农业出版社，2013：75.

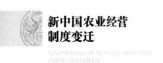
次返利"合同。交易双方在合同中确定的最低保护价格按照"完全成本+利润"基本原则而定。订单农业使得龙头企业获得了充足而稳定的农产品基地，农户获得了比较稳定的销售渠道和市场，降低了双方生产经营的不确定性，在一定程度上降低了交易成本。但由于契约的不完备性，加之农业生产的自然风险和市场风险大，风险基金缺失或者保障程度不够，存在着交易双方违约的风险，此种方式下，农户仍旧是价格的被动接受者，缺乏价格谈判能力。

在订单农业中，"订单+服务"是常用的利益联结类型。龙头企业与农户签订合同，明确龙头企业向农户无偿或赊借或低价提供农业生产所需的资金、生产资料、疫病防治、技术指导、收获、储藏、运输等系列服务，并根据合同约定收购农产品，有的龙头企业甚至还会根据服务向农户返还一部分加工、销售环节的利润。在生产过程中单一农户分散经营做不好或者做起来不划算的环节，龙头企业可以通过统一服务——化解。龙头企业通过服务在产前、产中、产后诸环节与农户的利益联结起来。龙头企业统一提供社会化服务，有助于实现农产品标准化生产，避免农产品参差不齐、质次价差，从而保障农民收益；同时，龙头企业依托农户建立起比较标准的生产基地，获得质量稳定、数量可控的原料。在有偿服务时，龙头企业已锁定服务客源，可以集中力量进行产品研发和技术创新，从而获得更大的收益。龙头企业掌握着服务价格定价和利益分配的主动权，一旦龙头企业有意转嫁经营成本和经营风险，农户不仅得不到加工、销售环节的利益，还要支付高额的服务费用而导致利益受损。

（2）中介组织介入式利益联结

为了克服买断式龙头企业和农户之间松散利益联结下双方交易成本大、违约率高、交易关系脆弱等弊端，在双方交易过程中逐渐内生出中介组织，形成了龙头企业与中介组织、中介组织与农户之间的双重委托代理关系。实践中，我国农业产业化经营发展初期的中介组织大多由专业大户或农民合作经济组织或当地基层政府部门牵头组建，组织形式主要有"龙头企业+合作经济组织+农户"和"龙头企业+村民委员会/农村基层政府+农户"两种类型。

与普通农户相比，中介组织知晓一定的法律和市场信息，在龙头企业和农户之间充当协调的第三方，发挥沟通桥梁作用和组织优势。中介组织与农户大多来自同一村镇或社区，相互了解，区域文化和价值取向相近或相同，有利于中介组织与农户之间交流、监督和约束，规范分散经营农户的投机行为。同时，中介组织代表分散农户对龙头企业可能出现的机会主义行为和侵害农户利益行为进行监督和防范。因此，中介组织的介入在一定程度上提高了农户的组织化水平和议价能力，促进小农户经营与大市场的有效连接，使得龙头企业和农户的合作关系更加稳定，提升龙头企业和农户各自的履约率。

在中介组织介入的利益联结中，龙头企业、农户和中介组织各自承担相应的责任，并按合同规定分配所得利益。该联结中大多数中介组织并不直接参与农户的具体经营管理过程，或者在农户经营管理过程中的参与程度较浅。在现实中，龙头企业带动型产业化经营中存在着农村基层政府联系和组织分散经营的农户、龙头企业联系农村基层政府的现象，但农村基层政府的目标并非和农户生产经营的目标完全一致。因此，中介组织介入虽然能够有效地降低龙头企业与农户直接交易产生的高昂交易成本和高违约率，但随之产生的双重委托代理成本及其复杂的利益博弈不容忽视。龙头企业与农户是否选择中介组织作为共同代理人来协调直接市场交易关系，取决于利害关系人对直接交易成本和双重委托代理成本的比较与权衡。

3. 紧密型利益联结

紧密型利益联结是以较为完备的要素契约为纽带，农户以土地经营权、资产、劳动力和技术等要素入股龙头企业，同时还参与龙头企业的经营管理及其监督，形成新的资产关系，建立起一种以生产要素的产权关系作为联结纽带和利益分配的调节机制，由利益主体各方共同负担经营好坏的责任，龙头企业和农户之间才能真正形成"利益共享、风险共担"的利益共同体。在紧密型利益联结机制中，龙头企业和农户之间的权利和义务除了受合同约束，还要受企业章程和法律的共同约束。农户不再单纯是龙头企业的生产原料提供者，他们除了获得按合同规定的保护价格交售产品的利润外，还通过按股分红分享到产、加、销各环节的平均利润。因此，龙头企业和农户的紧密利益关系不仅局限于农产品的买卖关系，更重要的是企业为农户提供优惠或无

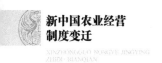

偿服务，企业建立农产品收购最低保护价格、风险基金、利润返还等一系列"非市场安排"给农户让利。紧密型利益联结主要包括以下三种类型。

（1）准纵向一体化利益联结

与企业的完全一体化不同，龙头企业和农户之间建立的准纵向一体化利益联结既有市场属性、又有企业属性。从市场属性来看，龙头企业和农户仍是相对独立的经济利益主体，双方签订的合同规定了农产品交易的时间、地点、数量、质量、价格等条款，交易保留更多的市场成分，交换产品时仍绕不开交易价格。以温氏集团的养鸡业为例，企业为农户提供的肉鸡生产所必需的饲料、种苗、药物、疫苗等全部中间产品都明码标价。企业还负责指导鸡舍建筑、肉鸡饲养管理、疾病诊治以及肉鸡质量验收和销售等工作，通过提供全方位的优质服务协助农户养好鸡。与温氏合作的农户负责肉鸡饲养工作全过程的管理，必须承担经营风险。由于要素投入和管理水平的差异，合作农户获得的经营收益有所差别，甚至少数农户因管理不良或投入成本过高等原因而亏损。通过准纵向一体化的安排，企业的管理、技术、资金和市场开拓优势与农户分散经营的人力和场地优势结合起来，通过"利益共享、风险共担"，恪守与农户"五五分成"的利益分配准则，确保农户利润，达到在激烈的市场竞争中公司与农户共同发展的目的。

从企业属性来看，准纵向一体化的组织边界向企业方向移动，基于管理协调成本的考虑将对合作农户的生产实行准车间化管理。企业内的车间是企业的基本组成部分，不能独立于企业存在，对外不承担经营风险。而农户的准车间化生产虽然解决了市场销售和合作利益问题，但是要独立承担经营风险。龙头企业通过准纵向一体化把畜禽的生产管理风险完全外部化。农户严格按照合同和企业生产管理要求进行领苗、注射疫苗、出售和经营规模控制等管理活动，将非紧密合作状态下的分散而无序的生产活动纳入企业而成为有计划生产的产销一体化的车间和一个环节。农户借助企业的科学指导提高养殖技术、在合理养殖规模的基础上通过管理实现养殖业绩，并依据养殖业绩按照合同约定与企业分享合作剩余。仍以温氏集团为例，企业不鼓励合作农户雇工经营，严格控制农户的经营规模，如养猪农户的饲养规模，一批猪为 200~500 头，这样既使得合作农户有小型车间的生产规模，又防止其实力快速发展壮大而脱离企业，确保能够长期实施农户准车间化管理，保持生产的稳定性。在温氏集团的准纵向一体化经营者中，农户的生产完全纳入企业的计划中，企业为农户提供的肉鸡生产所必需的全部中间产品的价格不会随行就市，而是属于一体化组织内部的调拨价格，又被称作流程价格。流程价格影响到合作双方的利润水平。以温氏集团养鸡业为例，只要在企业与农户结算前，不管肉鸡是否回收，企业都可以根据实际需要调整中间产品的流程价格以及肉鸡的回收价格，并严格规定各项价格每次的调整幅度在 10% 以内，以此来平衡农户与企业双方的利益。流程价格确保了农户无法通过直接向市场出售产品来获取利润，有效约束了合作农户的机会主义行为。在准一体化关系下双方形成比较稳定的收益预期，增强了合作双方联手应对市场环境的组织能力和抗风险能力，能够解决双方契约约束的脆弱性和违约率高等问题。

（2）要素入股式利益联结

要素入股式利益联结，又称股份式利益联结，是指分散经营的农户以劳动力、土地、管理才能和技术等要素入股，拥有龙头企业的相应股份，参与龙头企业的经营管理并对其进行监督。以生产资料入股为例，农户通过将土地经营权转让给龙头企业，据此拥有龙头企业的相应股份。在参与龙头企业产业化经营时，入股农户成为在龙头企业领取工资的产业工人，实现龙头企业和农户完全一体化生产管理。入股农户根据任务完成情况和工作效果获得相应的工资以及奖金收入等。龙头企业通过纵向一体化管理、全方位技术指导、生产资料和资金提供、市场渠道开拓和人才培训等，解决了农户自身经营规模不经济、资金短缺、市场销售难等问题，在一定程度上也解决了龙头企业经营过程中的生产资料和原料供应的稳定问题。因此，农户要素入股的利益联结不仅改变了农户仅仅是单纯的生产原料供给者的市场主体地位，而且通过土地等生产资料分红让入股农户获得龙头企业在产、加、销各环节经营的利润，与龙头企业真正地形成"利益共享，风险共担"的紧密型利益联结关系。这类按股分红的利益分配方式，在产权层面上反映出龙头企业与农户结成了"利益共享，风险共担"的真正的利益共同体，形成了新的资产关

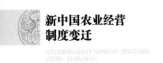
系，缓解了作为独立的市场主体的龙头企业和农户的利益冲突。

要素入股式利益联结将要素贡献和利益分配有机地结合起来，较为充分地体现了按照要素贡献进行分配的基本原则，是龙头企业与农户利益紧密联结的高级形式。这种利益联结形式的关键是要有共同资产关系的经营主体才能够形成高级的紧密型利益共同体。但由于家庭承包经营的土地面积十分有限，各家农户投入龙头企业的土地所占的股份很少，入股农户的力量十分弱小，作为小股东的入股农户的利益容易被大股东侵害。因此，入股农户的分散性和弱势地位依然没有得到根本改变。同时，龙头企业与单家独户的农户在产权确立过程中一对一谈判，大大增加了交易成本。因此，要素入股式利益联结对龙头企业和农户提出了较高的要求，在我国农村全面推广需要具备一定的产权条件。

（3）租赁协作式利益联结

租赁协作式利益联结以要素契约为纽带，是龙头企业带动农户开展农业产业化经营的一种特殊的租赁关系。该利益联结中，租赁合同与相关农户雇工就业安排协议是维系龙头企业和农户二者利益关系的纽带。龙头企业与农户签订租赁合同，由龙头企业租赁农户所承包的土地经营权进行农业生产项目的开发运营，并按照农户就业安排协议负责安排农户参与开发经营活动。农户在收取租金的同时，按照所完成任务和技术水平等指标获得龙头企业支付的工资收入，业绩突出的农户还能获得一定的奖金。分散农户独立进行生产经营的市场主体地位不复存在。龙头企业对所有要素进行配置，对土地进行开发和经营以获取相应的利润，并承担经营的种种风险。

在租赁合同的约束下，龙头企业和农户形成完全一体化经营的关系，所有要素由企业权威配置，实现完全的企业交易方式。这种利益联结方式不仅有效解决了龙头企业的生产基地建设、要素配置和员工招聘等方面的问题，而且农户通过参与龙头企业的生产经营还能够有效地监督龙头企业所承租的土地的实际使用情况和经营情况，避免龙头企业改变承租土地的用途及其对农户利益造成的侵害。龙头企业的实际经营状况影响着农户能否按时获得租金、工资、奖金等收入，反之农户的工作效果也影响着龙头企业的经营状况。

因此，租赁协作式利益联结通过比较完备的合同和完全的企业一体化经营，将龙头企业和农户的利益捆在一起，形成比较稳定的交易合作关系。

## 四、龙头企业带动农户产业化经营存在的问题

### （一）违约问题严重

农业产业化经营关系中，龙头企业和农户签订农产品购销合同，农户根据购销合同安排生产，龙头企业根据购销合同按时收购农产品。通常情况下，合同会约定保护性收购价格，约定农户合理的利润分享。订单农业对农户来说具有规避价格风险、销售风险、稳定收益的功能，对企业而言则有减少交易费用和分散经营风险的实惠，开拓产业链流程价值。作为两个独立的利益主体，龙头企业与农户之间的联系比较脆弱。一旦国家政策或者市场供求状况发生不利的变化，有利可图的一方很容易采取违约行为以保全自身的利益，让对方独自面对困难、承受损失，算不上是真正的利益共同体。现实中，农业产业化经营契约关系不稳定，违约问题十分严重。据农业部 2000 年调查资料显示，在企业与农户的购销关系中，违约屡有发生，违约主体中企业占七成，农户占三成。[①] 2003 年订单农业违约率高达 80%[②]。

契约的不完备，给龙头企业和农户双方当事人提供了违约契机，加上具有机会主义行为动机是经济人的一般特征，因此，在实践中，当市场价格低迷时，公司因经营压力或者机会主义行为会压级压价，甚至拒收农户的产品；在市场价格上涨时，农户又会把农产品卖到市场，使公司得不到加工或者销售所需要的农产品。为了维护农业产业化经营的合同，双方当事人对违约行为必须进行监督和惩罚。然而，合同监督及履约的成本很高。对于公司来说，公司与单个农户的交易量比较小，即使胜诉，收益也很微小，但是每次的诉讼成本反而比较高。所以针对农户违约，企业权衡成本收益后往往选择沉默。

---

① 牛若峰. 中国农业产业化经营的发展特点与方向 [J]. 中国农村经济, 2002 (5)：4-8, 12.
② 刘凤芹. 不完全合约与履约障碍——以订单农业为例 [J]. 经济研究, 2003 (4)：22-30, 92.

对于农户来说也是如此。这种现象最终导致农业产业化经营各参与者的利益得不到保障，损害各方参与农业产业化经营的积极性。

（二）行政撮合下的龙头企业与农户的交易关系十分脆弱

在市场经济条件下，龙头企业与农户结成产业化经营关系是市场行为，取决于双方自愿和利益协调均衡，第三方的介入可能是越俎代庖。然而，在我国农业产业化全国全面推广的实践中，大量龙头企业带动型农业产业化经营是政府行政手段撮合的。政府为了推动农业发展和农民增收，积极开展农业产业化，初衷是好的。但是，一些地方政府为了追求工作成绩，重视农业产业化组织的数量，而忽视农业产业化的"利益共享，风险共担"一体化经营利益机制建设。在行政撮合的龙头企业带动型农业产业化组织中，龙头企业和农户"貌合神离"，彼此追求自己的利益，脆弱的一体化关系经常面临困扰，随时可能破裂。由于契约是一个以实力决定谈判地位的博弈，龙头企业和分散农户的力量对比悬殊。龙头企业往往利用资金、信息、技术、人力资本等方面的优势，单方面决定合同的内容和条款，不愿意向农户让利或者尽可能少向农户让利。当龙头企业与农户发生纠纷，龙头企业更容易得到地方政府的偏袒，农户利益无法得到保护。而分散的农户势单力薄，谈判地位低，往往处于从属的地位，被动接受龙头企业制定的合同条款。公司向农户分享农产品加工和流通环节的增值收益是农业产业化经营一体化利益关系的核心。双方当事人违背一体化利益关系达成的契约利益关系不对等，先天埋下了违约的可能。[①] 由于农业产业化经营参与者各自独立的利益缺乏有效的联结机制，虽然国家自1994年起每年投入大量财政资金和各类优惠政策支持农业产业化发展，但在实践中，龙头企业却未能在农业产业化经营中发挥出国家所预期的对农户的有效带动作用。

（三）龙头企业带动农户增收效果有限

在农业产业化经营的实践中，温氏集团和正大集团等农业龙头企业塑造了"龙头企业+农户"产业化经营模式能够有效带动农户增收的成功典型。这

---

① 张炳霖. 龙头企业与农户利益联结机制研究 [D]. 北京：北京工商大学，2011.

曾经让人乐观地认为，如果双方真正建立起利益共享和风险共担的机制，就可以实现企业与农户的互利共赢。然而从龙头企业带动型产业化经营实践情况来看，这种想法具有浓厚的理想化色彩。龙头企业带动型农业产业化经营中绝大多数的利益联结是不紧密的。大量的农业产业化组织属于松散型的初级形式，没有建立起一体化利益关系，农户不能分享公司在农产品的加工、流通环节所产生的增值利润。据农业部调查显示，2000年，在龙头企业与农户的购销合同中，不少所谓的"合同"是极不规范的口头约定或不能约束彼此行为的"君子协议"，真正签订订单合同的仅有43%。2009年，全国各类农业产业化组织中，有订单关系的10.39万个，占46%。① 因此，龙头企业带动型产业化经营虽然在一定程度上缓解了农户"小生产"和"大市场"之间的矛盾，把农户从直接的市场交易中解脱出来，变市场交易为产业化经营组织内部交易，降低了农户的市场风险和交易成本，但农户难以分享到加工、流通环节的利润。农户仍旧没有改变出售初级农产品获得收益的地位。

龙头企业带动农户增收，并非由企业的组织制度本身的属性决定，而是来自企业经营行为所产生的正外部性。作为具有正外部性的龙头企业的带动作用，指的是这些龙头企业在开展产业化经营行为的同时对农户赋予了额外的利益。各级政府往往认为龙头企业的产业化经营行为对农户的增收具有必然的带动性。实际上，当市场竞争异常激烈和残酷时，龙头企业带动农户的承诺也有可能无法兑现。尤其是当龙头企业和农户之间没有构建起紧密的利益联结机制时，两者的利益并不一致。当市场风险增加时，龙头企业和农户的投机行为和道德风险会被放大。因此在实践中龙头企业或农户的各求自保的违约行为都经常发生。实践证明，仅仅是强化市场中的龙头企业来带动农民增收是根本不够的。当前龙头企业带动型农业产业化经营的增收效应本质上是"涓滴效应"。相较于国家每年通过各类扶持政策向龙头企业投入的巨额资金与农村向城市输送的劳动力、资金、土地等要素贡献而言，龙头企业对农户的增收到底能发挥多大的作用，还有待实践来检验。

---

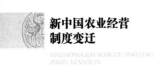
## 第四节　农业产业化经营的深化拓展

随着我国对经济发展质量要求的不断提升，农业面临的问题和挑战日益增加：一是我国农业发展面临的资源环境硬约束更加明显，耕地质量退化、生态破坏和环境污染等问题凸显；二是我国农产品生产成本不断增加、比较利益下降明显等问题日益突显，增强我国农业竞争力刻不容缓；三是稳定甚至提高农产品价格的操作空间日益逼仄；四是农业产业链及其价值链的整合协调机制亟待完善；五是维护农业产业安全、提升农业价值链的挑战明显加大；六是随着工业化、城镇化的持续推进，大量农业劳动力向城镇转移。"在越来越多的农村地区，农村人口和劳动力老龄化、农业发展副业化、农村空心化、留守儿童、留守妇女、留守老人和'谁来种地''如何种地'等问题日益凸显……随着经济增长速度下行压力的加大，如何在经济增长速度放缓背景下，继续强化农业基础地位、促进农民持续增收，成为必须破解的重大课题"①。

如果说农业产业化实现了第一产业、第二产业和第三产业有机连接、构建了完整的农业产业链，那么农村产业融合则进一步拓展了农业产业链外向延伸的能力、农业的多功能开发以及新技术在农业领域的应用融合，将农业的"产业连接"拓展为农业的产业、要素以及主体间的"多重联结"，始终坚持家庭经营的基础地位和重点关注农民利益。农民共享增值收益是农村产业融合发展的首要目标。因此，农村一二三产业融合是产业层面上农业产业化的横向扩展与升级，突破农业内部分工的局限，让农业更大范围地参与和融入社会产业分工，让农业和农民分享到社会发展的成果，实现农业的发展和农民的增收。在此背景下，推进农村一二三产业融合发展，既是主动适应经济新常态的必然要求，也是推进农业现代化的现实选择和重要途径。

---

① 姜长云. 推进农村一二三产业融合发展　新题应有新解法［J］. 中国发展观察，2015（2）：18-22.

由于农村产业融合发展层次较低，涉及经营主体规模小、数量多、分布散，单一经营主体"单打独斗"存在诸多困难，发展合力不足。在坚持家庭承包经营责任制的基础上，亟须探索一种新的机制，既能够满足农村产业融合的核心要旨和主体构成，又能创新龙头企业、合作社、农民三者紧密联结机制，加快转变农业生产方式、重构经营组织形式。在我国，农村农业经营组织形式中出现了按照一定联结方式和机制、由新型农业经营主体组成的农业产业化联合体。农业产业化联合体是当前中国农村一二三产业融合发展的进一步发展和实践探索，是我国当前农业经营体系的一次重要创新。因此，农村产业融合发展和农业产业化联合体是"更高级"的产业化经营，是农业产业化的深化拓展。

## 一、农村产业融合发展的探索

所谓农村一二三产业融合发展（简称为"农村产业融合发展"），就是指在坚持家庭经营基本制度和农业多功能性的基础上，通过要素集聚、制度创新和技术渗透，以农业产业链的延伸和农业多种功能的拓展为契机，着力培育农村经济新业态和农业经营新模式，形成农业与第二产业和第三产业交叉融合的现代农业经营体系，构建惠农富农的利益联结机制，开拓城乡一体化的农村发展新格局。农村产业融合发展的本质是将第二产业和第三产业有机地融入、技术性地渗透到第一产业即农业发展各环节之中，不再是单一的农业产业的发展，而是形成一种生态的循环产业链，以龙头企业、合作社、家庭农场、专业大户等新型经营主体与农户利益相结合的方式来实现，运用股份的形式引导农户将所拥有的劳动力、土地、技术等生产要素参与农业经营。家庭农场和专业大户带动分散的农户家庭共同种植出最适合龙头企业需要的农产品，合作社为生产者提供服务，在农户和龙头企业间发挥沟通和协调的中介作用，龙头企业解决了农户生产的农产品的销售问题。国家推动农村产业融合最根本的出发点就是增加农民收入。

（一）国外农村产业融合发展的实践

1. 日本第六产业发展的实践

日本是世界上比较早规划发展"第六产业"的国家。农村产业融合发展的理论基础来自今村奈良臣（1994）提出的"第六产业"概念，其要义是"通过鼓励农户搞多种经营，发展食品加工业、农资制造业和农产品流通、销售及观光旅游业等，实现农村第一、第二、第三产业的融合发展，借此让农民更好地获得加工和流通环节的增值收益，增强农业发展活力。由于1、2、3之和、之积均等于6，因此称为'第六产业'。'第六产业'概念的实质，是强调基于产业链延伸和产业范围拓展的产业融合。后来村奈良臣更加强调'第六产业=第一产业×第二产业×第三产业'，意在农村一二三产业的融合发展能够产生乘数效应，形成新的效益和竞争力。"[1] 日本政府积极吸收了"第六产业"发展思想并迅速立法予以支持，2008年出台了支持农工商开展合作的《农工商促进法》。2008年12月，日本政府在政策大纲中首次提及"第六产业"，这就是在内阁会议中日本民主党提出的题为《农山渔村第六产业发展目标》的农林水产大纲。[2]2009年11月，日本农林水产省专门制定了题为《农业六次产业化》的白皮书。[3] 2010年3月，日本内阁会议修订通过了《食品、农业和农村基本计划》，明确提出"要通过发展六次产业增加农民收入，创造新商业模式，还要将六次产业化与环境和低碳经济结合在一起，在农村创造新产业"。同年，日本农林省也陆续出台了《六次产业化地产地消法》和其他相关纲要文件，多项推进"六次产业"发展的政策措施相继提出，包括：建立推进委员会，设立投资基金，实施融资优惠政策，支持中小企业与农业生产者合作，完备农业农村基础设施，支持农业技术创新，支持农民开发新产品、新产业和新市场等。[4] 日本推行六次产业化后效果明显，增强了农业和

---

① 姜长云. 推进农村一二三产业融合发展　新题应有新解法 [J]. 中国发展观察，2015（2）：18-22.
② 佚名. 农村一二三产业融合发展的模式与实例 [J]. 上海农村经济，2015（11）：38-40.
③ 唐明霞，程玉静，顾卫兵，等. 日韩"第六产业"经验对南通现代农业发展的启示 [J]. 江苏农业科学，2016，44（10）：533-539.
④ 同②.

农村经济的活力，提高了农民收入。根据日本政策金融公库的调查数据显示，在日本实施第六产业后，大约70%的第六产业经营主体的收入增加明显。[1]

2. 韩国第六产业发展实践

"韩国对于第六产业的定义是以农村居民为中心，以农村现存的有形、无形资源为基础，将农作物和土特产（第一产业）与制作、加工（第二产业）和流通、销售、文化、体验、观光等服务（第三产业）相结合，创造出新附加价值的活动。"[2]2013年7月，韩国农林食品部出台了《农林食品科学技术育成中长期计划（2013—2022）》，提出"在未来十年间农林食品产业的附加值年平均增长3%，2017年和2022年分别达到67万亿韩元和77万亿韩元"。为了创造新成长动力、强化全球竞争力、提高国民幸福感和稳定粮食供应，韩国农林食品部选择这四个重点研究领域并锁定50项核心技术作为中大型项目立项，进行重点投资。为了保证韩国第六产业发展的资金充足，2008年8月，农林食品部设立了"第六产业相生资金"专项资金，资金规模100亿韩元，其中政府出资规模为70亿韩元，民间出资规模为30亿韩元。济州柑橘是韩国第六产业发展的典型代表。2013年8月，农林食品部围绕主题"将济州柑橘培育为世界级品牌产业"，在5个领域设立38个专项研究课题，研究时间为2013—2017年共5年，政府为此项目共投入课题经费7 000亿韩元。为了进一步探索济州柑橘产业的新经济模式与市场出路，2013年济州道西归浦市举办了首届"西归浦世界柑橘博览会"。西归浦市对柑橘产业发展的目标和规划是：到2020年，西归浦市柑橘产业实现2万亿韩元总收益[3]，将西归浦市建设成为世界上最大的柑橘城市，建立世界上最大的柑橘主题乐园。韩国"第六产业"的发展取得了明显成效。截至2014年年底，韩国政府已经建设运营的农家乐体验式村庄超过1 500家。2014年韩国政府计划通过大力扶持传统食品和农业资源的开发，力求培养年销售额在100亿韩元以上的第六

---

[1]　姜长云. 推进农村一二三产业融合发展　新题应有新解法［J］. 中国发展观察，2015（2）：18-22.

[2]　杨明. 韩国推动第六产业化［EB/OL］.［2019-07-01］. 经济日报. 2014年4月2日第13版. http://paper.ce.cn/jjrb/html/2014-04/02/content_195146.htm.

[3]　同②.

产业化企业 1 000 家，预计每年向女性农民和高龄农民提供工作岗位 5 000 个，将农民农业外收入在总收入中的比例由 2014 年的 4.6% 提高至 7.5%。①

从日本和韩国两国的"第六产业"发展经验来看，"推进农村一二三产业融合发展，有利于更好地延伸农业产业链，让农民更好地参与农产品加工业和流通、旅游等农村服务业，拓展农民的增收空间"②。

（二）我国农村产业融合发展的实践

随着日本"第六产业"理论的引入和国内农业产业化实践的深入，我国学者对农村产业融合发展的内涵从不同角度进行了阐述，使农村产业融合发展的内涵渐趋明朗。农村产业融合是作为第一产业的农业与第二产业和第三产业在产品、市场、服务和技术等方面相互融合而发展出新产业和新模式，创造出农业经营组织形式的另一种价值体形式；农村产业融合亦即能使原本各自独立的产品或服务在同一标准元件束或集合下，重组为一体的整合过程和产业创新过程（姜长云，2015；赵海，2015；苏毅清 等，2016）。

从农村产业融合发展与农业产业化的区别和联系来看，两者具有空间上的并存性和时间上的继起性，农村产业融合发展丰富了农业产业化的内涵，拓展了农业产业化的外延，是农业产业化的高级阶段和"升级版"。我国农民专业合作组织中已有 50% 以上实行产加销一体化经营。农业生产经营主体通过农产品、土地经营权和资金入股加入合作社参与加工业和流通业，实现了"接二连三"。龙头企业也通过"前延后伸"，在产业化经营中让农户、加工企业和经销商等产业链上的经营主体实现了空间集聚并形成利益共同体，是农业产业化的升级版。随着我国农村产业融合发展的推进，各类经营主体逐渐重视农业的多种功能及其内在的有机融合。各类经营主体主动探索如何将原来仅从事单纯的农作物田间生产的农业向农产品加工、流通以及以文化、教育、休闲旅游为代表的服务业等更多领域延伸，实现农业产业链纵向和横向的交织融合，提高农业附加值和农民的收入。

---

① 杨明. 韩国推动第六产业化［EB/OL］.［2019-07-01］. 经济日报. 2014 年 4 月 2 日第 13 版. http://paper.ce.cn/jjrb/html/2014-04/02/content_195146.htm.

② 姜长云. 推进农村一二三产业融合发展 新题应有新解法［J］. 中国发展观察，2015（2）：18-22.

我国台湾地区率先开始"第六产业"的实践。20 世纪 60 年代末 70 年代初，面对国际农产品市场的冲击和快速发展的工商业对农业发展空间的竞争，台湾农业陷入农产品价格低、成本高、农业生态环境恶化和农民收入水平低下等困境。1984 年，在倡导积极发展生产、生活、生态"三生"有机结合的农业、实现台湾农业转型的背景下，台湾提出"精致农业"的农业经营发展的新理念、新思路。精致农业的内涵是指细腻的经营方式、科学的生产技术和高级的产品品质。精致农业的特征体现在三方面：一是围绕一个特色产业，把这个特色产业开发得淋漓尽致，从生产到加工到休闲服务，一体化地开发，充分把其经济效益和社会效益放大。二是经营模式有特色。通过在地加工和在地贩售，让农民能够取得第二产业和第三产业更高的附加价值，而不仅仅是农业生产的价值。三是休闲农业的精致化。主要的措施有发展精致民宿、缩短物流、当季当令，产品研发、人流回流，通过资源整合，唤醒农村的活力，提供安全、安心、健康、新鲜、特色的粮食。台湾地区"六次产业"发展主要体现在台湾精致农业方面，而休闲农业一直是台湾精致农业发展的主轴。台湾休闲农业有三大特点：一是从观光农业向多功能休闲农业方向发展；二是休闲农业成为旅游业的重要组成部分；三是休闲农业和农村建设结合。台湾从依靠农业生产的初级产品销售为主，逐渐转向农业生产、旅游、农产品运输和休闲农业等有机融合的、农业特色鲜明的新经济、新模式，尤其是有些农业旅游景点的开放建设的理念来自文化经营和社区经营，实现了农业多功能跨产业融合，为我国大陆农村产业融合发展提供了宝贵的经验。①

农村产业融合发展的经验和做法还体现在台湾的乡村建设上面。2008 年起台湾推行"农村再生计划"，以农村为中心，培养青年农民回乡创业，回乡青年农民先在相关部门通过 92 学时的培训，培训完以后让农民自发挖掘和调查本地的资源，组织开发跟本地农村的景观、生态契合的产业，实现青年农民在农村再生和农业农村经济的再生。

---

① 姜长云. 推进农村一二三产业融合发展 新题应有新解法［J］. 中国发展观察，2015（2）：18-22.

（三）我国农村产业融合发展的过程

1. 2015 年：中央一号文件中首次提出农村产业融合发展

2015 年中央一号文件中首次提出农村产业融合发展，这是在国家层面首次提出一、二、三产业融合发展这个概念。《中共中央 国务院关于加大改革创新力度 加快农业现代化建设的若干意见》（中发〔2015〕1 号）提出："推进农村一二三产业融合发展。增加农民收入，必须延长农业产业链、提高农业附加值。立足资源优势，以市场需求为导向，大力发展特色种养业、农产品加工业、农村服务业……积极开发农业多种功能，挖掘乡村生态休闲、旅游观光、文化教育价值。……研究制定促进乡村旅游休闲发展的用地、财政、金融等扶持政策，落实税收优惠政策。"这是加快农业发展方式转变的重大创新思维，是鼓励和引导我国农业主动适应经济新常态的重大战略举措，标志着党的"三农"工作理念的又一重大创新。党的十八届五中全会通过的《中共中央关于制定国民经济和社会发展第十三个五年规划的建议》提出："着力构建现代农业产业体系、生产体系、经营体系，提高农业质量效益和竞争力，推动粮经饲统筹、农林牧渔结合、种养加一体、一二三产业融合发展，走出高效、产品安全、资源节约、环境友好的农业现代化道路。"这是中央文件中首次提出以"构建现代农业'三大体系'"为抓手，积极推进农村产业融合发展。《国务院办公厅关于推进农村一二三产业融合发展的指导意见》（国办发〔2015〕93 号）明确了农村产业融合发展的总体要求，围绕培育产业融合主体、创新产业融合方式、构建利益联结机制、健全推进机制和完善产业融合发展的相关服务做出了具体部署。

2. 2016 年：中央一号文件强调农民增收是农村产业融合发展的出发点和重要使命，重视合理稳定的利益联结机制，让农民分享二三产业增值收益

《中共中央 国务院关于落实发展新理念 加快农业现代化实现全面小康目标的若干意见》（中发〔2016〕1 号）提出："构建现代农业产业体系、生产体系、经营体系，实施藏粮于地、藏粮于技战略，推动粮经饲统筹、农林牧渔结合、种养加一体，一二三产业融合发展，让农业成为充满希望的朝阳产业。""推进农村产业融合，促进农民收入持续较快增长""必须充分发挥农

村的独特优势，深度挖掘农业的多种功能，培育壮大农村新产业新业态，推动产业融合发展成为农民增收的重要支撑，让农村成为可以大有作为的广阔天地。""促进农业产加销紧密衔接、农村一二三产业深度融合，推进农业产业链整合和价值链提升，让农民共享产业融合发展的增值收益，培育农民增收新模式。……引领农民参与农村产业融合发展、分享产业链收益。"同时明确农村产业融合发展的资金支持方式，提出："加大专项建设基金对……农村产业融合……等'三农'领域重点项目和工程支持力度。""实施农村产业融合发展试点示范工程，财政支农资金使用要与建立农民分享产业链条利益机制相联系。"同年，各级政府部门围绕农村产业融合发展出台具体的政策措施。2016 年 11 月 14 日，《农业部关于印发全国农产品加工业与农村一二三产业融合发展规划（2016—2020 年）》就农村产业融合发展的目标、主要任务、重点布局、重大工程和保障措施等进行部署。2016 年 11 月 18 日《国务院办公厅关于支持返乡下乡人员创业创新促进农村一二三产业融合发展的意见》（国办发〔2016〕84 号）进一步明确了支持返乡下乡人员创业创新促进农村一二三产业融合发展重点领域和发展方向、政策措施和组织领导等。截止到 2017 年，我国累计已有 740 万返乡下乡的双创人员，农村本地非农自营人员达到 3 140 万人；每年国家针对农村产业融合相关人员开展的培训超过100 万人次。[①]

3. 2017 年：农村产业融合发展试点建设工作进入新阶段，中央一号文件首次提出实施乡村振兴战略，为农村产业融合发展提供新的发展机遇

《中共中央　国务院关于深入推进农业供给侧结构性改革　加快培育农业农村发展新动能的若干意见》（中发〔2017〕1 号）提出："深入实施农村产业融合发展试点示范工程，支持建设一批农村产业融合发展示范园。"党的十九大报告提出："实施乡村振兴战略……促进农村一二三产业融合发展，支持和鼓励农民就业创业，拓宽增收渠道。"农村一二三产业融合发展带动农户增收

---

① 农业农村部新闻办公室. 农村一二三产业融合助力乡村振兴［EB/OL］.（2018-06-15）［2019-05-31］. http://www.moa.gov.cn/xw/zwdt/201806/t20180615_6152210.html.

显著。2017 年农产品加工企业主营业务收入超过 22 万亿元，与农业总产值之比由 2012 年的 1.9∶1 提高到 2017 年的 2.3∶1。我国乡村旅游和休闲农业蓬勃发展，2017 年共接待游客量达到 28 亿人次，营业收入高达 7 400 亿元。农户通过订单生产的形式参与农村产业融合发展的比例达到 45%，平均每位农户年底得到的返还和分配利润 300 多元，经营收入增加了 67%。[①]

4. 2018 年：乡村振兴战略实施元年，政府部门强调完善农村产业融合发展的利益联结机制，确保农民能够更多分享到增值收益，增强农民参与融合的能力

《中共中央 国务院关于实施乡村振兴战略的意见》（中发〔2018〕1 号）强调："农村一二三产业融合发展水平进一步提升……构建农村一二三产业融合发展体系。大力开发农业多种功能，延长产业链、提升价值链、完善利益链，通过保底分红、股份合作、利润返还等多种形式，让农民合理分享全产业链增值收益。"按照中央一号文件的部署，2018 年 6 月 12 日，《农业农村部 财政部关于深入推进农村一二三产业融合发展 开展产业兴村强县示范行动的通知》（农财发〔2018〕18 号）强调了各级政府规划引领和政策带动作用，启动支持建设农业产业强镇和农村产业融合示范样板。中央财政加大项目资金支持，截至 2018 年 6 月已安排一二三产业融合发展试点资金 52 亿元，支持让农民分享二三产业增值收益的经营主体发展一二三产业。2018 年 9 月 26 日，中共中央、国务院印发《乡村振兴战略规划（2018—2022 年）》，围绕农民参与融合能力、创新收益分享模式、健全联农带农有效激励机制，提出具体要求和措施。

5. 2019 年：重视农村产业融合发展的金融支持和利益联结机制构建

2019 年 2 月 11 日，人民银行、银保监会、证监会、财政部、农业农村部联合发布《关于金融服务乡村振兴的指导意见》，强调"加大金融资源向乡村振兴重点领域和薄弱环节的倾斜力度"，明确提出"聚焦产业兴旺，推动农村

---

① 农业农村部新闻办公室. 农村一二三产业融合助力乡村振兴 [EB/OL]. (2018-06-15) [2019-05-31]. http://www.moa.gov.cn/xw/zwdt/201806/t20180615_6152210.html.

一二三产业融合发展"。《中共中央 国务院关于坚持农业农村优先发展 做好"三农"工作的若干意见》（中发〔2019〕1号）强调"培育农业产业化龙头企业和联合体，推进现代农业产业园、农村产业融合发展示范园、农业产业强镇建设。健全农村一二三产业融合发展利益联结机制，让农民更多分享产业增值收益"。

（四）农村产业融合发展的经营模式

从国内外实践来看，农村产业融合发展有多种经营模式。既可以是"1+2+3"模式，即通过订单、合同、协议等方式开展农工商联合，实现农工商一体化经营；又可以是"1×2×3"模式，即农业生产主体同时从事农产品生产、加工和销售，换句话说就是同一个经营主体同时从事第一产业、第二产业和第三产业；也可以是"1+3"模式，即农商之间通过订单、合同、协议等方式开展联合；还可以是"1×3"模式即农民对接消费者直接销售，或者是农民利用土地（林业）承包经营权或者依托农村集体旅游资源，开发经营观光旅游、农家乐等第三产业。无论采用何种经营模式，农村产业融合发展都聚焦在三个方面：第一是以农业农村为基础，都始终有第一产业即生产环节，而且与传统农业相比，农业生产者在产业融合发展的链条中占据更加有利的地位；第二是始终采用更加有效的产业组织方式，让资金、人才、管理和技术等生产要素相互交叉、充分渗透；第三是要构建起更加紧密的利益联结机制，利益分配更加合理，有效带动农民增收。农村产业融合发展最主要、最基本的纵向融合的四种模式如下。

第一，"1+1"模式，即一次产业内部农林牧渔融合发展模式。该模式主要依托区域农业资源禀赋优势，引导农民适应市场需求，合理调整农业产业结构，提高比较收益，形成以"种植业+畜牧业""畜牧业+林业""种植业+养殖业"等多种种养循环的经济发展模式。如大庆、齐齐哈尔、绥化等市依托玉米种植优势，积极发展奶牛、肉牛畜牧业，同时也带动了青贮饲料和苜蓿种植的发展，形成了特色种植和特色养殖相互融合、相互促进的发展模式；佳木斯市桦川县星火乡、哈尔滨市五常王家屯、农垦等地积极探索鸭稻、蟹稻、鹅、玉米等立体式复合型农业，形成了新型种养经济循环发展模式；伊

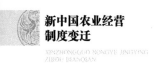

春市依托森林资源优势,养殖全程可追溯寒地森林猪,形成了"林下经济+养殖业"的发展模式。这些有益探索,既优化了农业产业结构,转变了农业发展方式,又在经济效益、社会效益方面产生了一加一大于二的聚合效应。

第二,"1+2"模式,主要指第一产业与第二产业融合发展模式。通过政府引导,使拥有资金、技术、管理优势的龙头企业与拥有种植生产优势的各类新型农业经营主体深度融合,发展适度规模经营,建设原材料基地,形成"龙头企业+新型农业经营主体+基地"的发展模式,这样既破解了企业优质原料来源难的困境,又拓宽了农民增收渠道,实现一举多得。例如,庆安县六合联衡公司与专业大户开展合作,流转土地 5 000 亩(1 亩≈666.67 平方米),专门种植绥杂 7 号矮高粱,为贵州茅台酒生产提供原料,经济效益大幅提高。牡丹江市东宁县引进雨润集团,建成全国最大的黑木耳批发大市场,辐射周边 50 个县(市)形成产业区域联盟,近 50 万农民从中获益。另一种形式是龙头企业依托自有品牌优势和市场营销渠道,与新型农业经营主体开展订单式合作,通过品牌的力量逆向拉动农产品加工业和种植业发展。五常市王家屯现代农业农机专业合作社与金泰福公司合作,按照欧盟标准种植有机水稻,并以每斤 8.34 元的价格出售给公司,农民每斤稻米纯挣 5 元钱。①重庆二圣茶业公司领办了巴茶之乡茶叶合作社,合作社按照公司的相关要求开展生产,产品以不低于市场价的价格提供给公司,合作社再按章程组织农户生产并分配利润,也就形成了"龙头企业+合作社+农户"的组织模式。②

第三,"1+3"模式,即第一产业与第三产业的融合发展模式。主要有两种形式:第一种是借助美丽乡村建设进一步拓展农业和农村的生态、旅游、文化和教育等功能,建设富有人文历史、民族特色和地域特点的旅游村镇。牡丹江市充分利用当地资源,全市因地制宜共建设了满族风情村、海林哈达果蔬庄园等 300 多个农业旅游景点,农业旅游一年的收入达到 8.4 亿元,有效促进了农民增收,实现了农业增效。第二种是实施"互联网+农产品营销"

① 张丽娜. 以农村一二三产业融合,助推农业改革发展 [J]. 奋斗,2015(12):21-22.
② 赵海. 论农村一、二、三产业融合发展 [J]. 中国乡村发现,2015(14):107-114.

战略，依托已有的农业生产条件，充分开发和引入 B2C、C2C、O2O 等新业态和新商业模式，借助农产品电子商务实现农产品由"种得好"向"既要种得好又要卖得好"转变。齐齐哈尔青年电商协会投资 500 万元，搭建了齐齐哈尔绿色食品交易网，整合 400 多家专业合作社资源与电商企业建立了合作关系，实现互利共赢。①

　　第四，"1+2+3"模式，即一二三产业融合模式，是各类农业产业组织通过延伸产业链条、完善利益机制，打破农产品生产、加工、销售相互割裂的状态，形成各环节融会贯通、各主体和谐共生的良好产业生态。从融合主体来源看，既可以是以小农户、专业大户、家庭农场和农民合作社为基础的内源性融合发展，又可以是以农产品加工或流通企业为基础的外源性融合发展。从融合路径划分来看，既可以通过家庭农场、农民合作社加工和销售，或农业企业自建基地一体化经营，在产业组织内部实现融合，又可以通过龙头企业与农户、合作社签订产品收购协议或用工合同，在产业组织间实现融合。例如，南京市江宁区郡坊村农户主导一二三产业融合发展。郡坊村位于南京市近郊，其所在的汤山街道也是江浙沪地区比较有名的旅游目的地。郡坊村依托这一得天独厚的优势，动员本村村民发展农家乐，开发农业的多功能性，重点打造了豆腐坊、粉丝坊、酱坊、茶坊、糕坊、面坊、油坊、炒米坊等具有地方特色的"七坊""农家乐"主题，依托当地自产的农作物，让老手艺人现场制作，向游客展示农副食品传统工艺流程并现场售卖，游客也可以参与其中，体验劳动的乐趣。据村干部介绍，郡坊村在节假日经常爆满，生产的产品供不应求，当地农民也得到了实惠。该模式的成功经验主要在于依托当地农户开发当地资源，既延伸了产业链条，又开发了农业的多功能，让产业增值收益完全留在了农村、留给了农民，是产业融合的一种典型案例。当然，这种模式也有其不足，主要表现为其受农村区位优势和资源禀赋的限制，且完全依靠农民的积累比较有限而且积累速度较慢，发展这种模式往往会受到资金、技术等方面的制约。

---

① 赵海. 论农村一、二、三产业融合发展［J］. 中国乡村发现，2015（14）：107-114.

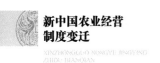
## 二、农业产业化联合体的探索

农业产业化联合体是在坚持和完善家庭承包经营责任制的基础上，以龙头企业、农民合作社和家庭农场等新型农业经营主体为主，"以分工协作为前提，以规模经营为依托，以利益联结为纽带的一体化农业经营组织联盟"[1]。之所以党中央和各级政府将农业产业化联合体视为推动农村产业融合的主体之一，是由于二者在驱动力、产业依托、联结要求、合作基础等方面高度契合。在新型农业经营主体已有的基础上，构建"龙头企业+合作社+家庭农场"农业产业化联合体这一新的经营形式是对我国当前农业经营制度的重要的创新性组织探索。

（一）农业产业化联合体产生的背景

早在 2003 年，有学者就认为在现实中，农业产业化经营的组织形式基本上是"公司（龙头企业）+基地或公司+农户"或"公司+基地+农户"，是联合起来的经营机构。郑定荣（2003）认为必须提出一个新的概念，那就是"农业产业化联合体"，"联合体"才是一种"机构"，"农业产业化联合体"机构的设置就是现阶段农村经营体制的创新。党中央已经把农业的产业化经营作为农村经营体制的创新加以肯定，"农业产业化联合体"的新概念就应该提出来并加以应用，这必须由政府的有关部门与学术界共同研究确定。

自 2006 年以来，我国农业产业化组织发展迅猛。根据农业部和国家工商总局数据，截至 2016 年年底我国共有 41.7 万个农业产业化经营组织（含龙头企业 13 万家），合作社有 179.4 万家，家庭农场有 87.7 万家。[2] 在尊重市场经济规律的前提下，依托现有的各类农业产业化经营组织和新型农业生产经营主体，将他们联合起来形成农业产业化联合体，达到提高劳动生产率、稳定粮食价格的农业发展目标。党的十九大报告提出"乡村振兴战略"，农业

① 中华人民共和国农业农村部. 关于促进农业产业化联合体发展的指导意见 [EB/OL]. (2017-10-25) [2019-06-03]. http://www.moa.gov.cn/govpublic/NCJJTZ/201710/t20171025_585004 0.htm.
② 特色小镇研究院. 国家农业"开仓放粮"2018 年上半年千万级农业项目申报指南 [EB/OL]. (2018-01-08) [2019-06-30]. http://m.sohu.com/a/215455375_825181.

产业化联合体正是落实这一战略的重要载体。农业产业化联合体就是通过完整的产业链把农户、合作社和加工企业联系起来，在规模种植、养殖的基础上，加强农产品深加工，提高农产品附加值。农业产业化联合体的培育和发展，能够有助于拉长农业产业链，推进农村一二三产业融合，把农业做强做大，培养农民真正成为专业化的新型农业经营主体，从而拓宽增收致富的渠道。作为农村产业融合的有效模式，农业产业化联合体逐渐发展成为创新农业经营体制机制、加快转变农业生产方式的一项新的经营组织形式。

农村产业融合发展是覆盖第一产业、第二产业、第三产业的新兴业态，既包括以农业科技为依托的现代农业产业的纵向融合，又包括依托农业多功能性的横向拓展。随着农业经营主体日益具备跨产业运营实力，农业的纵向延伸和横向拓展逐渐催生出新产业模式。这类新产业模式把分属不同产业的、不同功能定位的主体通过各种联结方式结成一个跨产业经营的联盟，使得农业经营组织形式不断调整和完善。安徽省宿州市在发展现代农业产业化联合体的实践中，通过建立紧密的利益联结机制，初步形成了农业龙头企业、合作社、家庭农场各类经营主体联合开展一体化经营的格局。这正是农业产业化联合体与"公司+农户""合作社+农户"等模式的主要区别。

（二）农业产业化联合体发展实践

安徽省宿州市是全国重要的粮食、蔬菜、水果、肉蛋等农产品供应基地。2010年8月宿州市被农业部批准为全国首批国家现代农业示范区；2011年11月被农业部批准为全国首批农村改革试验区，承担"创新现代农业经营组织体系"的试验项目。2011年，淮河种业有限公司组织合作社和家庭农场开展规模化繁育良种，引入农机合作社提供生产服务，由此产生了联合体的雏形。2012年7月，全国首个农业产业化联合体——淮河粮食产业化联合体正式创立。2012年9月，宿州市政府在总结淮河种业经验的基础上，选择16个产业联合体开展试点，联合体由萌芽转入探索期。2013年10月14日，《农民日报》在头版位置发表了题为《现代农业建设的探路前锋——安徽省宿州市创新两区建设纪实》的文章，专题报道了宿州市现代农业产业化联合体模式。截至2016年9月，宿州市联合体发展195个，涉及195家农业龙头企业、695

个农民合作社、1 271 个家庭农场，经营土地面积 72.3 万亩，覆盖各类农业主导产业，年产值 200 亿元以上。① 安徽省其他市（县）以及宁夏、河北、内蒙古等省（区）纷纷考察学习宿州市农业产业化联合体并在本地进行尝试，涌现了银川市优质水稻产业联合体、蒙羊牧业"羊联体"合作模式等各地的创新实践。

2015 年安徽省人民政府办公厅出台《关于培育现代农业产业化联合体的指导意见》（皖政办〔2015〕44 号），农业产业化联合体进入发展期。2016年 11 月，中央农村工作领导小组调研组专程赴宿州市调研现代农业产业化联合体建设情况，提交的题为《创新现代农业经营体系的生动实践——安徽现代农业产业化联合体调研》的调研报告于 2017 年 1 月 17 日在《农民日报》头版刊发。该调研报告充分肯定了宿州市农业产业化联合体对农业经营组织体系的创新模式探索，标志着农业产业化联合体进入中央战略层面的考察范畴。

作为农业产业化联合体的发源地，在政府和市场的双重推动下，安徽省农业产业化联合体得到全面推广，发展迅速。截止到 2018 年 2 月，安徽省有各类农业产业化联合体近 1 500 家，加入联合体的新型农业经营主体有 1 673家龙头企业、3 043 家合作社、17 853 个家庭农场及专业大户，共带动 288.8万户的农户。② 安徽省加入联合体的农民人均纯收入比非联合体农户收入高15%，联合体发展成效初步显现③。

（三）农业产业化联合体的发展过程

1. 2017 年：中央文件中首次提出农业产业化联合体，随后受到政府部门高度重视

2017 年 3 月 3 日，农业部印发的《农村经营管理工作要点》（农办经

---

① 芦千文. 现代农业产业化联合体：组织创新逻辑与融合机制设计 ［J］. 当代经济管理，2017（7）：38-44.
② 产业化联合体激发现代农业发展活力 ［EB/OL］. （2018-02-25）［2019-06-02］. http://www.farmer.com.cn/wszb2018/fz2018/xwjb/ 201802/t20180225_1358788.htm.
③ 逾 1 500 万新型职业农民活跃在田间地头———听他们说说种地的事儿（讲述·特别报道）［EB/OL］. （2019-01-03）［2019-06-02］. http://paper.people.com.cn/rmrb/html/2019-01/03/nw.D110000renmrb_20190103_1-06.htm.

〔2017〕1号），明确提出："培育农业产业化联合体。坚持平等自愿、互利共赢，以龙头企业为核心、农民合作社为纽带、农户和家庭农场为基础，鼓励双方、多方或全体协商达成契约约定，打造更加紧密、更加稳定的新型组织联盟；认真总结地方实践探索，明确农业产业化联合体基本特征和发展方向，研究制定促进农业产业化联合体发展的指导意见；组织开展观摩交流和专题培训，编印典型案例，引导各地因地制宜培育和发展农业产业化联合体；鼓励和支持具备条件的地区认定一批示范农业产业化联合体。"5月31日，中共中央、国务院印发的《加快构建政策体系 培育新型农业经营主体的意见》（中办发〔2017〕38号）提出："促进各类新型农业经营主体融合发展，培育和发展农业产业化联合体，鼓励建立产业协会和产业联盟。"10月13日，农业部、国家发展改革委、财政部、国土资源部、人民银行、税务总局六个部门联合印发《关于促进农业产业化联合体发展的指导意见》（农经发〔2017〕9号），标志着农业产业化联合体进入成熟期，并且开始向全国推广。[1] 2018年年底，甘肃、海南、福建等10个省份陆续出台了促进联合体发展的实施意见，明确提出农业产业化联合体的目标任务、工作重点、配套政策等内容。农业产业化联合体正逐渐成为实现乡村产业振兴的一支新兴力量。

2. 2018年：中央一号文件中首次出现农业产业化联合体，促进联合体发展的政策措施更加具体

《中共中央 国务院关于实施乡村振兴战略的意见》（中发〔2018〕1号）首次提出培育发展农业产业化联合体。2月8日，农业部印发的《2018年农村经营管理工作要点》（农办经〔2018〕1号）强调："推动落实农业部、发展改革委、财政部等六部门《关于促进农业产业化联合体发展的指导意见》（农经发〔2017〕9号）。……选在部分省份开展支持农业产业化联合体试点，探索政策扶持方式，培育一批组织联系紧密、产业深度融合、带动作用突出的联合体。……研究联合体示范标准，开展联合体发展成效评价。鼓励具备

---

[1] 中华人民共和国农业农村部. 关于促进农业产业化联合体发展的指导意见〔EB/OL〕.（2017-10-25）〔2019-06-03〕. http://www.moa.gov.cn/govpublic/NCJJTZ/201710/t20171025_5850040.htm.

条件的省份组织认定示范农业产业化联合体，建立发布示范联合体名录。"
3月1日，农业部办公厅、国家农业综合开发办公室、中国农业银行办公室联合印发了《关于开展农业产业化联合体支持政策创新试点工作的通知》（农办经〔2018〕3号），确定了从2018年开始在河北、内蒙古、安徽、河南、海南、宁夏、新疆等农业产业化联合体发展基础条件较好的7个省（区）率先开展试点，2019—2022年将进一步扩大试点省份范围，并明确了财政资金、金融资金等合力支持农业产业化联合体的政策措施。5月9日，农业农村部和中国邮政储蓄银行联合印发的《关于加强农业产业化领域金融合作 助推实施乡村振兴战略的意见》（农经发〔2018〕3号）明确联合加大对农业产业化金融支持的总体思路、任务目标、工作重点和分工等重点支持。6月12日，农业农村部和财政部联合印发的《关于深入推进农村一二三产业融合发展 开展产业兴村强县示范行动的通知》（农财发〔2018〕18号）明确提出"打造一批以龙头企业为引领、以合作社为纽带、以家庭农场为基础的农业产业化联合体"，联合体是推动农村产业融合的重要载体，是新型农业产业链的主体，在农村产业融合发展和乡村振兴战略实施中具有重要地位。

3. 2019年：中央文件强调支持农业产业化联合体发展

2019年2月11日，人民银行、银保监会、证监会、财政部、农业农村部联合发布的《关于金融服务乡村振兴的指导意见》中强调"加大金融资源向乡村振兴重点领域和薄弱环节的倾斜力度"，明确提出"支持农业产业化龙头企业及联合体发展，延伸农业产业链，提高农产品附加值"。《中共中央 国务院关于坚持农业农村优先发展 做好"三农"工作的若干意见》（中发〔2019〕1号）提出："培育农业产业化龙头企业和联合体，推进现代农业产业园、农村产业融合发展示范园、农业产业强镇建设。"

（四）安徽省双福粮油公司产业化联合体经营案例

农业产业化联合体在坚持家庭承包经营责任制的基础上，立足"龙头企业+合作社+农户/专业大户/家庭农场"联合框架，通过构建各种利益联结途径，将经营主体间松散的利益联结逐渐夯实紧密，形成了较为完整的产业链条和产业化经营组织体系，发挥了"1+1+1>3"的生产经营优势，是农业产业化经营的升级。农业产业化联合体的各类经营主体共同起草章程和联合体建设方案,明确各经营主体的职责分工;定期召开联合体成员大会或理事会,共同讨论市场形势、协商生产计划和制定统一生产标准;成员共同投资生产设备或设施;龙头企业与生产者按比例分配可分配盈余,共建风险基金,共同抵御生产风险,农户家庭经营地位得到重视,确保农户的发言权和利益得到保障。

1. 安徽省双福粮油公司产业化联合体经营的案例背景

安徽省双福粮油工贸集团有限公司(简称"双福粮油公司")成立于2003年11月,是一家民营农产品加工企业,专门生产小麦粉、挂面和压榨菜油,注册资本3 368万元,是安徽省农业产业化龙头企业、安徽省粮食产业化龙头企业和安徽省百强重点粮油企业。2012年,双福集团以企业自身为依托,联合万山粮油种植合作社、盛桥双福粮油合作社等专业合作社,徐太银等13个家庭农场以及费荣华等17个种粮大户,建立了以双福集团为核心,专业合作社为纽带,家庭农场及专业大户为基础的双福粮油公司产业化联合体,形成了密切联系、相互融合的紧密型现代农业经营组织。

2. 安徽省双福粮油公司产业化联合体的经营模式

安徽省双福粮油公司产业化联合体经过一段时间的探索,整体架构已经形成,联合体各经营主体之间定位准确、分工明确,实现利益共享、协同发展,做到了在不同的环节上各负其责,共同做大优质粮油产业这块蛋糕,从而实现多赢。龙头企业发挥双福粮油公司的采购、加工、产品销售和融资方面的优势,统筹联合体发展全面工作。对专业合作社、家庭农场及专业大户的管理,限于"只管人不管事,只管收不管种",企业不直接参与具体生产环节。家庭农场及专业大户对龙头企业负责,接受专业合作社专业技术和经营管理指导,在流转经营的农田范围内,抓好粮油标准化生产技术落实和开展日常农事管理,并以农产品品质和产量作为工作绩效衡量标准。专业合作社发挥纽带作用,负责双福粮油公司与家庭农场及专业大户之间的沟通,负责组织统一农资供应,在机械化育插秧、植保统防统治、机耕、机收等重点生产环节上开展统一服务,实行自负盈亏。

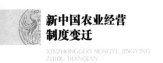
3. 安徽省双福粮油公司产业化联合体经营发展的实效

一是提高了企业产品质量。双福粮油公司产业化联合体实行标准化生产，在品种选择上保持统一，播种期基本一致，确保了小麦、油菜籽具备较强的一致性，为企业加工产品质量的提升奠定了基础。例如，小麦品种一致性可保证生产出的面粉面筋含量的稳定，从而使面粉面条的质量得以保证。

二是有利于质量安全和企业品牌创建。通过产业联合，企业的生产基地得到了发展和固定，更为重要的是随着基地的固定，标准化生产的深入推进，配方施肥、病虫害绿色防控等关键环节实现统一管理，减少化肥、农药使用量，可以有效保证小麦、油菜籽质量安全，为加工产品的质量安全提供保障。同时，由于推行标准化生产，公司收购的原料质量大大提高，加工生产出的面粉、菜油等质量同样有了很大的提升。联合体创立以来，已先后有 14 个产品获得了无公害、绿色食品认证，"圣运"牌小麦粉和挂面从安徽省名牌农产品发展成为中国驰名商标。

三是增加了农户收益。通过联合，企业在生产季节前通过专业合作社间接或直接与农户签订生产协议。由于基地内实行统一品种、统一管理，粮油原料品质比较一致，公司在收购时一般较普通市场加价 5% 左右，或每 50 千克加价 5~10 元。仅这项，基地农户每亩小麦一般可以增收 50~100 元；油菜籽一般每亩可以增收 45 元左右。按照现在双福粮油公司年订单面积计算，每年可促进基地农户整体增收 900 万~1 500 万元，促进户均增收 6 000~10 000 元。[①]

四是大幅度降低了农业生产成本。调研显示，庐江县 2013 年粳稻平均每亩生产成本为 812.94 元，联合体中徐太银家庭农场的粳稻平均每亩生产成本为 529 元，联合体经营的农业生产成本大幅下降。[②]

---

① 孙正东. 现代农业产业化联合体运营效益分析——一个经验框架与实证 [J]. 华东经济管理，2015（5）：108-112.

② 同①.

# 第六章
# 农民专业合作组织经营的发展与变迁

　　如果说龙头企业能不能有效带动农户增收的症结在于企业与农户之间的紧密型利益联结机制是否建立起来及其利益关系的维护是否困难，那么，由农户自己组织起来替代龙头企业，"龙头企业+农户"中的利益矛盾是否可以化解？20世纪60年代末，为了顺利地进入市场，分散的小农户开始更加自觉地、主动地联合起来，各类新型农民专业合作组织迅速在全国各地涌现出来。农民专业合作组织是"在农村家庭承包经营基础上，农产品的生产经营者或者农业生产经营服务的提供者、利用者，自愿联合、民主管理的互助性经济组织"①。农民专业合作组织有效地提升了农民的组织化程度，弥补了小农户分散经营的缺陷，进一步探索"小农户"和"大市场"的有效对接，是对家庭承包经营责任制的完善和发展，有利于促进农民增收。

---

① 根据《中华人民共和国农民专业合作社法》（2006年10月31日第十届全国人民代表大会常务委员会第二十四次会议通过，2017年12月27日第十二届全国人民代表大会常务委员会第三十一次会议修订）见中国人大网. 中华人民共和国农民专业合作社法 [EB/OL]. （2017-12-27）[2019-06-10]. http://www.npc.g ov.cn/npc/xinwen/2017-12/27/content_2035707.htm.

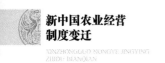
# 第一节　农民专业合作组织的产生

## 一、合作组织带动农户经营的背景

在龙头企业带动型产业化经营的过程中，单个农户与龙头企业之间直接联结就形成了纵向协作的联结模式。龙头企业虽然具有较强的领军能力和较广的辐射带动能力，但其作用往往更具有外源性和表面化的特点，交易成本较高。分散的农户缺乏与龙头企业谈判的能力，农户利益容易受到龙头企业的侵害。如果要更好地发挥龙头企业产业化经营的"带动"功能，必须强化交易的公平性，要么弱化上层组织对下层组织的超强谈判能力，要么强化下层组织，提高农户的组织化程度和作为市场主体的交易力量。我国龙头企业带动型产业化经营实践表明，我国农户的组织化程度很低，在市场交易行为中势单力薄。从国外发展模式来看，企业与农户之间存在着作为中介的强有力的合作经济组织，这样既可以避免农户因为分散经营势单力薄，在与企业的谈判中处于绝对的弱势地位，又可以加强对农户的约束，防止投机行为和道德风险，增加龙头企业和农户的契约履约率。农户分散经营，资金和技术力量弱小，导致其无法选择利益联结方式，只能被动接受龙头企业设计安排的利益联结机制。实践中龙头企业和农户的利益联结松散，契约违约问题严重。农民专业合作组织在一定程度上弥补了龙头企业与农户利益联结松散、利益分配不合理等问题。农民专业合作组织同农户之间的亲和力较强，对农户的组织动员和带动作用比龙头企业更直接。基于业缘、地缘甚至亲缘联系和更紧密、长期的"相互作用"，农民专业合作组织在与农户或社区的关系上，往往更容易表现出较强的社会责任意识。

农民专业合作组织的主要作用是组织农民，降低交易成本。与分散的小规模生产相比较，农户之间采用灵活的合作形式，可以发挥分工协作优势，优化生产要素配置，提高对自然风险和市场风险的抗御能力，提高竞争能力。

农民专业合作组织把一家一户分散的小生产及其市场需求联合起来，形成大生产和大需求，产生一定的规模效益。在购入生产资料时，合作组织集中批量购买，争取优惠价格，降低生产成本，保障购买品质。在组织社员提供的农产品进入市场时，农民专业合作组织按照较为统一的质量、比较稳定的批量供应市场，节约交易成本。尤其是单家独户生产的优质产品，通过合作社统一销售，可以降低优质产品的市场搜寻成本，提高优质农产品的谈判能力。因此，农民专业合作组织能够多方面降低农户的交易成本，抑或通过扩大经营规模提高机械设备的利用率，寻求规模经济，从而提高农户在市场竞争中的谈判地位，增加农户收益。

## 二、农民专业合作组织的主要类型

（一）农民专业合作社

根据《中华人民共和国农民专业合作社法》的定义，"农民专业合作社是指在家庭承包经营基础上，农产品的生产经营者或者农业生产经营服务的提供者、利用者，自愿联合、民主管理的互助性经济组织。农民专业合作社以其成员为主要服务对象，开展以下一种或者多种业务：农业生产资料的购买、使用，农产品的生产、销售、加工、运输、贮藏及其他相关服务，农村民间工艺及制品、休闲农业和乡村旅游资源的开发经营等，与农业生产经营有关的技术、信息、设施建设运营等服务"①。20 世纪 90 年代，我国农民专业合作社逐渐兴起。1994 年，山西省学习日本农协，在定襄、岐县、万荣、临汾4 个县开展合作社试验。同年，山东省莱阳市进行合作社尝试，1995 年年底办起合作社 210 个，入社农户达到 9 万户；1996 年年底发展到 390 个，社员16.5 万户，占莱阳市农户总数的 75%；2014 年 12 月末，农民专业合作社总

---

① 中华人民共和国农民专业合作社法［EB/OL］. （2017-12-27）［2019-06-10］. http://www.npc.gov.cn/npc/xinwen/2017-12/27/content_2035707.htm.

数已高达 128.88 万户[①]，比 2010 年增加了 3 倍多，比 2013 年年底增长 31.18%，出资总额也达到 2.73 万亿元，比 2013 年年底增长 44.15%；农民收入增速也在 2010—2014 年连续 5 年超过了城镇居民。[②]

农民专业合作社的特点主要有：①尊重农户的土地承包关系及其自主经营的权利，在自愿的原则下，农户根据自家生产经营活动的需要而决定是否参加各种类型的合作社。②具有明显的专业特征。农民专业合作社以专业化生产为基础，在商品率相对较高的农业生产领域组织起来的合作社数量较大，如种植业中的蔬菜、水果，养殖业中的家禽、水产，以某一类农产品生产者组织起来形成的生猪合作社、蔬菜合作社、水果合作社、禽业合作社等。③以服务为宗旨，有针对性地为农户提供产前、产中、产后所需要的各项服务，帮助农户解决分散经营"做不了、做不好、做起来成本高"的难题。④在组织管理上遵循民主管理原则，合作社由农户自愿联合，坚持入社自愿、退社自由。⑤经营方式独立自主，灵活多样。⑥实行盈余返还，与农户风险共担、利益共享，让农户真正得到实惠。农民专业合作社具有的这些特点，受到广大农户欢迎。

以成都市龙泉驿区十陵禽业合作社为例。2003 年 5 月，十陵镇养殖大户陈大友等人发起成立十陵禽业合作社，当时有 50 户成员加入。2008 年 7 月，按照《农民专业合作社登记管理条例》，合作社依法在龙泉驿区工商部门重新登记注册。合作社现有成员 487 户，经营管理人员 39 人，专业技术人员 9 人，拥有 20 辆运输车组成的车队 1 个，固定资产 183 万元，资本和盈余公积金 276 万元，示范养殖基地 57 个，存栏蛋鸡 143 万只，年产蛋量 2 300 万千克，年销售无公害及绿色鸡蛋 550 万千克以上，年总产值突破 2.2 亿元，把小鸡蛋做成了大产业。合作社坚持"六个统一"，即统一生产饲料、统一鸡苗、统一防疫、统一生产技术规程、统一商标、统一销售。合作社实行"三次分

---

① 2014 年度全国农民专业合作社总数达 128.88 万户 [EB/OL]. (2015-01-26) [2019-06-14]. http://www.ccfc.zju.edu.cn/Scn/NewsDetail? newsId=19633&cata logId=338.

② 温涛，王小华，杨丹，等. 新形势下农户参与合作经济组织的行为特征、利益机制及决策效果 [J]. 管理世界，2015 (7)：82-97.

利"：一是成本节约，统一鸡苗和防疫让每只鸡苗降低成本 0.5 元，统一饲料让每只鸡降低饲养成本 1.8 元；二是销售环节优质优价，以高于市场价 0.5～0.9 元/千克的价格收购特优产品，以致合作社产品每年的特优率稳定在 15% 以上，仅此一项就能实现社员每年户均增收达到 5 000 元以上；三是年底分配分红增收，十陵合作社的收入主要来源于经营收入和管理费，年底扣除当年的经营成本后，合作社提取 45% 的盈余用作风险和科技发展基金，25% 的盈余用作年度提供的产量最大和提供的优质产品最多的社员的奖励基金，30% 的盈余用作所有社员的年终分红。2010 年，十陵禽业合作社社员实现户均分红 2 160 元，获得产量或优质的贡献奖励金的社员最高可得到 1.8 万元。合作社通过三次分利，有效实现了农民在产、供、销和分配各环节的增收，年户均增收 1.8 万元以上，带动了十陵镇及周边地区 90% 以上的规模养殖户，有效解决了 1 300 多个农村劳动力就业问题。合作社进入成都、重庆、云南、贵州、西藏等省（市、区）鸡蛋市场，其中成都超市的市场占有率超过 2/3。十陵禽业合作社先后荣获"全国农民专业合作社示范社""国家级无公害禽蛋标准化基地""农业部示范项目单位"等称号。

（二）农民专业协会

农民专业协会是指由农民自愿自发组织起来的以发展商品经济为目的，在农户家庭承包经营的基础上，实行资金、技术、生产、供销等互助和多项合作的经济组织。农民专业协会是我国农民自创的一种新型农民专业合作组织。农民专业协会突出从技术服务入手，在小农户和大市场之间架起了桥梁，并逐步向产前、产后服务延伸。市场经济条件下，农民专业协会通过"公司+协会+农户"、订单农业等形式以及开展产、供、销、种（养）、贮、加系列化生产服务满足农民不同层次、不同方面的服务需求，形成产供销一条龙、贸工农一体化的产业化经营格局。

农民专业协会最早可以追溯到 20 世纪 70 年代末，当时安徽省天长县成立了中国第一个农民科学种田技术协会。20 世纪 80 年代初期，全国已开始普遍推行家庭联产承包责任制，农民生产积极性逐渐提高，全国多地对农业技术服务都存在较高的潜在需求，同时政府和各界人士也在不断鼓励、推动农业技术的推广。1980 年，四川省郫县（现为"郫都区"）成立了养蜂协会。这些协会的初衷是以技术辅导和交流来为农民提供专业技术服务。1982 年，中央召开科学技术大会，鼓励农业技术推广单位开展技术承包，实行有偿服务，兴办经营实体，从而推动了农业科技人员深入农村，发起和组建了一批农民专业技术协会。[①] 随着协会的不断发展壮大，农民专业协会的外延更加广泛，往往包含农民技术协会和农民服务协会等组织形式。20 世纪 90 年代，农民专业协会在各地快速兴起。截止到 2001 年，河北省邯郸市共建起市、县、乡、村四级农协组织 5 615 个，建起涉及林果、棉花、獭兔、蔬菜、养牛、养鸡、辣椒、药材、食用菌、养蚕等 20 多项内容的专业服务协会 605 个，发展团体会员 1.2 万个，农户会员 83.9 万户，占全市农户总数的 51%。[②] 山西在生产专业户和社区服务组织的基础上组织起了农民专业协会。1995 年年底，山西县、乡、村三级各类专业协会已达 850 个，会员达 34.18 万人。[③] 2002 年全国农民专业协会约有 92 306 个，会员达到 657.45 万人。其中，河南、山东、四川三省协会个数占全国的 33.69%，协会会员占全国的 43.68%；[④] 种植业、养殖业的协会分别占协会总数的 59.16% 和 31.45%。养殖、瓜菜、林果三个行业共计占协会总数的 58.43%，粮食作物占 25.5%。[⑤]

一般来说，农民专业协会的资产归全体会员共同所有，共同创造的收益也为全体会员共同拥有。税后利润一般要以公共积累的形式提留一部分用于协会的发展和福利的公积金和公益金。剩余利润以分红资金的形式，或按交易量分配给协会全体会员，或按股金红利分配给协会会员和投资者。不同类型的农民专业协会有不同的经营收益安排。①技术交流型农民专业协会最初由专业技术能手或专业大户发起，以生产中的技术合作为主，会员之间关系比较松散、组织管理欠规范，协会几乎无资金合作，也无共同的财产和积累。

① 赵凯. 中国农业经济合作组织发展研究 [D]. 咸阳：西北农林科技大学，2003.
② 赵继新. 中国农民合作经济组织发展研究 [D]. 北京：中国农业大学，2004.
③ 杨欢进，杨洪进. 组织支撑：农业产业化的关键 [J]. 管理世界，1998 (4)：207-210, 213.
④ 中国科学技术协会. 中国科学技术协会统计年鉴 [M]. 北京：中国统计出版社，2003.
⑤ 郝立新. 我国农村专业技术协会现状及发展对策研究 [D]. 大连：大连理工大学，2002.

随着商品经济的发展，协会需要筹集共同的经费引进技术、购买种苗、推销产品等，因此会员间产生资金合作，但往往局限于某一笔生意或项目，结束即按盈亏分摊，不存在较大规模的共同积累和共同财产。②技术服务型农民专业协会以技术合作为契机，统一购买有关生产资料和技术，提供产前、产后服务。因此，技术服务型农民专业协会要求入会时缴纳一定数量的股金，个人所有、协会统一使用，退会时可抽走股金。在资金盈余分配上大多倾向于将利润尽可能多地分到个人的账户上。但此类专业协会会员间资金合作有限，资金积累也有限。③技术经济实体型农民专业协会通过实体经济开展各项服务活动，收取一定费用。由协会利用自身的积累、会员会费或股金以及协会名义获得贷款等兴办起来的经济实体的产权归全体会员所有。通过吸收部分会员的股金或通过部分会员以自身财产做抵押所取得的贷款建成的经济实体归部分会员所有。①

## 三、农民专业合作组织的发展过程

为了进一步提高农民的组织化程度，推动农业产业化经营的组织形式创新，我国各级政府逐渐明确合作社带动农户经营是推动我国农业产业化经营、构建利益联结机制、提高农民收入的主要方向。我国各级政府和部门出台了一系列政策推动和促进农民专业合作组织的发展。

（一）1983—1994 年：连续四个中央一号文件和一系列中央政策鼓励和扶持农民自主发展合作经济组织

家庭联产承包责任制确立后，我国农产品供给相对缺乏，农民面临的重大问题是如何最大幅度地提高产量。为适应农户生产经营过程中日益旺盛的农业技术服务的需求，我国农村地区陆续出现了农民自己组织起来的专业技术协会。国家对农民合作社的发展采取积极的鼓励政策。中共中央印发的

① 刘一明，傅晨. 农村专业技术协会的组织制度与运行机制［J］. 华南农业大学学报（社会科学版），2005（2）：21-25.

《当前农村经济政策的若干问题》（中发〔1983〕1号）提出："适应商品生产需要，发展多种多样的合作经济"。《中共中央关于一九八四年农村工作的通知》（中发〔1984〕1号）提出："农民还可不受地区限制，自愿参加或组成不同形式、不同规模的各种专业合作经济组织。"《中共中央 国务院关于进一步活跃农村经济的十项政策》（中发〔1985〕1号）提出："按照自愿互利原则和商品经济要求，积极发展和完善农村合作制。……各种合作经济组织都应当拟订简明的章程，合作经济组织是群众自愿组成的，规章制度也要由群众民主制订；认为怎么办好就怎么订，愿意实行多久就实行多久。只要不违背国家的政策、法令，任何人都不得干涉。"《中共中央 国务院关于1986年农村工作的部署》（中发〔1986〕1号）提出："近几年出现了一批农民联合购销组织，其中，有乡、村合作组织兴办的农工商公司或多种经营服务公司，有同行业的专业合作社或协会……各有关部门均应给予热情支持和帮助。"1987年，全国农民专业协会已有7.8万个，协会涉及门类已达140多种。[1] 这一时期的专业协会主要具有三个特征：一是组织形式单一，以技术和生产合作为主，基本上没有介入流通流域，主要帮助解决社区内部农户生产过程中出现的技术问题；二是组织松散，组织成员没有明确的权利和义务，会员流动性大，组织稳定性差；三是以行业协会牵头和农民自发为主，政府极少介入，许多组织处于自生自灭状态。

　　新型农民专业合作社在当时是一个新鲜事物，在发展过程中合法权益得不到有效维护，自身经营不规范的现象时有发生。在这种情况下，《中共中央 国务院关于1991年农业和农村工作的通知》（国发〔1991〕59号）将农业专业技术协会、专业合作社作为农业社会化服务的形式之一，要求"各级政府对农民自办、联办服务组织要积极支持，保护他们的合法权益，同时要加强管理，引导他们健康发展"。自此，各级政府开始对合作经济组织进行管理和引导。《中共中央 国务院关于一九九四年农业和农村工作的意见》（中发〔1994〕4号）提出"扶持民办专业技术协会的健康发展。加强调查研究，总

---

① 林德荣. 中国农民专业合作经济组织的变迁与启示 [J]. 中国集体经济，2009 (13)：8-9.

结交流经验，抓紧制定《农民专业协会示范章程》，引导农民专业协会真正成为'民办、民管、民受益'的新型经济组织"。该文件是官方第一次正式将合作经济组织定义为"民办、民管、民受益"的新型经济组织。此后不久，农业部就和有关部门协作起草了《农民专业协会示范章程》。1994年，农业部和中国科协联合下发了《关于加强对农民专业技术协会指导和扶持工作的通知》，财政部等部门也出台了相关扶持政策，有关部门、部分省市组织的相关试点工作陆续展开。关于农民专业合作社管理和服务的实质性措施开始出台，为促进农民专业合作社的发展提供了条件。但总体来看，由于当时农村商品化程度不高，农户生产的商品率不高，政府的具体支持、服务措施也较少。在这一阶段，合作社的数量很少，活动内容以技术合作和交流为主。合作社由于多属于自发形成，组织的稳定性不强，管理也不规范，成员的流动性较大，权利和义务不够明确，成员间的合作与联合大都局限在社区内部。[①]

（二）1995—2006年：随着我国农业产业化迅速发展，合作社的合作活动内容逐渐拓宽，各项法律法规日益完善

随着经济作物和养殖业产量的增加与商品率的提高，农产品销售难的问题日益凸显，农民的合作需求也日益旺盛。农民专业合作组织的合作内容逐渐从技术服务转向经济实体。与此同时，政府也顺势而为，针对合作社的发展提出了专门的要求和鼓励措施。《中共中央　国务院关于做好1995年农业和农村工作的意见》（中发〔1995〕6号）提出："支持农村多种形式的贸工农一体化经济实体，支持为农业产前、产中、产后服务的互助合作性质的新型经济组织。"1997年财政部文件（财商字〔1997〕156号）规定："专业合作社销售农业产品，应当免征增值税"。《中共中央　国务院关于1998年农业和农村工作的意见》（中发〔1998〕2号）提出："发展多种形式的联合与合作。农民自主建立的各种专业合作社、专业协会以及其他形式的合作与联合组织，多数是以农民的劳动联合和资本联合为主的集体经济，有利于引导农民进入市场，完善农业社会化服务体系，要加大鼓励和大力支持"。据农业部统计，

① 赵国翔. 农民专业合作社发展中存在的问题及对策研究［D］. 长春：东北师范大学，2010：3-6.

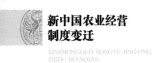
截至 1999 年年底，全国农村的专业合作组织有 140 万个，平均每个组织固定资产只有 4.5 万元，带动全国农户总数的比例不足 3.5%。[①] 这一时期合作经济组织的法律地位不明确。有的是以企业名义在工商部门登记，有的是以社团名义在民政部门登记，这使得合作组织定位处于尴尬境地，从而难以有效地开展工作。

2001 年年底，中国加入 WTO 后，中央重视农民合作组织在提高农民进入市场的组织化程度方面所发挥的重要作用，通过一系列政策确定了农民专业合作组织的发展形式和保障措施，推动合作社立法。2003 年 1 月 8 日，在中央农村工作会议上，时任中共中央总书记的胡锦涛发言强调："要根据需要发展农产品行业协会和农民专业合作组织，建立健全农业社会化服务体系，提高农民进入市场的组织化程度。"《中共中央 国务院关于做好农业和农村工作的意见》（中发〔2003〕3 号）提出："积极发展农产品行业协会和农民专业合作组织，建立健全农业社会化服务体系。农产品行业协会和各种专业合作组织，是联结农户、企业和市场的纽带，对于提高农民的组织化程度，转变政府职能，增强农业竞争力，具有重要作用。……加快制定有关法律法规，引导农民在自愿的基础上，按照民办、民管、民受益的原则，发展各种新型的农民专业合作组织。"《中共中央 国务院关于促进农民增加收入若干政策的意见》（中发〔2004〕1 号）提出："积极推进有关农民专业合作组织的立法工作；中央和地方要安排专门资金支持农民专业合作组织开展信息、技术、培训、质量标准与认证、市场营销等服务；有关金融机构支持农民专业合作组织建设标准化生产基地、兴办仓储设施和加工企业、购置农产品运销设备，财政可适当给予贴息。深化供销社改革，发挥其带动农民进入市场的作用。"特别是 2004 年这份中央一号文件中还明确指出："鼓励发展各类农产品专业合作组织、购销大户和农民经纪人。积极推进有关农民专业合作组织的立法工作。从 2004 年起，中央和地方要安排专门资金，支持农民专业合作组织开展信息、技术、培训、质量标准与认证、市场营销等服务"。《中共中央 国务院

---

① 林德荣. 中国农民专业合作经济组织的变迁与启示 [J]. 中国集体经济, 2009 (13): 8-9.

关于进一步加强农村工作 提高农业综合生产能力若干政策的意见》（中发〔2005〕1号）提出："支持农民专业合作组织发展，对专业合作组织及其所办加工、流通实体适当减免有关税费。集体经济组织要增强实力，搞好服务，同其他专业合作组织一起发挥联结龙头企业和农户的桥梁和纽带作用。"到这一阶段，合作社的牵头人出现了明显的多元化特征。这一时期外部力量干预过多，以至于合作经济组织成为政府或"领办"主体的附庸，违背合作组织"自愿、民主、民受益"的基本原则，不重视农民的主体地位。在市场主体的带动下，合作社的活动地区、范围打破了传统的社区限制，跨乡、跨县经营的专业合作社开始出现。

随着我国农业现代化和农业经济的不断发展，提升合作组织的发展水平、进一步规范合作组织经营管理的需求日趋凸显。《中共中央 国务院关于推进社会主义新农村建设的若干意见》（中发〔2006〕1号）提出："积极引导和支持农民发展各类专业合作经济组织，加快立法进程，加大扶持力度，建立有利于农民合作经济组织发展的信贷、财税和登记等制度。"2006年10月31日，第十届全国人民代表大会常务委员会第二十四次会议表决通过了《中华人民共和国农民专业合作社法》（以下简称《农民专业合作社法》），时任国家主席的胡锦涛签署第十届第57号主席令予以公布。《农民专业合作社法》的颁布，标志着我国农民专业合作组织的发展进入快车道（姜长云，2018）。

《农民专业合作社法》颁布并实施，为农民专业合作经济组织的发展奠定了法律基础。企业和农户对农村经济组织与体制创新的需求，政府的有力引导和扶持以及农民专业合作经济组织法律地位的明确，组织体制和内部治理结构日渐完善和规范，使农民专业合作经济组织开始得到较快的发展，主要体现在模式创新和带动农户的总数大幅度上升。据农业部的统计数据显示，截至2006年年底，全国农民专业合作组织成员数为3 878万户，占全国农户总数的15.6%。其中，拥有注册商标的农民专业合作组织约2.6万个，取得无公害产品、绿色食品、有机食品及无公害生产基地认证的3 200多个。[1]

---

[1]　林德荣. 中国农民专业合作经济组织的变迁与启示 [J]. 中国集体经济，2009（13）：8-9.

（三）2007—2012 年：在《农民专业合作社法》的引导下日益规范和成熟，各级财政加大对合作经济组织的扶持力度

2007 年是《农民专业合作社法》实施元年，国家出台各项政策推动合作社法贯彻落实。同时，为满足农民对合作社的发展要求，党中央、国务院各项政策更加明确，支持力度更大，措施更加切实。《中共中央 国务院关于积极发展现代农业 扎实推进社会主义新农村建设的若干意见》（中发〔2007〕1号）提出："大力发展农民专业合作组织。认真贯彻农民专业合作社法，支持农民专业合作组织加快发展。各地要加快制定推动农民专业合作社发展的实施细则……要采取有利于农民专业合作组织发展的税收和金融政策，增大农民专业合作社建设示范项目资金规模，着力支持农民专业合作组织开展市场营销、信息服务、技术培训、农产品加工储藏和农资采购经营。"

随着国家各类税收优惠政策和金融支持政策不断推出，相关措施更加切实可行。《中共中央 国务院关于切实加强农业基础建设 进一步促进农业发展农民增收的若干意见》（中发〔2008〕1号）提出："鼓励农民专业合作社兴办农产品加工企业或参股龙头企业。""全面贯彻落实农民专业合作社法……各级财政要继续加大对农民专业合作社的扶持，农民专业合作社可以申请承担国家的有关涉农项目。"2008 年 6 月 24 日，财政部、国家税务总局发布的《关于农民专业合作社有关税收政策的通知》（财税〔2008〕81号）规定："对农民专业合作社销售本社成员生产的农业产品，视同农业生产者销售自产农业产品免征增值税。农民专业合作社向本社成员销售的农膜、种子、种苗、化肥、农药、农机，免征增值税。与本社成员签订的农业产品和农业生产资料购销合同，免征印花税。"从税收优惠政策方面加大对农民专业合作社的扶持。

党的十七届三中全会《关于推进农村改革发展若干重大问题的决定》提出："扶持农民专业合作社加快发展，使之成为引领农民参与国内外市场竞争的现代农业经营组织"这一重大任务后，《中共中央 国务院关于 2009 年促进农业稳定发展农民持续增收的若干意见》（中发〔2009〕1号）提出："加快发展农民专业合作社，开展示范社建设行动。加强合作社人员培训，各级财政给予经费支持。将合作社纳入税务登记系统，免收税务登记工本费。尽快制定金融支持合作社、有条件的合作社承担国家涉农项目的具体办法。"随后，国家有关部委纷纷出台政策，扶持合作社发展。2009 年 2 月 16 日，中国银行业监督管理委员会[①]和农业部联合下发了《关于做好农民专业合作社金融服务工作的意见》，意见要求各地的农村合作金融机构需要进一步加强和改进针对农民专业合作社的各类金融服务，积极构建农民专业合作社与合作金融机构的互动合作机制。中国进入自 2007 年 7 月 1 日《农民专业合作社法》实施以来合作经济组织发展的又一个新时期。据农业部统计，2009 年全国24.64 万个农民专业合作组织中，从事产加销综合服务的有 137 984 个，占56.0%；以技术和信息服务为主的有 28 528 个，占 11.6%；以运输仓储服务为主的有 21 190 个，占 8.6%；从事农产品加工的有 13 552 个，占 5.5%；其他的有 45 091 个，占 18.3%。[②]

《中共中央　国务院关于加大统筹城乡发展力度　进一步夯实农业农村发展基础的若干意见》（中发〔2010〕1 号）提出："大力发展农民专业合作社，深入推进示范社建设行动，对服务能力强、民主管理好的合作社给予补助。各级政府扶持的贷款担保公司要把农民专业合作社纳入服务范围，支持有条件的合作社兴办农村资金互助社。扶持农民专业合作社自办农产品加工企业。"2010 年 5 月 4 日，农业部等七部委联合发布的《关于支持有条件的农民专业合作社承担国家有关涉农项目的意见》（农经发〔2010〕6 号）明确了支持范围、条件、方式等。《中共中央　国务院关于加快推进农业科技创新　持续增强农产品供给保障能力的若干意见》（中发〔2012〕1 号）提出："引导农民专业合作社规范开展信用合作。""通过政府订购、定向委托、招投标等方式，扶持农民专业合作社。""充分发挥农民专业合作社组织农民进入市场、应用先进技术、发展现代农业的积极作用，加大支持力度，加强辅导服务，

---

① 中国银行业监督管理委员会（简称"中国银监会"）于 2018 年 3 月 13 日在国务院机构改革中与中国保险监督管理委员会（简称"保监会"）的职责整合，组建成为中国银行保险监督管理委员会（简称"中国银保监会"）作为国务院直属事业单位。

② 中国农业年鉴编辑委员会. 中国农业年鉴［M］. 北京：中国农业出版社，2010：117.

推进示范社建设行动，促进农民专业合作社规范运行。支持农民专业合作社兴办农产品加工企业或参股龙头企业。"这一时期农民专业合作组织发展迅速。2012 年年底，我国农民专业合作社纳入统计调查的总量为 63.4 万个。2013 年年底总量增加到 88.4 万个，增幅高达 39.5%；被农业部门认定为示范社的有 9.1 万个，占当年合作社总数的 10.3%；各级财政共扶持合作社 3.4 万个，扶持资金总额达 55 亿元，每个合作社平均获得的扶持资金为 16.0 万元；合作社当年贷款余额为 56.3 亿元。①

（四）2013—2017 年：党的十八大召开后，中央日益重视农民专业合作组织发展的规范化和多元化

党的十八大召开以后，我国农民专业合作社从刚起步时的技术互助和信息传播等有限的合作，逐步扩展到劳动、资金、技术等全方位的合作，突破生产领域的合作，在生产、加工和流通等领域开展一体化的合作经营。单打独斗的合作经济组织抱团联社发展的需求日益旺盛，给《农民专业合作社法》的修订提出新要求。《中共中央 国务院关于加快发展现代农业 进一步增强农村发展活力的若干意见》（中发〔2013〕1 号）强调："大力支持发展多种形式的新型农民合作组织。农民合作社是带动农户进入市场的基本主体。""按照积极发展、逐步规范、强化扶持、提升素质的要求，加大力度、加快步伐发展农民合作社，切实提高引领带动能力和市场竞争能力。鼓励农民兴办专业合作和股份合作等多元化、多类型合作社。""引导农民合作社以产品和产业为纽带开展合作与联合，积极探索合作社联社登记管理办法。抓紧研究修订农民专业合作社法。"《中共中央 国务院关于全面深化农村改革 加快推进农业现代化的若干意见》（中发〔2014〕1 号）强调："鼓励发展专业合作、股份合作等多种形式的农民合作社，引导规范运行，着力加强能力建设。允许财政项目资金直接投向符合条件的合作社，允许财政补助形成的资产转交合作社持有和管护，有关部门要建立规范透明的管理制度。落实和完善相关税收优惠政策，支持农民合作社发展农产品加工流通。"《中共中央 国务院关

---

① 佚名. 2013 年农民专业合作社发展情况 [J]. 农村经营管理，2014（5）：46.

于落实发展新理念 加快农业现代化 实现全面小康目标的若干意见》（中发〔2016〕1 号）强调："加强农民合作社示范社建设，支持合作社发展农产品加工流通和直供直销。"《中共中央 国务院关于深入推进农业供给侧结构性改革 加快培育农业农村发展新动能的若干意见》（中发〔2017〕1 号）强调："加强农民合作社规范化建设，积极发展生产、供销、信用'三位一体'综合合作。"

2017 年 12 月 27 日，第十二届全国人大常委会第三十一次会议表决通过了新修订的《农民专业合作社法》，国家主席习近平签署十二届第 83 号主席令予以公布。修改后的条例规定："国家保障农民专业合作社享有与其他市场主体平等的法律地位。"用法律手段保护农民专业合作社及成员权利，做到有法可依；修改后的条例规定："农民专业合作社可以依法向公司等企业投资"，体现了合作经济组织作为市场中一般企业重要的市场特征，确保农民专业合作社享有与其他市场主体平等的重要体现；修改中增加了联合社理事长、理事应当由成员选派的人员担任的内容，明确农民专业合作社联合社的成员大会选举和表决，实行一社一票，有利于规范农民专业合作社的组织和行为。关于出资形式，修改后放宽了规定："农民专业合作社成员可以用土地经营权、林权等可以用货币估价并可以依法转让的非货币财产出资。"也就是说，只要符合章程规定、得到全体成员的认可、符合法律和行政法规的规定就都可以，明确了成员可以用土地经营权等财产作价出资，体现了出资的多样性，进一步强化了对农民专业合作组织及其社员权益的保护措施，增强了对农民专业合作社的扶持力度，有利于提高农户投资的积极性。

2016 年年底，我国农民专业合作社纳入统计调查的总量为 156.3 万个。截至 2017 年年底，这一数量增加到 175.4 万个，比 2016 年年底增加了 19.1 万个，增幅为 12.2%，其中有 14.9 万个合作社被农业部门认定为示范社，占合作社总数的 8.5%。农民专业合作社成员数达 6 794.3 万个（户），比 2016 年年底增长 5.2%。其中，实行产加销一体化服务的合作社有 93.1 万个，比 2016 年增长 12.2%，占合作社总数的 53.1%；以生产服务为主的合作社 50.9 万个，比 2016 年增长 13.6%，占合作社总数的 29.1%；以购买为主的合作社占全部合作社的比重为 3.3%，以仓储服务为主的合作社占比为 0.9%，以运销服务为主的合作社占比为 2.1%，以加工服务为主的合作社占比为 2.0%，以其他服务为主的合作社占比为 9.5%。2017 年年底各级财政共扶持 3.6 万个合作社，每个合作社平均获得的扶持资金达 18.2 万元，扶持资金总额高达 65.1 亿元，比 2016 年增加了 22.1 亿元，增幅高达 33.9%。[①]

（五）2018 年至今：党的十九大召开后，中央围绕《农民专业合作社法》和乡村振兴的实施制定出台了各项政策措施，推动农民专业合作组织发挥实现小农户和现代农业发展有机衔接的主体作用

党的十九大提出"实施乡村振兴战略""实现小农户和现代农业发展有机衔接"。党中央、国务院高度重视"三农"工作，中央一号文件和农业部的重大决策部署发展农民专业合作组织。农民专业合作组织作为新型农业经营主体的重要组成部分，《中共中央 国务院关于实施乡村振兴战略的意见》（中发〔2018〕1 号）提出："统筹兼顾培育新型农业经营主体和扶持小农户，采取有针对性的措施，把小农生产引入现代农业发展轨道""注重发挥新型农业经营主体带动作用"。2018 年 1 月 18 日，农业部发布的《关于大力实施乡村振兴战略 加快推进农业转型升级的意见》明确提出："贯彻落实新修订的农民专业合作社法，开展国家农民合作社示范社评定。""鼓励将政府补贴量化到小农户、折股到合作社，支持合作社通过统一服务带动小农户应用先进品种技术，引导推动龙头企业等与合作社、小农户建立紧密利益联结关系，通过保底分红、股份合作、利润返还等方式，实现农民分享农业全产业链增值收益，大力提升生产性服务业对小农户的服务覆盖率。"

《农民专业合作社法》颁布至今已有十余年，农民合作社发展取得显著成效。截止到 2019 年 3 月 1 日，在市场监督管理部门依法登记注册的农民专业合作社已经超过 210 万个。[②] 虽然农民专业合作组织数量扩张快速，但是一些合作社的运行管理很不规范，与农户没有建立起紧密的利益联结，导致合作

---

① 佚名.2017 年农民专业合作社发展情况 [J].农村经营管理，2018（10）：22-23.
② 佚名.让党的农村政策惠及广大小农户——中央农办副主任、农业农村部副部长韩俊等介绍《关于促进小农户和现代农业发展有机衔接的意见》并答记者问 [J].农村工作通讯，2019（5）：10-16.

组织发展的质量总体还不太高。《中共中央 国务院关于坚持农业农村优先发展 做好"三农"工作的若干意见》（中发〔2019〕1 号）强调："突出抓好家庭农场和农民合作社两类新型农业经营主体，启动家庭农场培育计划，开展农民合作社规范提升行动，深入推进示范合作社建设，建立健全支持家庭农场、农民合作社发展的政策体系和管理制度。落实扶持小农户和现代农业发展有机衔接的政策，完善'农户+合作社'、'农户+公司'利益联结机制。"2019 年 2 月 19 日，针对合作社有名无实、不规范的情况，中央农办、农业农村部等 11 部门贯彻落实一号文件精神，联合下发了《开展农民专业合作社"空壳社"专项清理工作方案》（中农发〔2019〕3 号），在全国范围内集中开展农民专业合作社专项清理。

"大国小农"是我国的基本国情、农情，党中央、国务院高度重视农户家庭经营在我国农业发展和农村经济中的作用。2019 年 2 月 21 日，中共中央办公厅、国务院办公厅印发的《关于促进小农户和现代农业发展有机衔接的意见》（中办发〔2019〕8 号）提出："创新合作社组织小农户机制。坚持农户成员在合作社中的主体地位，发挥农户成员在合作社中的民主管理、民主监督作用，提升合作社运行质量，让农户成员切实受益。鼓励小农户利用实物、土地经营权、林权等作价出资办社入社，盘活农户资源要素。财政补助资金形成的资产，可以量化到小农户，再作为入社或入股的股份。支持合作社根据小农户生产发展需要，加强农产品初加工、仓储物流、市场营销等关键环节建设，积极发展农户+合作社、农户+合作社+工厂或公司等模式。健全盈余分配机制，可分配盈余按照成员与合作社的交易量（交易额）比例、成员所占出资份额统筹返还，并按规定完成优先支付权益，使小农户共享合作收益。扶持农民用水合作组织多元化创新发展。支持合作社依法自愿组建联合社，提升小农户合作层次和规模。"

## 第二节　农民专业合作组织的运行机制

一、农民专业合作组织的内部治理

（一）农民专业合作组织的民主管理

农民专业合作组织的民主管理主要体现在自愿与自主的结合。《农民专业合作社法》第四条明确指出："入社自愿、退社自由；成员地位平等，实行民主管理。"合作经济组织完全建立在自愿组合的基础上，在没有外界干预的条件下农民的自主选择，联合各方彼此信任，需求一致。合作经济组织通过民主协商制定一系列切实可行的章程和制度，将有关问题以文字形式确定下来，具有法律效力。入社自愿的原则避免了由于人为组合或行政撮合所带来的逆反心理，使全体成员始终保持应有的责任感和生产热情。这是合作经济组织具有旺盛生命力的重要原因。基于自愿原则，合作成员在企业经营过程中，拥有充分的重新选择的权利。农民既可以离开原来的合作经济组织，又可以是几个合作经济组织的成员。这样自愿组合与自愿退出两种机制的交互作用，既催发了新组织的诞生，又加速了旧组织的瓦解，从而形成经济发展的强大动力。

民主管理是农民专业合作组织发展的制度保障和凝聚力所在，主要体现在入社社员是合作组织的主人，凡是涉及成员利益的事项，都必须交由社员大会（社员代表大会）民主商议决定，以防任何个人和组织干涉甚至侵害成员利益。《农民专业合作社法》第二十一条规定："农民专业合作社成员享有下列权利：参加成员大会，并享有表决权、选举权和被选举权，按照章程规定对本社实行民主管理；查阅本社的章程、成员名册、成员大会或者成员代表大会记录、理事会会议决议、监事会会议决议、财务会计报告、会计账簿和财务审计报告。"第二十二条规定："农民专业合作社成员大会选举和表决，实行一人一票制，成员各享有一票的基本表决权。出资额或者与本社交易量

（额）较大的成员按照章程规定，可以享有附加表决权。"《农民专业合作社法》从表决权和决议方式两个方面，规定了成员如何自主行使决策权、如何保障成员行使决策权。为了进一步实现民主管理，防止个人或组织操纵和利用，按照《农民专业合作社法》的规定，全体成员、监事会、执行监事以及政府部门都要履行对农民专业合作社的监督，以保证其规范健康运行，切实维护成员的经济利益和合法权益。

（二）农民专业合作组织的治理机制

1. 产权激励机制

劳动者的积极性是以其切身利益为基础的，能否公平合理地通过个人所付出的劳动和贡献，获取应有的报酬，这是劳动者积极性能否得到充分发挥的基本条件，也是合作组织是否具有有效的激励机制的基本衡量尺度。合作组织的成员，既是劳动者，又是投资者，也是受惠者。这一特征构成了合作组织成员的个人利益与组织利益一致的相关机制。这是合作组织激励机制的客观基础。在实践中要真正实现产权激励机制，还必须做到产权明晰。既要求合理地处理产权配置，真正体现合作组织成员所有者的权利，又要求公正合理地进行收益分配，保护和实现成员的合法权益。"农民专业合作社成员大会选举和表决，实行一人一票制，成员各享有一票的基本表决权。出资额或者与本社交易量（额）较大的成员按照章程规定，可以享有附加表决权，但不得超过本社成员基本表决权总票数的百分之二十。"产权激励机制发挥作用，还需要保证合作组织成员及时获得必要的教育和培训，不断提高各成员行使产权的素质和技能，最终形成有效的激励，保证合作组织"民办、民管、民受益"。

2. 委托代理关系下的决策机制

农民专业合作组织的决策机制主要包括经营决策、投资决策、利益分配及其他关系到合作组织命运的重大决策。遵循合作制基本原则建立起来的较规范的决策机制，由"社员大会—理事会—经理负责制"三级组织构成。其中，社员（代表）大会是合作组织的最高权力机构，重大决策要由合作组织的全体成员（或代表）大会讨论决定；由社员（代表）大会选举产生的常设机构理事会代表成员对合作组织进行经营决策，执行社员（代表）大会的决议。因此，日常的决策职能则由社员大会委托理事会代理行使。农民专业合作组织中的利益相关者主要有合作组织的投资者、经营者和惠顾者。除了合作组织的社员入股投资以外，合作组织还有来自外部的投资。外部投资者包括政府、企业或其他社会团体。因此，合作组织的投资者由入股农户和外部投资者构成。合作组织的经营者通常是指合作组织的理事会成员。合作组织的惠顾者是指"与合作社发生农产品或服务交易关系的合作社社员或非社员"①。理事会成员本身也是合作组织社员，他们的农产品通过合作组织进行销售，因此，理事会成员既是合作组织的经营者，也是合作组织的惠顾者。

农民专业合作组织的决策机制最突出的特点表现在处理委托代理关系上，主要有三种类型：第一类是外部投资者与合作组织经营者之间的委托代理关系。第二类是合作组织内部普通社员和经营者之间的委托代理关系。这是我国农民专业合作组织最常见的一种委托代理关系。第三类是合作组织经营者不完全委托代理关系。当合作组织经营者的管理者、惠顾者、所有者多重身份重叠，纳入合作组织的统一管理的属于经营者入股的那部分资金，并没有实现其所有权和经营权完全分离，出现了不完全委托代理关系。

合作社"委托代理"关系的特点有：一是合作社中代理人的实力较强。一般来说，在委托代理关系中，为了实现自身的利益，委托人把从事某项活动的决策权授权给代理人，并最终决定着契约的形式和内容，而代理人则通过经营决策行为获取相应的报酬。由于普通农户社员的资源禀赋和经营能力较弱，从我国农民专业合作社的运行实践来看，合作社代理人通常拥有较强的物质资本、人力资本和社会资本，对合作组织重大决策的影响更大。二是合作组织内部信息不对称。由于委托人和代理人拟定契约时在信息获取能力上双方存在较大差异，代理人持有委托人不知道的、第三方也无法或者难以监测到的信息，要素禀赋和资源优势也明显强于委托人。在合作组织的经营

---

① 徐旭初，吴彬. 异化抑或创新？——对中国农民合作社特殊性的理论思考 [J]. 中国农村经济，2017（12）：2-17.

过程中，代理人具有明显的信息优势。因此，委托人难以有效监测代理人的努力程度、代理人主导合作组织内部盈余分配的比例等，使得委托人无法制定出能对代理人的"隐藏行动"进行有效的激励和监督的完全契约。而解决好农民专业合作组织的委托代理关系，保护委托人的利益，是合作组织能否长期生存的关键。

3. 监督约束机制

第一，责任监督约束。按照《农民专业合作社法》和合作组织章程的规定，社员（代表）大会对重大投资经营与人事的决策、监督、任免权；监事会的监督权；董事会对经理的任免权和对重要经营管理活动的决策、监督权；财务部门对生产经营活动的财务监督等。第四十五条规定："设立执行监事或者监事会的农民专业合作社，由执行监事或者监事会负责对本社的财务进行内部审计，审计结果应当向成员大会报告。成员大会也可以委托社会中介机构对本社的财务进行审计。"通过建立健全合作社管理体制，合作经济组织内部各职能部门履行职责，相互监督约束。

第二，政策法律约束。《农民专业合作社法》第二十六条规定："农民专业合作社成员不遵守农民专业合作社的章程、成员大会或者成员代表大会的决议，或者严重危害其他成员及农民专业合作社利益的，可以予以除名。"第九章法律责任列明了四类法律责任：①第六十九条规定："侵占、挪用、截留、私分或者以其他方式侵犯农民专业合作社及其成员的合法财产，非法干预农民专业合作社及其成员的生产经营活动，向农民专业合作社及其成员摊派，强迫农民专业合作社及其成员接受有偿服务，造成农民专业合作社经济损失的，依法追究法律责任。"②第七十条规定："农民专业合作社向登记机关提供虚假登记材料或者采取其他欺诈手段取得登记的，由登记机关责令改正，可以处五千元以下罚款；情节严重的，撤销登记或者吊销营业执照。"③第七十一条规定："农民专业合作社连续两年未从事经营活动的，吊销其营业执照。"④第七十二条规定："农民专业合作社在依法向有关主管部门提供的财务报告等材料中，作虚假记载或者隐瞒重要事实的，依法追究法律责任。"这些法律规定在很大程度上保护了农民专业合作社及其成员的利益。

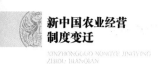

4. 积累与发展机制

合作组织的积累与发展机制与其他企业制度的不同之处在于积累资产的所有权仍然归全体劳动者所有，只是作为不可分割的公共资产，其产权既不可提取，也不可转让。成员账户中记载的公积金份额是一项真实的财产权利，其债权主体是成员个人。因此，《农民专业合作社法》第二十八条规定："成员资格终止的，农民专业合作社应当按照章程规定的方式和期限，退还记载在该成员账户内的出资额和公积金份额。资格终止的成员应当按照章程规定分摊资格终止前本社的亏损及债务。"从财务管理要求方面考虑，农民专业合作组织提取公积金是以扩大生产经营周转规模、提高发展实力为主要目的和出发点的。第四十二条规定："农民专业合作社可以按照章程规定或者成员大会决议从当年盈余中提取公积金。公积金用于弥补亏损、扩大生产经营或者转为成员出资。每年提取的公积金按照章程规定量化为每个成员的份额。"因此，根据合作组织章程规定的公积金量化方式，合作组织成员民主管理，共同自觉执行，在公平和自觉的基础上形成合作组织的积累与发展机制。

## 二、农民专业合作组织利益联结机制

在农民专业合作组织的产业化经营带动下，农民通过要素投入包括产品、资金、技术、土地、劳动等自愿入股参加合作组织，以产权为联结纽带，在合作组织的带动下农户获得合作组织提供的产前、产中、产后各类社会化服务，参与农产品生产、加工、销售一体化经营，遵照合作组织章程对风险和合作盈余进行分配。由于农民专业合作组织依托各类生产要素开展联合与合作，利益分配既要坚持经典合作制的分配方式，即按交易额返利、按比例提取公积金和公益金、按股分红；又要体现全部生产要素参与分配，通过按劳取酬、土地收益、资金报酬和技术收益等分享合作组织在生产、流通、加工各环节创造的利润。不论以哪种形式带领农户经营，农民专业合作组织的利益分配方式主要有成本节约、收益保底、利润返还和按股分红。利益联结机制的核心在于商品契约与要素契约的有机融合。由于合作组织与农户的利益联结紧密程度存在很大差异，逐渐从松散型、半紧密型向紧密型利益联结机制演进。

（一）利益分配方式

1. 收益保底

收益保底有两种情况：①最低保护收购价。农民专业合作组织与社员签订生产合同，根据农产品生产成本，约定农产品最低保护收购价。在市场价格下跌的市场行情下，按高于市场价格的保护价格收购社员的产品，可以有效地避免农产品市场价格涨落对农民生产和收益的影响。②入社股金收益保底。农民专业合作组织当年总收益扣除必要管理费用后，按入社约定的每股保底收益平均分配，剩余纯利润按股分红，在留存集体积累和风险基金的基础上派发红利。每股保底收益既可以以定量的稻谷来替代相应数额的货币进行分配，也可以用货币直接分配。2018年12月24日，农业农村部、国家发展改革委、财政部、中国人民银行、国家税务总局、国家市场监督管理总局六部门联合印发《关于开展土地经营权入股 发展农业产业化经营试点的指导意见》明确规定了土地经营权入股发展农业产业化经营的基本原则、重点任务、政策保障等，通过推行"保底收益+按股分红"的分配方式，保障农民特别是贫困户通过土地经营权入股获得稳定的收益。

2. 利润返还

农民专业合作组织的盈余在扣除一定比例的公共积累后，主要按社员购买合作社的物资和交售合作社产品的数量进行利润返还，使农民分享到加工、销售环节的利润。《农民专业合作社法》第四十二条规定："农民专业合作社可以按照章程规定或者成员大会决议从当年盈余中提取公积金。公积金用于弥补亏损、扩大生产经营或者转为成员出资。每年提取的公积金按照章程规定量化为每个成员的份额。"第四十三条规定："农民专业合作社应当为每个成员设立成员账户，主要记载下列内容：（一）该成员的出资额；（二）量化为该成员的公积金份额；（三）该成员与本社的交易量（额）。"第四十四条规定："在弥补亏损、提取公积金后的当年盈余，为农民专业合作社的可分配盈余。可分配盈余按照下列规定返还或者分配给成员。按成员与本社的交易量

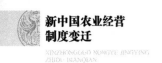

（额）比例返还，返还总额不得低于可分配盈余的百分之六十；按前项规定返还后的剩余部分，以成员记账中记载的出资额和公积金份额，以及本社接受国家财政直接补助和他人捐赠形成的财产平均量化到成员的份额，按比例分配给本社成员。具体分配办法按照章程规定或者经成员大会决议确定。"

3. 按股分红

农民专业合作组织是由社员自愿入股组建起来的，不论用资金入股，还是以实物、劳力、技术、土地等各类要素入股，参股入社是合作社的重要组织特征。社员取得资格以后，合作组织必须发股金证、社员证和建立股金账户等方式为其明晰产权，并严格规定股金的转让、馈赠、继承等办法。入社社员每年按照约定取得专业合作组织的股金分红，但合作组织成员身份股的分红率一般不得高于银行同期存款利率，投资股的分红可以根据盈利情况由社员代表大会确定。2016 年中央一号文件明确提出"鼓励发展股份合作，引导农户自愿以土地经营权等入股龙头企业和农民合作社，采取'保底收益+按股分红'等方式，让农户分享加工销售环节收益"。2017 年，全国各类合作社经营收入 5 889.6 亿元，平均每个合作社 33.4 万元；当年合作社可分配盈余 1 116.8 亿元，平均每个合作社 6.4 万元，为每个社员平均分配 1 643.8 元。合作社可分配盈余中按交易量返还的为 588.3 亿元，占可分配盈余的 52.7%；有 36.8 万个合作社按交易量返还可分配盈余，占合作社总数的 21.0%。[①]

（二）利益联结机制的原则和核心

1. 利益联结机制遵循的基本原则

首先，在分配顺序上，合作组织按交易量（额）的份额向社员进行返还，然后再按股金向社员进行分红。其次，在分配比例上，由每个合作组织的章程或成员大会规定在可分配盈余中合作组织按照交易量（额）返还和按照股金分红各自所占的比例，但按交易量（额）比例返还的总额不得低于整个可分配盈余的 60%，股金分红总额不得高于整个可分配盈余的 40%。这也是《农民专业合作社法》严格规定的，体现了按交易量（额）返还为主、按股

---

① 佚名. 2017 年农民专业合作社发展情况 [J]. 农村经营管理，2018（10）：22-23.

金分红为辅的农民专业合作组织的基本分配原则。专业合作组织的主体是普通入社农户。专业合作组织可分配盈余以按交易量（额）分配为主的办法，承认农户的劳动对专业合作组织发展的贡献，通过劳动和资本的结合，实现社员互助合作。最后，股金分红不能替代按交易量（额）返还。实践中，某些农民专业合作组织不按交易量（额）返还，只给入股成员分红，或者用股金分红完全代替了按交易量（额）返还，或者把按交易量（额）返还和按股金分红二者混淆。实质上这些做法不符合合作经济的基本分配原则，只实行按股金分配盈余、只承认了股金的贡献，不能体现劳动和资本的结合，与一般公司的分配方式完全一样。真正意义上的农民专业合作组织带动农户经营所建立的紧密型利益联结是能够充分尊重农民意愿，充分体现农民生产参与、农民出资、农民受益、农民主体地位，真正把资源变股权、农民变股东，真正让社员各方持续获得收益。

2. 利益联结机制的核心

农民专业合作组织的利益联结机制的核心在于商品契约与要素契约的有机融合。由于土地、劳动等生产要素的价格难以确定，农业经营中采取的商品契约往往多于要素契约。农民专业合作组织保持了以商品契约为纽带，采用产销一体化经营将各成员联合起来，从而避免了社员间农业生产中劳动投入的贡献难以界定和监督的难题，防止社员机会主义行为。同时，专业合作组织融合了要素契约，鼓励社员投入的资金、技术、土地等生产资料参与合作社发展并给予相应的股份分红作为回报。入社农户不仅解决了农产品销售得到保底收益，还可以享受专业合作组织提供的产前、产中和产后各项服务。在这种纵向一体化经营的情形中，产业链条上的各环节都属于专业合作组织这一个主体经营管理的范畴，而且农民专业合作组织各级主体之间的产权关系是明晰的，成员在专业合作组织中具有明晰的股份，并按照合作社章程规定的方案进行利润返还和股份分红等各项分配。专业合作组织实现了剩余控制权和剩余索取权的统一，合作组织与农户之间的利益分配不再是非合作的零和博弈，而是合作的正和博弈。全体社员通过民主管理专业合作组织，实现了农户个人和专业合作组织的合二为一。合作组织和农户两个经营主体的

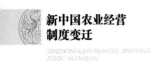

经营都依赖于对方各自所控制的资源,通过资源变股权,实现双方合作互动,产生合作剩余,带给各自最大利益。

(三)利益联结机制由松散向紧密演进

农民专业合作组织是农民为保护个体利益联合起来的组织,其出发点是通过组织小农户参与市场竞争从而获得经济回报,遵循劳动在组织中占主导地位的原则。由于专业合作组织领办主体不同、成员构成不同、规范程度不同、发展阶段不同,合作组织与农户的利益联结紧密程度存在很大差异。在专业合作组织成立初期,或者在行政干预和强行推动下形成的"空壳"专业合作组织,合作组织与社员之间以市场交易为主,合作组织主要购买社员的农产品进入市场销售赚取差价,社员不享受或者有偿接受专业合作组织提供的生产所需的服务,而不承担合作组织经营的风险,不参与盈余分配。农民专业合作组织异化为合作社理事会成员合伙经营,由理事会成员承担合作组织经营的风险和收益。因此,松散型利益联结的农民专业合作组织和农户之间的利益关系不稳定,农民难以从中得到实惠,商品契约违约风险较大。

实践中,农民专业合作组织带动农户经营的利益联结多是半紧密型。农民专业合作组织与社员以契约或服务为纽带,合作组织与农户签订协议,按照合作社章程农户缴纳股金入社,农民专业合作组织为农户提供产品销售、物资供应、技术服务、市场信息、农产品储藏、运输、加工等服务,将销售收入扣除成本费用和公积金后按照交易量(额)对社员返还利润,社员选举出理事会和监事会管理和运营合作社。半紧密型利益联结的合作组织并未以产权为纽带形成利益共享、风险共担的利益共同体,普通农户入社股金数额少、比例小,加上民主管理程度低,农民专业合作组织重大事项的决策容易被少数人掌控,普通农户的权益很容易受到侵害。

随着农民专业合作组织不断发展壮大,民主管理充分运行,劳动力、资本、土地和信息等生产要素在合作组织产业化经营发展中的作用都能得到相应的回报。小农户不仅希望借助合作组织这一平台解决农产品的生产、销售难题,而且密切关心合作组织的经营管理状况,关注合作组织日常生产经营并积极参与行使表决权等。此时,农民专业合作组织与众多小农户成员之间才真正地形成了紧密型利益联结,小农户的合法利益得到了充分体现。

# 第三节　农民专业合作组织运行中存在的问题

## 一、"委托—代理"问题突出

当前农民专业合作组织绝大多数已建立了社员代表大会、理事会和监事会，理事会设立理事长来负责合作组织的日常经营管理。普通农户社员作为委托人，合作组织经营者作为代理人，二者之间形成了农民专业合作组织最为常见的"委托—代理"关系。当代理人与委托人利益保持一致即目标函数一致时，委托代理是非常有效的。但现实中却是做不到的，因为我国多数农民专业合作组织的成员异质性较强，农民和代理人之间的利益诉求往往不一致。代理人有自己的目标函数，可能会为了自己利益最大化而舍弃合作经济组织利益最大化。由于地理条件、文化水平等因素限制了农户作为委托人对代理人有效的监督，存在信息的不对称和不确定性，必然产生"委托—代理"问题。随着合作经济的不断发展壮大，"委托—代理"关系成为合作组织运行存在的最突出的问题。

在实践中，能人控制着农民专业合作组织的发展和运营。理事长是所谓的能人，要素禀赋和资源优势明显，而大多数合作组织成员是弱势群体。这些弱势成员很难获取合作组织真实的经营信息。由于委托人（普通农户社员）和代理人（理事长或理事会成员）在拟定契约时双方获取信息的能力存在较大的差异，委托人难以制定出能对代理人有效激励和监督的完全契约。信息不对称可能导致代理人侵占合作组织资产、挪用资金等恶意损害弱势成员利益的事件发生。

这种委托代理关系不可避免地产生道德风险问题，不再是代理人为委托人的利益进行组织管理，而是代理人利用委托人的资源、身份来满足代理人的利益，成为其获利渠道。这往往导致大多数成员对合作经济组织的信任度非常低，造成委托人和代理人之间的关系松散，甚至名存实亡。因此，农民专业合作组织也可能远离农户中的弱者，未能发挥带动农户的功能。

## 二、缺少"德才兼备"的能人

农民专业合作组织的健康运行离不开"德才兼备"的能人。以市场竞争为导向的农民专业合作组织中的关键资源所有者如经营大户、农业企业等占据主导地位成为必然。[①] 由能人大户领办的合作组织已成为我国农民专业合作组织的重要组织形式之一。能人较一般的社员具有先进的种植技术或者运输设备和销售渠道，市场洞察力强，易于接受新事物。另外，这些所谓的能人是相对成功者，他们比一般农户的收入水平都高，在日常生活中有较强的影响力和示范作用，比较容易受到当地农户的追捧。[②] 理事会是合作社日常经营管理和服务的决策核心，决定了对内的利益分配和对外的重大投资活动等。在农民专业合作组织中，普通社员倾向于认为拥有合作组织发展所需的关键性生产要素的社员，或者出资额比较大的社员出于自身利益的考虑会更加认真负责地经营管理合作组织，所以更容易选举这些社员进入理事会。在"能人主导型"合作组织中，理事长通常由生产大户、技术骨干、农民经纪人等担任。[③]

能人领办型合作组织建立在传统农村社会关系基础之上。在合作组织建立初期，由于社员对合作组织这一新生事物了解不多，与合作组织的重复交易次数较少，社员与组织之间的承诺水平也较低。合作组织的发展壮大不仅依赖其与成员签订的正式契约，还有赖于关系治理。在能人治理型合作组织中，由于缺乏与正式治理相契合的社会环境，关系治理成为当前合作组织治理的重要机制。能人依赖乡土社会中的关系交往法则，利用熟人社会的信任动员农户参加合作组织并配合合作组织的工作。同时通过加强能人与社员之间的互惠、打造社长个人声誉和合作社声誉、注重与社员沟通和协调等关系治理行为，降低社员投机行为发生的可能性，保持合作行为的长久性，从而

---

① 黄祖辉，邵科. 合作社的本质规定性及其漂移 [J]. 浙江大学学报（人文社会科学版），2009（7）：12-16.

② 刘小童，李录堂，张然，等. 农民专业合作社能人治理与合作社经营绩效关系研究——以杨凌示范区为例 [J]. 贵州社会科学，2013（12）：59-65.

③ 程婧涵. "能人主导型"合作社治理机制对绩效的影响 [D]. 蚌埠：安徽财经大学，2015.

保证合作组织的合作效益。普通农户加入能人领办型合作组织，是希望借助能人的信息优势、能力优势，获取一定的经济利益以及其他方面的服务，如降低农产品的生产成本、获取稳定的农产品销售渠道、获取更高的销售价格和合作社的利润分红等。因此，能人领办型合作组织通过互惠可以创建成员对合作组织的共同认知，促进成员共同愿景的达成，从而有利于合作组织的长期发展。

能人领办的合作组织已成为专业合作组织快速发展的重要组织形式。要想真正办好合作组织，需要能人有无私奉献的精神和高尚的道德情操。但目前能人领办的合作组织良莠不齐，仍存在诸多不规范问题。特别是有的能人有"才"缺"德"，导致内部治理结构不健全。有的能人钻国家政策的空子，为了获取补贴而成立"空壳合作社""假合作社""一人合作社"等，"挂羊头卖狗肉"，导致农民对能人领办型合作社的认可程度并不高。有的能人不注重树立讲诚信、讲信用的个人形象，在合作社的生产成本、销售价格等方面不能做到信息公开，给社员留下"以权谋私"的负面评价，无法体现合作组织的合作优势和互助功能。[①] 还有的能人持股份额过大，形成大股东"垄断"局面，严重降低其他社员的心理认同；同时，能人持股越多，对合作组织的控制力越强，越不利于合作社的民主管理。

此外，由于一些合作组织缺少"德才兼备"的能人，合作组织经营绩效差，能人领办者的社会声望低，这深深打击了那些既想通过合作组织联合开拓市场以提高自己经济收入、又想通过合作组织平台提高个人社会声望的"德才兼备"的能人领办合作组织的积极性。

## 三、农户增收效果仍不明显

我国农民专业合作组织整体规模偏小，服务功能单一，服务层次低，因此经营效益不尽如人意。农民专业合作组织经过多年的发展，多数合作经济

---

[①] 杨灿君."能人治社"中的关系治理研究——基于35家能人领办型合作社的实证研究 [J]. 南京农业大学学报（社会科学版），2016（2）：44-53，153.

组织在帮助农户解决生产和销售方面的问题起到了一定效果，但是在带动农户增收方面的作用不显著，多数农户在加入合作组织前后的家庭经营收入变化不大。据农业部统计资料显示，2011 年第一季度末全国工商登记在册的合作社平均注册社员人数 19.1 人；全国只有重庆、西藏、云南、北京、天津、江苏六省（区、市）达到平均注册社员人数水平，其余省（区、市）的合作社平均社员人数都低于全国平均水平，其中最低的地区合作社平均社员人数仅为 7.6 人，仅比法定设立人数（不少于 5 人）多 2.6 人。这个注册社员人数还存在严重的虚报。不少合作社拿别人的身份证到工商部门注册，无须检验核实。农民专业合作社的注册资金规模也普遍较小。据国家工商总局数据显示，2012 年年底全国农民专业合作社平均注册资金额仅为十多万元。实际上，农民专业合作社的注册资金存在严重的虚报问题，无须出具验资报告，工商部门也不进行任何验资。90%的合作社注册资金存在严重的虚报。因此，实践中大多数农村合作经济组织规模小、经营能力有限，没有取得良好的经济绩效，一般的估计是"三三开"，即 1/3 的合作社经济效益好，1/3 的合作社经济效益一般，1/3 的合作社经济效益较差。[①] 农民专业合作组织经济实力有限，因此对农户的带动帮扶能力非常有限。

当前多数农民专业合作组织处于发展初级阶段，在加工和流通环节的利润流失严重。农民专业合作组织要分享到农产品加工和流通环节的增值效益，需要加强农产品产后重要环节的开发，如产品分级、包装、冷藏、储藏、运销、品牌和市场开拓等。农产品加工和流通环节的经济效益显著高于生产环节。例如，一般情况下，流通环节的利润分配占比为 25%~40%。由于农产品同质化竞争异常激烈，近年来农产品价格波动异常明显，合作组织在农产品销售环节竞争激烈，进一步挤压生产环节利润空间。农民专业合作组织经济实力单薄，不利于建立对外联结市场的谈判地位和对内联结农户的管理权威，不利于构建紧密型利益联结机制。实践中多数合作组织的发展享受着政府在生产、销售、补贴等方面优惠政策，一旦剥离这些优惠，合作组织将面临严峻的生存考验，对农户的带动帮扶作用也就无从谈起。

---

① 傅晨. 中国农业改革与发展前沿研究［M］. 北京：中国农业出版社，2013：83.

# 第七章
# 农业适度规模经营探索

　　改革开放 40 余年来，中国农业发展历程是通过制度、技术的创新不断突破要素约束的发展历程。农业适度规模经营就是这一发展历程中的一项重要内容。一方面，中国大部分地区人多地少的资源禀赋和土地的细碎化现象决定了中国不能走大农场的规模经营模式，需要适度地发展规模经营；另一方面，伴随着农业生产比较效益下降，大量青壮年劳动力向城市或者非农部门转移，造成了农业劳动力成本上涨和农业劳动力结构呈现老龄化趋势，呈现出较严重的农业劳动力短缺和土地撂荒的现象。因此，在土地和劳动力要素短缺的背景下，为解决"谁来种田"和土地撂荒等问题，中央和地方政府推进了"三权分置"、农地确权和推进工商资本下乡等一系列举措，希望通过土地经营权流转和新型农业经营主体的培育，推进农业的适度规模经营（图 7-1）。

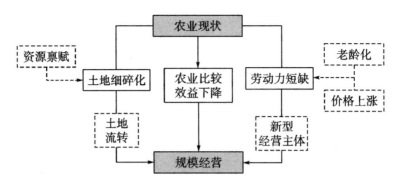

图 7-1　规模经营的逻辑示意图

　　20 世纪 80 年代，伴随着粮食生产出现徘徊、农业比较效益下降，中国的农业适度规模经营开始产生。这是以北京顺义、江苏省苏南地区、山东平度等地开展试点为特点的适度规模经营实践，这一时期适度规模经营发展速度较缓慢。20 世纪 90 年代，伴随着城镇化发展和乡镇企业的衰落，劳动力转移呈现出"离土又离乡，进厂又进城"的特点，农民对土地的依赖下降。一系列政策和法律强化土地产权的稳定性与土地流转的合法性，加快了土地流转的步伐，推进了规模经营的实现。进入 21 世纪以来，国家正式以法律条文形式为农地流转的规范提供了直接的法律依据。在此基础上，不仅聚焦于土地要素的集约化，还着眼于培育规模经营主体和鼓励工商资本下乡。农业税的废止使农民不仅降低了农业生产的成本，还可以获得一定的补贴，这就带来了土地流转的新形势，进一步激发了农业规模经营的积极性。这一阶段开展的农村土地"三权分置"改革是我国农业经营制度的又一次重大创新。"三权分置"改革通过放活了土地经营权，盘活了农村土地产权，进一步促进了农业适度规模经营。

## 第一节　农业适度规模经营产生的背景

20 世纪 80 年代中期，伴随着粮食生产出现徘徊、农业比较效益下降、劳动力逐步流出农业、土地撂荒现象等农业形势的"四大变化"，中国开始推进农业适度规模经营。

### 一、粮食生产出现徘徊

1980—1984 年，中国农业全要素生产率提高了 20%，被称为农业发展史上的"奇迹"，家庭承包经营制得到了过去制度安排下不可能得到的绩效[①]。

然而，粮食在 1985 年出现了大幅度减产、粮食播种面积下降，这是未曾预料到的结果。1985 年粮食产量较 1984 年下降了 2 819.7 万吨。1984—1989年，粮食产量增长率一直波动，粮食产量平均年增长仅 0.1% 左右，1989 年增长率恢复到 3.4%，仍然较 1984 年增长率低 1.5%（图 7-2）。1985 年粮食播种面积较 1984 年下降了 4 038.8 千公顷。造成这一现象的主要原因是：第一，1985 年政府取消了实行 30 多年的农产品统派统购制度，改为合同定购，并实施粮食价格"双轨制"。但是吉林、河南、安徽等粮食主产区由于粮食丰产、仓储能力不足和流通体系制约，出现了"卖粮难"的问题。因此，1985 年，政府相应降低了粮食收购价格，对农民种粮的积极性造成挫伤。第二，1985年之后，虽然粮食收购价格上涨，但是与之对应的是农药、化肥等农业生产资料价格更大幅度地上涨，导致农民"增产不增收"。1985 年，以上一年为100 测算，粮食收购价格指数为 101.8，而农业生产资料价格指数达到了 104.8。

---

① 张红宇. 新中国农村的土地制度变迁［M］. 长沙：湖南人民出版社，2014：58.

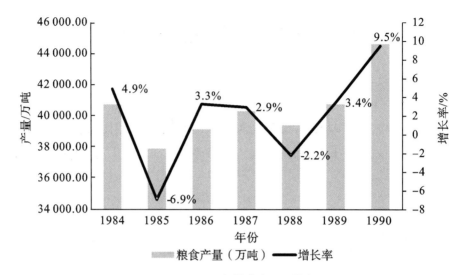

**图 7-2　1984—1990 年粮食产量和粮食增长率**

数据来源：历年《中国统计年鉴》。

## 二、农业比较效益下降

第一，农业自身效益不高，增长不明显。在前述粮食供给价格下降、农业生产成本上涨的背景下，加之农民耕地规模有限，农业特别是种粮效益不高。

第二，劳动力非农收益远远高于农业收益。种粮收入低于种植经济作物收入，种粮收入更低于非农产业收入，进一步打击了农民种粮的积极性。例如，江苏省苏州、无锡、常州三市 1984 年平均每个农村劳动力的务工收入为1 217 元，经商收入为 1 029 元，从事副业收入为 975 元，种经济作物收入为848 元，种粮食收入为 669 元①。又如，北京市顺义县在 1986 年左右开始实施规模经营的其中一个原因就在于农村土地的生产效率低下，农民难以从土地经营中获取到合意的收入，大量农民向非农产业转移②。

---

① 李建勇，胡小平. 关于粮食生产问题的若干思考 [J]. 天府新论，1987 (2)：14-19.
② 张红宇. 新中国农村的土地制度变迁 [M]. 长沙：湖南人民出版社，2014：84.

## 三、劳动力逐步流出农业

在家庭联产承包责任制背景下，务农人口普遍处于土地过少引起的不充分就业或隐性失业，土地能够吸纳的劳动力有限，非农就业成为解决剩余劳动力的主要途径。改革开放初期，农村劳动力自由流动得到逐步恢复，农村劳动力开始向城镇和非农部门流动。但是由于尚处于计划经济体制下的城市对商品粮和副食品供给不足，加上大量知青返城，城镇内部就业压力增加。1981 年，《国务院关于严格控制农村劳动力进城做工和农业人口转为非农业人口的通知》强化了政府对农村劳动力流动的管理和限制。在政府对劳动力流动的严格限制下，1982 年农村外出就业劳动力仅有约 200 万人。

1984—1988 年是中国农村工业化的起飞阶段，乡镇企业得到迅速发展。城市建设快速推进，加大了对劳动力的需求。国家也开始放宽农村劳动力流动限制。例如 1984 年《中共中央关于 1984 年农村工作的通知》开始允许务工、经商、办服务业的农民到集镇落户。1984 年《国务院关于合作商业和个人贩运农副产品若干问题的规定》提出允许农村集体和农民个人从事长途贩运，销售"三类农副产品"和统购、派购任务以外允许上市的农副产品。因此，农村劳动力外迁人数连年上升，1989 年平均外迁劳动力增加到 500 万人，外出数量 3 000 万，是 1982 年的 15 倍，迁移大潮初现端倪[1][2]。

因此，劳动力逐步流出农业和农民对土地的依赖下降为土地集中开展适度规模经营创造了条件。

## 四、土地撂荒现象出现

中国的耕地撂荒始于 20 世纪 80 年代，并随着经济的发展呈现出愈演愈烈、越来越复杂的特点。特别是在经济发展较快的沿海地区，农村劳动力大

---

[1]　张晓山. 中国农村改革 30 年：回顾与思考 [J]. 学习与探索，2008（6）：1-19.

[2]　王德文，蔡昉. 中国农村劳动力流动与消除贫困 [J]. 中国劳动经济学，2006，3（3）：46-70.

量向乡镇企业等非农业部门转移，农民收入 65% 以上来自第二产业和第三产业①。在农产品价格偏低而这些地区的第二产业和第三产业又比较发达的背景下，农民从事农业比较效益低下，特别是种粮比较效益低，农民不愿种粮②。这就造成部分沿海发达地区出现土地摎荒现象。摎荒分为明荒和暗荒两种类型：明荒，即在本应该种植的时段内（一般达到一季），农民不种植任何作物而让田块荒芜的现象；暗荒，即农民虽然在田地上种植农作物，但是在农业经营中的要素投入明显不足或低于正常水平，导致耕地利用程度下降、产出水平降低。③ 例如，1993 年广东省摎荒 50 万亩，浙江省冬季摎荒高达 700 万亩，占全省耕地面积的 28%④。这就造成了中国土地资源"有田无人种，有人无田种"的悖论，一方面土地是中国农业生产环节稀缺的要素，另一方面又存在较严重的土地摎荒现象。

## 五、适度规模经营产生

粮食价格下降、农民生产规模狭小和劳动力流转造成农业比较效益下降，农业比较效益下降又进一步降低农民种粮积极性，加剧劳动力流转。劳动力转移和农业比较效益下降的双重作用导致土地摎荒。即使不出现土地摎荒，由于劳动力转移往往实现的是家庭内部的分工，即家庭中部分青壮年劳动力外出务工，并没有推进社会性的专业化分工，这就导致农业经营出现兼业化和副业化。在农业形势的"四大变化"背景下，一些地方也出现了农户自发流转土地，开展适度规模经营的行为。在江苏苏南等乡镇企业发达地区，土地摎荒和农业比较效益低下问题更加严重。当地政府为了保障粮食安全，完

---

① 俞可平.论农业"适度规模经营"问题——警惕强制性"两田制"对农民的剥夺 [J].马克思主义与现实，1997（6）：43-46.

② 同①.

③ 谭术魁.耕地摎荒程度描述、可持续性评判指标体系及其模式 [J].中国土地科学，2003（6）：3-8.

④ 同①.

成粮食定购任务，采取了加强农田水利建设、增加农业机械投入、健全农业服务体系等一系列措施，鼓励适度规模经营。因此，中国农业适度规模经营首先发源于江苏苏南、浙江沿海、珠三角等经济发达地区[1][2]。普罗斯特曼等通过对江苏省吴县 3 个村庄的调查发现，1987 年左右 3 个村开始了规模经营。其做法是村干部首先宣传规模经营的重要性，然后将全村土地收回，重新划分为口粮田和责任田。口粮田通过抽签均分给农户，责任田集中开展规模经营。甚至也出现了有些农户自愿放弃了口粮田纳入规模经营（其中一个村高达 20% 的村民交出了口粮田）。村里也通过物质奖励等方式鼓励农民放弃口粮田[3]。

　　规模经营在沿海发达地区一出现就引起了中央的重视。1984 年中央一号文件《关于 1984 年农村工作的通知》首次提出"鼓励土地逐步向种田能手集中"。鼓励愿意种粮的农民通过集中别人不愿耕种的土地来扩大生产规模。当时不少人认为这是我国改造传统农业、建立现代农业的重要契机。考虑到中国人多地少的资源禀赋和土地大规模集中的难度，在我国不可能大规模发展西方发达国家那种现代化农场。1987 年中共中央发出《把农村改革引向深入》，文件提出"适度规模"的概念，强调农业规模经营的"适度"。并在北京、江苏等地开展了适度规模经营的试点。农业生产的适度规模经营正是在这样的背景下产生并不断发展。

①　俞可平. 论农业"适度规模经营"问题——警惕强制性"两田制"对农民的剥夺 [J]. 马克思主义与现实, 1997 (6)：43-46.
②　徐美银. 基于农民认知视角的中国农地制度变迁研究 [D]. 南京：南京农业大学, 2010.
③　罗伊·普罗斯特曼, 李平, 蒂姆·汉斯达德. 中国农业的规模经营：政策适当吗？[J]. 中国农村观察, 1996 (6)：17-29, 63.

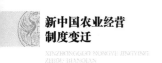

## 第二节 适度规模经营的理论基础

### 一、适度规模经营的概念

适度规模经营的概念是在规模经营基础上提出的。规模经营是指各种生产要素以一定数量的规模化组合进行的经营。规模经营首先是指生产的规模化，即生产过程中各生产要素的规模化使用，特别是生产资料的规模化使用。规模经营带来的规模经济是伴随着经济规模的扩大而使单位农产品的平均成本不断降低的一种投入产出关系。为简便起见，目前许多研究农业规模经营的论著中，往往以土地面积作为度量农业生产规模的基本尺度①。土地是农业生产中最不可少的、最基本的投入要素和生产资料，因而土地适度规模化使用基础上的生产资料的规模化使用，是农业规模经营的基本内涵。本书涉及的农业适度规模经营，核心是指以土地适度规模为基础的农业规模化生产。

适度规模经营是在实践中创造出的具有中国特色的农业经营概念。其原因是：第一，形成规模经营需要资本、技术、企业家能力等相关要素的匹配。第二，中国人多地少的资源禀赋和自给半自给的小农生产者特征，以及农村土地的社会属性决定了土地集中，特别是大规模集中的交易成本高昂，不可能像美国等发达国家那样集中大规模土地开展规模经营。第三，在家庭为单位的经营方式背景下，其经营规模受到家庭劳动力的影响（虽然可以采用雇工、机械化等方式补充或替代劳动力的不足），决定了中国的规模经营需要"适度"。这也强调了我国的规模经营应坚持家庭承包经营制基础上的适度规模经营。

适度规模经营是指在既有的生产力水平和经营条件下，适度扩大生产经营单位的规模，使土地、资本、劳动力等生产要素配置趋向合理，以达到在

① 许庆，尹荣梁. 中国农地适度规模经营问题研究综述 [J]. 中国土地科学，2010，24（4）：75-81.

当前条件下最佳或次佳的经营效益的活动①。"适度"服从两个原则：一是规模经济原则，即上述强调的随着土地规模增加，平均成本的下降。二是比较利益原则。这一原则与农业经营者的机会成本相关。适度规模经营是全社会劳动者的收入水平具有不断上升的趋势使从事专业化生产的农民的收入相当于或略高于当地、当时农村社会的平均水平的一种农地经营方式。因此，以不低于劳动力平均收入水平作为规模效益的起点目标，依据亩均农业纯收入计算达到这一目标的经营规模，然后再算出现有生产技术条件下每个劳动力实际所能耕种的土地数量。将两种计算结果进行调整，可测算出适度规模经营的临界规模②。临界规模时由于经营规模合理，不需要雇请零工，单位产品的成本费用低，可以获得较高经济效益，具有很强的可行性。临界规模是推行适度规模经营的第一阶段目标。在达到临界规模以后，农户经营规模进一步扩大，可能就会改变原有的生产成本，如增加雇工成本、机械化成本以及土地流转成本等。从理论上来看，在目标函数不变条件下，伴随着规模的扩大，会产生生产函数的变化，因此会产生在不同生产函数条件下的适度规模经营均衡点。当然，在不同目标函数下，其适度规模的"度"也将不同。后文将专门讨论适度规模经营的"度"的测算。

## 二、适度规模经营的测算

规模经营有一个"度"的界限，农业规模经营必须具有一定数量的可耕地，但并非耕地规模越大越好，在一定的技术条件下，如果经营面积过大，劳动力和机械等要素配置不足，会导致粗放经营、单产下降、收益减少等土地利用的不经济；反之，如果农地规模过小则会导致其他要素配置和利用不

---

① 许庆，尹荣梁，章辉.规模经济、规模报酬与农业适度规模经营——基于我国粮食生产的实证研究[J].经济研究，2011，46（3）：59-71，94.

② 雷起荃，胡小平，徐芳，等.建立稳定的粮食供给机制及实现途径[J].经济研究，1989（3）：54-60.

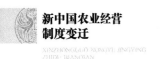
当，同样产生不经济。① 因此，必须准确地测算农户经营的适度规模。对于适度经营规模的确定标准，现有文献主要从产出效率、收入最大化以及均等化三方面来讨论。

（一）产出效率视角的适度规模经营测算

刘秋香等用土地产出率、劳均产出率衡量经营规模的适度，对农业适度经营规模进行定量测算，得出河南省南阳地区的农业适度经营规模为劳均耕地 0.33~0.47 公顷②。齐城以劳动生产率作为评价土地适度规模经营的标准，利用信阳市有关农业生产数据得出达到劳动力工作满负荷时的经营规模应为 5.12 亩③。钱克明和彭廷军在南方调研时发现专业大户的总收入虽然较高，但单产水平比 50 亩以下的经营户要低，还发现了南方小麦、水稻、玉米规模报酬变化的转折区间在 30~50 亩，一般少于 30 亩时规模报酬递增，大于 50 亩时规模报酬递减④。郭庆海则认为已有研究已经验证农业土地规模与规模经济呈现 U 形关系，由于土地供给弹性低的特征，U 形的拐点所需规模往往超出了现在大多规模经营的土地规模，即在土地可获性的约束下可实现的经营规模。这就造成了以现有农地规模来看，在土地规模扩大过程中还无法达到理论意义上的适度规模经营⑤。倪国华和蔡昉也认为粮食播种面积与亩均粮食产量之间呈 U 形结构，在 616~619 亩之前"反向关系"是成立的，在 616~619 亩之后，亩均粮食产量随粮食播种面积的增加而同步增长⑥。因此，中国普遍的经营规模还未到达 U 形的拐点。他们进一步提出，对于一个不以种粮

① 雷起荃，胡小平，徐芳，等.建立稳定的粮食供给机制及实现途径 [J].经济研究，1989（3）：54-60.
② 刘秋香，郑国清，赵理.农业适度经营规模的定量研究 [J].河南农业大学学报，1993（3）：244-247.
③ 齐城.农村劳动力转移与土地适度规模经营实证分析——以河南省信阳市为例 [J].农业经济问题，2008（4）：38-41.
④ 钱克明，彭廷军.我国农户粮食生产适度规模的经济学分析 [J].农业经济问题，2014，35（3）：4-7，110.
⑤ 郭庆海.土地适度规模经营尺度：效率抑或收入 [J].农业经济问题，2014，35（7）：4-10.
⑥ 倪国华，蔡昉.农户究竟需要多大的农地经营规模？——农地经营规模决策图谱研究 [J].经济研究，2015，50（3）：159-171.

为主的家庭综合农场而言，在现有生产力水平下，使家庭劳动禀赋达到最大化利用的农地经营规模是 131~135 亩。

（二）收入视角的适度规模经营测算

许治民根据霍邱县随机调查的 50 户户营百亩以上种田专业户有关经营规模和土地投入等资料，对经营效果进行分析后得出适度的经营规模应在劳均耕地 10~15 亩[1]。张丽丽等通过对河南、山东、河北三省的小麦经营状况进行实地调研，采用农户家庭利润最大化模型，研究出中国小麦主产区农地经营规模为 8.3 公顷左右[2]。李文明等以水稻生产利润最大化或单位产品成本最小化为导向，发现耕地经营的适度标准应该在 80 亩以上[3]。

（三）收入均等化视角的适度规模经营测算

雷起荃等以专业从事粮食生产的纯收入不低于当地劳动力平均收入为规模效益的起点目标，测算出四川平原地区农户（按每户标准劳动力 2 人计算）专门从事粮食生产的临界规模约为 10 亩[4]。柯福艳等把城镇居民的人均可支配收入作为蔬菜种植农户的机会成本，利用二次回归模型，求出了考虑机会成本下的最优种植规模为 0.095 公顷[5]。何秀荣按照当地 2.5 万元的劳均年可支配收入测算，并将适度规模就此收入水平按照 1 倍的上浮，得出农地适度经营规模 62.5~123 亩的范围[6]。

（四）区域分异视角的适度规模经营测算

不同区域的自然资源禀赋条件和经济社会发展水平决定了农地经营规模不可能遵循同一标准[7]。根据区域分异的规律，我国农业区域划分为九大类

① 许治民. 种植专业户经营规模适度分析 [J]. 安徽农业科学，1994（1）：85-88.
② 张丽丽，张丹，朱俊峰. 中国小麦主产区农地经营规模与效率的实证研究——基于山东、河南、河北三省的问卷调查 [J]. 中国农学通报，2013，29（17）：85-89.
③ 李文明，罗丹，陈洁，等. 农业适度规模经营：规模效益、产出水平与生产成本——基于 1 552 个水稻种植户的调查数据 [J]. 中国农村经济，2015（3）：4-17，43.
④ 雷起荃，胡小平，徐芳，等. 建立稳定的粮食供给机制及实现途径 [J]. 经济研究，1989（3）：54-60.
⑤ 柯福艳，徐红玳，毛小报. 土地适度规模经营与农户经营行为特征研究——基于浙江蔬菜产业调查 [J]. 农业现代化研究，2015，36（3）：374-379.
⑥ 何秀荣. 关于我国农业经营规模的思考 [J]. 农业经济问题，2016，37（9）：4-15.
⑦ 郭庆海. 土地适度规模经营尺度：效率抑或收入 [J]. 农业经济问题，2014，35（7）：4-10.

（表7-1），在东部地区，非农产业发展迅速，农业劳动力大量转移，农业规模化经营已经具备一定的现实基础，另外由于劳动力价格较高，宜形成以土地节约型技术为主、以劳动力节约型技术为辅的规模经营模式。在中西部地区，农民对土地的依赖程度还相当高，传统农业的特征还很明显，根据粮食产量增长、质量提高和专用性增加的市场需求情况，当前广泛选择节约耕地型的农业产业更具有现实可能性，但要完成从传统农业向现代农业的转型，就必须进行适度的规模经营，这又要求在一定程度上选择一些劳动力和技术均较为密集的产业①。张红宇根据调研发现不同地区出现了差异化的适度经营规模标准，安徽提出集中连片规模应在200亩左右；重庆提出适度经营规模应达到50亩（一年两熟地区）或100亩（一年一熟地区）以上；上海则提出经营规模以100~150亩为宜；而黑龙江等土地资源丰富的平原地区，农业机械化程度相对较高，适度经营规模明显高于其他地区②。

表 7-1　我国各农业区种植业家庭农场劳均种植面积和平均规模③

| 农业分区 | 劳均面积/公顷 | 平均规模/公顷 | 案例区 |
| --- | --- | --- | --- |
| 东北区 | 0.89 | 85 | 吉林延边 |
| 内蒙古及长城沿线区 | 0.88 | 200 | 内蒙古牙克石 |
| 黄淮海地区 | 0.33 | 10 | 北京顺义 |
| | — | 20 | 山东青岛 |
| 黄土高原区 | 0.47 | 3.3 | 山西河曲 |
| 长江中下游区 | 0.32 | 8.4 | 安徽金安区 |
| | — | 5.2 | 浙江建德 |
| | — | 3.5 | 江苏苏州 |
| | — | 8 | 上海松江 |

---

① 施晟，卫龙宝，伍骏骞.中国现代农业发展的阶段定位及区域聚类分析［J］.经济学家，2012（4）：63-69.

② 张红宇.家庭农场并非规模越大越好 各地标准不一［EB/OL］.（2014-02-27）［2019-03-20］. http://politics.people.com.cn/n/2014/0227/c70731-24481782.html.

③ 苏昕，王可山，张淑敏.我国家庭农场发展及其规模探讨——基于资源禀赋视角［J］.农业经济问题，2014，35（5）：8-14.

表7-1(续)

| 农业分区 | 劳均面积/公顷 | 平均规模/公顷 | 案例区 |
|---|---|---|---|
| 华南区 | 0.22 | 2 | 广东清远 |
| 西南区 | 0.23 | 11 | 四川阿坝州 |
| 甘新区 | 0.48 | 60 | 新疆石河子 |
| 青藏区 | 0.44 | — | — |

总之，适度规模是一个动态概念，随着时间、空间、经济要素、技术条件的变化，适度界限也会相应变化。土地的可获得性和土地集中的交易成本也将影响适度规模的"度"。另外，"度"的测算还取决于规模经营的目标。从理论上看，是对农业生产的目标函数的进一步认知。从时间上看，是规模经营的目标变迁。而关于规模经营的目标，主要可以分为效率目标和效益目标：一是以降低农业生产成本为目标或者以提高土地生产效率、劳动生产率为目标。二是实现农业总收益的增加。对农户而言，扩大土地经营规模可能并不只是为了降低单位农产品的生产成本或是增加农产品产量，降低成本、增加农产品产量只是增加收益的一种手段而已，增加经营的收益才是最终目的。[1] 因此，以粮食生产为例，按照效率标准来看，农地适度经营规模是131~135亩；按照效益标准来看，适度经营的临界规模约为10亩，农地适度经营规模为62.5~123亩的范围。

然而，需要说明的是，研究者和决策者都希望看到如下结果：土地的单位面积产量随土地经营规模的集中而不断增加，在工业化与城镇化逐步吸收了大量农业剩余劳动力之后，农地经营规模逐步扩大，粮食安全得到更加有力的保障，实现粮食增产和农民增收"双重目标"[2]。对于农业规模经营，如果单从农业生产目标来看，中国农业规模经营的导向应该是以"大"为标准，因为与均衡的规模经济拐点还有差距。但是如果通过规模经营来保障粮食安

---

[1]　许庆，尹荣梁，章辉. 规模经济、规模报酬与农业适度规模经营——基于我国粮食生产的实证研究 [J]. 经济研究，2011, 46 (3)：59-71, 94.

[2]　倪国华，蔡昉. 农户究竟需要多大的农地经营规模？——农地经营规模决策图谱研究 [J]. 经济研究，2015, 50 (3)：159-171.

全问题并解决在劳动力稀缺背景下谁来种地的问题,那么适度规模经营是在实现农业多功能目标基础上的最优选择。

因此,在农地经营规模不断集中成为不可逆转的发展趋势的背景下,仍陷于"反向关系"还是"规模报酬递增"的争论已无太大意义,尊重农户自身意愿,借助市场力量实现农地经营规模的逐步集中,成为未来顶层设计的基本共识①。

## 第三节　农业适度规模经营的实践探索

本节将按照 20 世纪 80 年代、20 世纪 90 年代和 21 世纪以来三个阶段梳理农业适度规模经营的实践探索。在此基础上,总结我国适度规模经营的主要形式。

### 一、20 世纪 80 年代的农业适度规模经营

随着 20 世纪 80 年代家庭承包经营制的实施,农民获得了经营的自主权。然而,产生了农业生产效率低下与非农机会增加、非农效率提高并存的现象。由此,在部分地区开始初步尝试适度规模经营,但这一阶段规模经营发展速度较缓慢。原因在于:第一,农村劳动力转移呈现出"离土不离乡,进厂不进城"的特点,农民对土地依赖较强。第二,鼓励土地集中还只是初步尝试,作为家庭承包制度实施中的特别情况加以对待,对土地集中、承包经营权的处分形式限制严格,土地要素市场尚不成熟,土地流转行为较少发生。第三,

---

① 倪国华,蔡昉. 农户究竟需要多大的农地经营规模? ——农地经营规模决策图谱研究 [J]. 经济研究,2015,50 (3):159–171.

这一阶段是以北京顺义、江苏苏南地区、山东平度等地试点为特点的适度规模经营模式。

（一）劳动力转移的"离土不离乡"

改革开放以来，农村劳动力流动出现了三次浪潮：第一次是以在本地乡镇企业就业为主的就地转移；第二次是以城市为目的地的异地转移、跨省转移；第三次是以长期在所工作的城市居住为特征，一部分农民举家迁移，逐步实现农民工市民化过程[1][2]。

在农村劳动力转移的"离土不离乡"阶段，农村劳动力外出数量很小。1982 年劳动力出乡数量为 200 万人，而平均劳动力迁移仅在 50 万人左右。到 1989 年劳动力出乡数量达到 3 000 万人，平均劳动力迁移仅在 400 万人左右[3]。这表明当时的劳动力流动范围局限在农村内部，但是已经有不少农民开始从事非农劳动。1984 年农村非农就业人口[4]就达到了 5 100 万人，高于 1989 年的劳动力出乡数量，占乡村就业人口的 14% 左右。1984—1989 年，非农产业就业人数不断增加，到 1989 年，农村非农产业就业人数达到 8 508 万人，占乡村就业人口的 20%（图 7-3）。

由于当时国家政策层面的限制，城乡对立的二元经济制度和严格的户籍制度限制了农村劳动力的出乡积极性。在保有农地的情况下既需要进行农业生产维持口粮安全，又要完成国家的粮食合同订购任务，使得农民难以抛弃农业生产出乡务工，同时乡镇企业和庭院经济的兴起都使得农民在务工层面采取了"就近原则"。随着国家逐步放宽户籍制度，允许务工、经商、办服务业的农民自理口粮到集镇落户，也有不少农民开始"离土又离乡"。

这一时期在劳动力转移背景下，农民仍然可以兼顾农业生产。因为农业生产时间并不像工业生产时间那么固定，乡镇企业的工人完全可以实现在工

---

① 实际上劳动力转移的阶段划分的三次浪潮是显现其转移的特性，不可能截然分开阶段，每一次浪潮都是就地转移和异地转移并存，即使在第一次浪潮中，也已经有农民到沿海去打工了。

② 张晓山. 中国农村改革 30 年：回顾与思考 [J]. 学习与探索，2008（6）：1-19.

③ 同②.

④ 农村非农就业人数=乡村就业人口-第一产业就业人数。

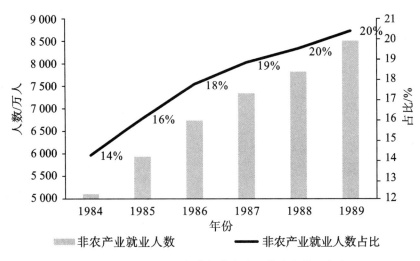

图 7-3  1984—1989 年农村非农产业就业人数及占比

资料来源:《中国农村统计年鉴》。

厂工作之外完成农活,即使是农忙季节,工厂放很短一段时间的假即可。另外,农民对土地依赖仍然较强,大多不愿意放弃土地。例如,在四川省成都平原地区,虽然劳动力转移率已经高达 30%～40%,但是真正放弃土地经营的农户不到 5%①。

(二) 土地向种粮大户集中的提出和土地流转的初步尝试

为实现土地产出与非农产业收入平衡,在土地细碎化背景下,需要促进土地要素的优化配置,通过扩大经营规模提高效益。因此,正如前文所述规模经营首先在沿海发达地区出现。

规模经营一出现就引起了中央的重视。1984 年中央一号文件《关于 1984 年农村工作的通知》明确提出"鼓励土地逐步向种田能手集中"。这是土地规模经营政策的最初表述。1984 年中央一号文件还提出:"在延长承包期以前,群众有调整土地要求的,可以本着'大稳定,小调整'的原则,经过充分商量,由集体统一调整……社员在承包期内,因无力耕种或转营他业而要求不包或少包土地的,可以将土地交给集体统一安排,也可以经集体同意,由社

①  胡小平.粮食适度规模经营及其比较效益 [J]. 中国社会科学, 1994 (6): 36-49.

员自找对象协商转包，但不能擅自改变向集体承包合同的内容。"逐步开始鼓励集体经济内部实施土地流转。但是，1984 年中央一号文件提出的鼓励土地集中还是相对审慎的，文件对土地流转的方式和流转价格给予了严格限制，为农民间可能出现的多种方式土地流转设置了政策障碍。例如，流转方式强调了"转包"，是指承包方将部分或全部土地经营权以一定期限转给同一集体经济组织的其他农户从事农业生产经营。这就将土地流转的范围限制在了集体经济组织内部。这是因为，在 20 世纪 80 年代初，人们认为承包到户后自己不种、把集体土地出租给别人种，这就是"二地主"，不劳而获，甚至是剥削行为①。1982 年的宪法还明确规定"土地不得出租和非法转让"，实际上在 1984 年中央一号文件中，既同意可以"协商转包"，又提出"自留地、承包地均不准买卖，不准出租"。但现实中，人口要流动就一定会带来土地经营权的转让，这是不可避免的。"鼓励土地逐步向种田能手集中。"但是不准出租，这就存在一定的矛盾。因此，为了规避"出租"，就创造了"流转"这个词②。实际上当时对转包行为的性质，转包的究竟是承包权、经营权还是承包经营权并没有明确说明，因为当时转包行为较少发生，所以这些问题并无大碍③。从承包方来看，政策限定了土地流转需要在集体内部，无法更大范围实现土地资源流转和合理配置。因此，即使到 1990 年，全国转包、转让土地的农户数占总数的不到 1%，流转耕地面积仅占全国耕地面积的 0.44%④。

为进一步扩大土地流转范围，为规模经营创造制度上的条件，1986 年中央一号文件《关于 1986 年农村工作的部署》在 1984 年中央一号文件的基础上，增加了适度规模的表述，明确提出"鼓励土地向种田能手集中，发展适度规模的种植专业户"。这是中央首次明确提出土地适度规模经营的概念。1988 年全国人大修改宪法，将 1982 年的"土地不得出租和非法转让"修改为

---

① 陈锡文，罗丹，张征. 中国农村改革 40 年 [M]. 北京：人民出版社，2018：59.
② 同①.
③ 同①.
④ 农业部农村合作经济研究课题组. 中国农村土地承包经营制度及合作组织运行考察 [J]. 农业经济问题，1993（11）：45-53.

"土地的使用权可以出租，并依法转让"，在宪法层面确立了通过出租和转让方式发展土地适度规模经营。实际上是将土地经营权流转范围从局限于村集体内部，扩大到了村集体外部，即承包方可以将部分或全部土地承包经营权以一定期限租赁给他人（而不仅是集体经济组织内部成员）从事农业生产经营。这就为规模经营和鼓励更多经营主体从事规模经营提供了条件和保障。

另外，在这一时期，土地流转价格是以一定数量的平价口粮体现的。1984年中央一号文件提出："在目前实行粮食统购统销制度的条件下，可以允许由转入户为转出户提供一定数量的平价口粮。"由于政策对土地所有权的有偿转让有较严格的限制，有一部分地区的农民在实践中采取了一种比较隐蔽的形式——两田制。两田制的具体办法是把土地划分为口粮田和责任田，农户留足口粮田以后，把责任田（剩余土地）转让给规模经营户耕种。出让土地的一方把口粮田所应负担的粮食定购任务转移到责任田上。由于粮食定购价与集市贸易价之间有较大的价差，这种土地转让实际上是一种有偿转让。在取消粮食定购任务，放开粮价以后，没有定购价与集市价的价差，这种转让从有偿变成了无偿①。

（三）规模经营试点探索

20世纪80年代末，随着苏南地区农业适度规模经营的兴起，其他东部沿海经济发达地区或者大中城市郊区等具备条件的地方也开展了适度规模经营的试点。1987年，中共中央发出《把农村改革引向深入》的通知，提出"在京、津、沪郊区，苏南地区和珠江三角洲，可分别选择一两个县，有计划地兴办具有适度规模的家庭农场或合作农场，也可以组织其他形式的专业承包，以便探索土地集约经营的经验"。规定有条件的地区可以有计划地探索实施土地规模化、集约化经营。当然，这一通知中也强调了规模经营的试点范围，并规定"目前，在多数地方尚不具备扩大经营规模的条件，应大力组织机耕、灌溉、植保、籽种等共同服务，以实现一定规模效益"。在此基础上，国务院作出了建立农村改革试验区的决定，开始在苏南无锡、吴县、常熟三县市，

---

① 胡小平. 粮食适度规模经营及其比较效益 [J]. 中国社会科学，1994 (6)：36-49.

山东平度市，北京顺义县，广东南海市，浙江温州市等地区进行农业土地适度规模经营试验。各试验区根据当地经济发展条件制定了内容不同的试验方案。

1. 北京顺义县集体农场模式

顺义县位于北京市郊区，经济较发达。20 世纪 80 年代以来，与东部沿海地区类似，顺义县出现了劳动力流动，土地兼业化经营，土地生产效率下降。另外，当地集体经济较发达，通过多年的农田基础设施建设，为规模经营积累了物质条件。

然而，社区的支持还需要建立在土地要素规模化的基础上，在缺乏土地使用权流转的市场环境下，北京顺义县采取了三种经营方式：第一，由村办集体农场，村集体统一经营。在农户放弃土地承包权的情况下，通过行政的手段，由村集体组织直接负责进行土地的统一调整和重新发包，到 1993 年，在全部耕地中，集体农场集中经营的粮田占 62.8%，劳均经营面积达 146.8 亩。第二，通过重新发包的方式，由专业户重新承包。由专业承包到劳的粮田占 28.6%，劳均 36.7 亩。第三，由农户家庭分散承包经营的粮田仅占 8.4%，劳均 8.9 亩。[①]

由此，顺义县成为当时全国唯一基本实现粮田规模经营的县，是各试验区中土地规模化经营程度最高的地区。

2. 江苏苏南和广东南海模式

江苏苏南和广东南海等地开展了建立在以种粮大户和以村服务组织为依托的村或站办农场基础上的规模经营。与北京顺义模式最大的区别在于土地规模经营是以家庭经营为主体，包括家庭农场（种田大户）、两田制集中责任田基础上形成的规模经营和村办农场（农业车间）[②]。到 1993 年，苏南无锡、吴县、常熟三县（市）的土地规模经营单位（指劳均经营农地面积 15 亩以上）已发展到 2 816 个，经营面积达 22.58 万亩，占责任田总面积的比重从

①　农业部农村改革试验区办公室. 从小规模均田制走向适度规模经营——全国农村改革试验区土地适度规模经营阶段性试验研究报告 [J]. 中国农村经济，1994（12）：3-10.

②　张红宇. 新中国农村的土地制度变迁 [M]. 长沙：湖南人民出版社，2014：85.

1988 年的 1.1% 提高到现在的 2.4%，其中发展较快的无锡县，规模经营面积已占责任田面积的 54%，占全县粮田面积的 18%。三县（市）已有 30 多个村实行了全部责任田的规模经营，20 多个村实行了全部粮田的规模经营[①]。

3. 山东平度的"两田制"

1987 年，山东省委省政府设立了平度市为土地规模经营试验区。1988 年，国务院批准将平度市列为全国农村改革试验区，平度市开始推行"两田制"。1989 年又推行与"两田制"相匹配的制度建设。"两田制"的做法是把耕地分为口粮田和责任田。口粮田按家庭人口平均分配，人人有份，这部分耕地只负担农业税，其他收入归农民，注重的是公平。另一部分地是责任田，这部分土地用来招标，能者经营，除了承担农业税外，还需缴纳承包费。1988—1993 年，山东省平度市有 8 929 户农户转包出让了土地，有 47% 的农户承包土地面积有所增加，全市相对集中土地 34 万亩，占耕地总面积的 13.2%[②]。但这种模式的缺点是收回承包土地涉及土地大调整，使财力弱而劳力多的农民丧失经营权；不少地方调整期过短，形成新的不稳定[③]。

各试验区在开展试验前几年也进展缓慢，直到 1991 年以后才出现明显改观。这些地方试验的成效加强了推进适度规模经营的信心和动力。主要体现在：第一，提高了土地生产率。试验地区的土地单产特别是粮食单产水平都超过了当地小规模兼业农户，这打消了人们对实行土地适度规模经营是否会导致单产下降的担心。第二，提高了农民收入。1993 年对苏南三县（市）调研发现，规模经营单位劳均年收入达 7 152 元，是当地普通务农人员收入的

---

① 农业部农村改革试验区办公室. 从小规模均田制走向适度规模经营——全国农村改革试验区土地适度规模经营阶段性试验研究报告 [J]. 中国农村经济，1994（12）：3-10.

② 同①.

③ 随着"两田制"在全国范围内的推广，一些地方出现原来的农民自愿实施，变成了强制推进。一些地方还出现了集体以多留机动地、搞"两田制"、以农业结构调整名义减少甚至收回农户承包地的现象，以及以"两田制"形式向农民征收更多"承包费"等偏离"两田制"初衷的问题。农民对"两田制"开始表现出强烈的不满。政府也意识到"两田制"可能带来的一系列问题，因此，1997 年中央明确提出不提倡推行"两田制"，凡是没有搞"两田制"的地方，不要再搞。

2.9 倍，是务工人员收入的 2.2 倍①。第三，加大了对农业的投入，改善了农业生产条件。第四，提高了务农人员的素质。各地区在实施土地规模经营试验时，都注意选择那些真正懂技术、会经营的农民作为规模经营的骨干力量，使一度出现的务农人员素质下降和后继乏人的状况有所改善，也推进了农村分工、分业的发展②。

　　然而，这一时期对适度规模经营的探索也存在一定的问题：第一，规模经营推进过程中出现了行政强迫命令，违背了农民意愿。第二，规模经营常伴随土地的"大调整"，影响了农户土地稳定性。第三，规模经营后，在一定程度上方便了土地"农转非"。有部分村庄在规模经营过程中把农用土地收回后用于商业或工业③。第四，从事规模经营的土地承包期限较短，影响了承包农户预期和对土地的投入。④ 第五，规模经营试点地区对规模经营的大量补贴，实际上是以牺牲小农利益补贴大农。一般是村集体集中村庄 80% 以上的土地，承包给若干个大户经营，每个大户种植的土地面积为 50~100 亩。合约条件是：村集体免租金提供给种植大户土地，免费或低额收取农机、农技服务费，外加一定量的生产资料补贴，种田大户则必须替村集体完成全村上缴的国家粮食任务⑤。

## 二、20 世纪 90 年代的农业适度规模经营

　　20 世纪 90 年代，适度规模经营加速发展。劳动力转移、土地流转和制度保障是推动农业适度规模经营加速发展的原因。伴随着城镇化发展和乡镇企业的衰落，劳动力转移从"离土不离乡，进厂不进城"发展到"离土又离乡，

① 农业部农村改革试验区办公室. 从小规模均田制走向适度规模经营——全国农村改革试验区土地适度规模经营阶段性试验研究报告 [J]. 中国农村经济，1994（12）：3-10.
② 张红宇. 新中国农村的土地制度变迁 [M]. 长沙：湖南人民出版社，2014：86.
③ 罗伊·普罗斯特曼，李平，蒂姆·汉斯达德. 中国农业的规模经营：政策适当吗？[J]. 中国农村观察，1996（6）：17-29，63.
④ 同②88.
⑤ 张曙光. 土地流转与农业现代化 [J]. 管理世界，2010（7）：66-85，97.

进厂又进城"阶段，农民对土地的依赖下降。在这一阶段，通过一系列政策和法律强化土地产权的稳定性与土地流转的合法性，加快了土地流转的步伐，推进了规模经营的实现。

（一）劳动力转移的"离土又离乡"

20 世纪 80 年代末，限制农村劳动力流动的政策开始放宽，区域差距、城乡差距也不断扩大，农村劳动力开始跨区域向城市流动。但是，由于各地对大量流入的农民工普遍准备不足，流动人口给交通、治安等方面带来了较大的压力。1989 年《国务院办公厅关于严格控制民工盲目外出的紧急通知》要求各地严格控制农民工盲目外出。1990 年，中央要求农民富余劳动力"离土不离乡"，引导农村富余劳动力就地消化和转移。

20 世纪 90 年代初期，农民工出乡人数有所减少，直到 1993 年左右才开始恢复增长。农民开始逐步"离土又离乡"，即前述以城市为目的地的异地转移、跨省转移。其原因是：第一，除沿海以外的农村地区乡镇企业大量倒闭，乡镇企业对农村劳动力的吸纳能力下降甚至停滞。第二，城镇化和工业化的快速发展，增加了对农村劳动力的需求，中央和地方政府开始明确鼓励并规范流动人口向城市迁移，逐渐清除了阻碍劳动力流动的各种障碍。1989 年农民工出乡数量为 3 000 万人，到 1993 年已经达到 6 200 万，是 1989 年的 2.1 倍左右。1997 年增长到 7 720 万，是 1989 年的 2.6 倍左右。1996 年，第二次全国农业普查报告显示，现有农村从业人员的从业地区主要在当地乡村，但离开本乡到县内、省内和省外从业的人员也占一定的比重，农村的就业问题已不只局限在农业和农村内部。全国农村从业人员中，在本乡内从事劳动的从业人员为 48 862.98 万人，占从业人员总数的 87.12%；在本乡以外从事劳动的从业人员为 7 222.6 万人，占 12.88%；其中，在本县外乡从事劳动的为 2 735.40 万人，在本省外县从事劳动的为 2 123.70 万人，在外省从事劳动的为 2 363.50 万人。1990 年农村非农就业人口 4 376 万人，占乡村就业人口的 10% 左右。1990—1999 年 10 年期间，农村非农产业就业人数呈不断上升趋势，1999 年略有下降，1999 年，农村非农产业就业人数达到 1.11 亿人，占乡村就业人口的 24%（图 7-4）。

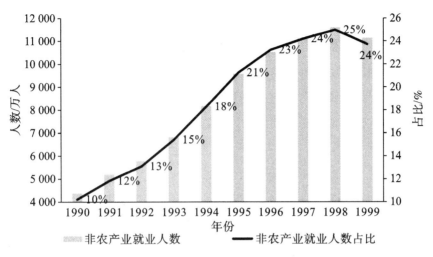

图 7-4　1990—1999 年农村非农产业就业人数及占比

资料来源：历年《中国农村统计年鉴》。

在这一阶段，劳动力呈现出"离土又离乡"的主要特征以及农村税费负担的加重，降低了对土地的依赖和进行农业兼业的可能性。另外，农民工资性收入占农民人均纯收入的比重也从 1990 年的 20% 上涨到 1999 年的 29%（图 7-5）。这也在一定程度上说明了农民对农业的依赖和对土地的依赖下降。

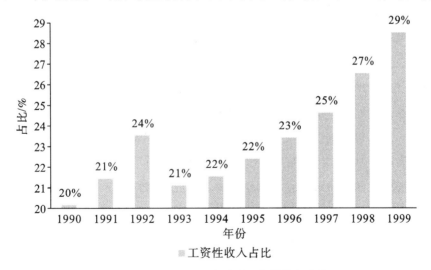

图 7-5　1990—1999 年农民工资性收入占比

资料来源：历年《中国农村统计年鉴》。

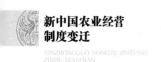
（二）规范土地流转制度

这一时期大多数地方 15 年承包期即将到期，承包期到期后怎么办，成为人们所担心的问题。另外，还有两个问题影响土地承包关系的长期稳定：第一，村集体组织负责人为了自身利益，违反政策，随意调整农户承包地。出现前述以多留机动地、搞"两田制"和农业结构调整名义减少甚至收回农户承包地的现象①。第二，由于人口变动，各承包户之间人地比例发生变化，部分觉得自己吃亏的农户要求调整承包土地。

针对这两个问题政府开始颁布一系列政策措施，旨在纠正此类偏差。1993 年《中华人民共和国宪法修正案》将原第八条第一款修改为："农村中的家庭联产承包为主的责任制和生产、供销、信用、消费等各种形式的合作经济，是社会主义劳动群众集体所有制经济。"确立了家庭联产承包责任制的法律地位。同年 11 月，《中共中央 国务院关于当前农业和农村经济发展的若干政策措施》明确规定为稳定土地承包关系，鼓励农民增加投入，提高土地的生产率，在原定的耕地承包期到期之后，再延长 30 年不变。开垦荒地、营造林地、治沙改土等从事开发性生产的，承包期可以更长。为避免承包耕地的频繁变动，防止耕地经营规模不断被细分，提倡在承包期内实行"增人不增地、减人不减地"的办法。文件一方面强调了土地承包经营权的稳定；另一方面，又提出在坚持土地集体所有和不改变土地用途的前提下，经发包方同意，允许土地的使用权依法有偿转让。少数第二、第三产业比较发达，大部分劳动力转向非农产业并有稳定收入的地方，可以从实际出发，尊重农民的意愿，对承包土地做必要的调整，实行适度的规模经营②。强调了土地经营权的流转和鼓励实施适度规模经营。这一文件明确了土地承包经营权的稳定与土地经营权的流转可以并行不悖，相辅相成。1993 年，党的十四届三中全会《关于建立社会主义市场经济体制若干问题的决议》提出，少数经济比较发达的地方，本着群众自愿原则，可以采取转包、入股等多种形式发展适度

---

① 张曙光.土地流转与农业现代化 [J].管理世界，2010 (7)：66-85，97.
② 同①.

规模经营，提高农业劳动生产率和土地生产率。1994 年《关于稳定和完善土地承包关系的意见》提出在坚持土地集体所有和不改变土地农业用途的前提下，经发包方同意，允许承包方在承包期内，对承包标的依法转包、转让、互换、入股，其合法权益受法律保护。土地流转的形式从早期仅允许转包发展到转包、转让、互换、入股等形式，进一步推进了适度规模经营的发展。

政府除了强调土地承包经营权稳定，鼓励土地经营权流转之外，对规范土地流转和土地整理制定了一系列的政策措施。1994 年《关于稳定和完善土地承包关系的意见》重点强调了：第一，农业承包合同的严肃性。一方面，严禁强行解除未到期的承包合同；另一方面，要教育农民严格履行承包合同约定的权利和义务。第二，土地调整的规范性。进行土地调整时，严禁强行改变土地权属关系。严禁发包方借调整土地之机多留机动地。原则上不留机动地，确需留的，机动地占耕地总面积的比例一般不得超过 5%。第三，"两田制"的规范性。1997 年《中共中央办公厅、国务院办公厅关于进一步稳定和完善农村土地承包关系的通知》针对"两田制"做出了定性和具体要求。文件指出"两田制"实际上成了收回农民承包地、变相增加农民负担和强制推行规模经营的一种手段。中央不提倡实行"两田制"。没有实行"两田制"的地方不要再搞，已经实行的必须按中央的土地承包政策认真进行整顿。文件还强调了"要处理好大规模土地整治和农民家庭承包经营的关系。一些地方为了改善生产条件、发展农业生产，开展了大规模的土地整治，包括兴修农田水利设施、建设基本农田、改土、围垦、治沙、建设大面积丰产田、搞小流域综合治理等，使耕地面积扩大了、连片了，便于大规模机械化作业。但生产的基础仍然应当是分户承包、家庭经营，集体主要是在土地整治中发挥统一组织、在生产中发挥统一服务的作用。家庭经营与集体经济组织的统一服务相结合，可以在农业生产的开发建设中更好地发挥作用"。

总之，这一时期一方面政府强调了农业适度规模经营必须在家庭承包经营制的基础上推进；另一方面，对在规模经营过程中土地流转和土地整理出现的问题制定了一系列政策措施。这一时期农业适度规模经营得到加速推进。1994 年全国农村实行农业规模经营的耕地面积为 605.63 公顷，占农村耕地总

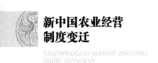
面积6.5%。20世纪80年代末期开展的规模经营试点地区在提高土地生产效率、增加农民收入、增加农业投入等方面取得了一定成效。

## 三、21世纪以来的农业适度规模经营

进入21世纪以来，农村劳动力转移在已有的"离土又离乡"的特征基础上，有部分农民定居到城市，实现了"农民工市民化"的过程。国家正式以法律规定的条文为农地流转的规范提供了直接的法律依据。在此基础上，不仅聚焦于土地要素的集约化，还着眼于规模经营主体的培育问题和鼓励工商资本下乡。农业税的废止使农民不仅降低了农业生产的成本，还可以获得一定的补贴，这就带来了土地流转的新形势，进一步激发了农业规模经营的积极性。农村土地"三权分置"改革通过放活土地经营权，盘活了农村土地产权，进一步促进了农业适度规模经营。

（一）劳动力转移新形势

21世纪以来，随着城镇化和工业化的不断推进，农民工对于经济社会发展的贡献得到社会的认同，政府也制定了一系列政策鼓励农村劳动力的流动和推进农民工融入城市，加快农民工市民化的进程。

2000年，农村非农就业人口就达到了约1.2亿人，占乡村就业人口的1/4左右。2000—2016年，农村非农产业就业人数不断增加，虽然2016年略有下降。到2016年，农村非农产业就业人数达到1.48亿人左右，占乡村就业人口的41%（图7-6）。

从农民工统计数据来看，2017年中国农民工总量为28 652万人，较2008年增长了6 110万人（图7-7）。从增长率来看，2008—2017年呈现波动增长的趋势，年均增长2.7%。

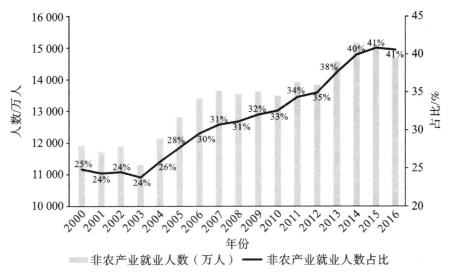

**图 7-6　2000—2016 年农村非农产业就业人数及占比**

资料来源：历年《中国农村统计年鉴》。

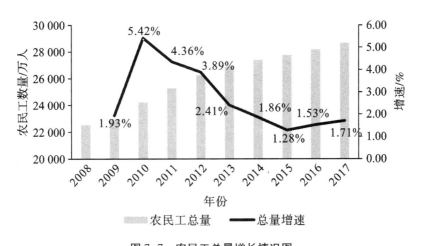

**图 7-7　农民工总量增长情况图**

资料来源：历年《全国农民工监测调查报告》。

在这一时期劳动力转移从民工潮发展到民工荒和民工返乡潮，出现了农民工数量的波动和在区域间（省内外）的动态调整变化。在我国产业结构升级步伐的加速下，企业逐渐由劳动密集型转变为技术密集型，自身素质不高的农民工得到工作的机会逐渐变小。国家也在不断地加大对农村的基础设施建设，中西部地区受西部大开发等政策措施的积极影响，对农民工的吸纳能力逐年增强，中西部地区外出务工的农村劳动力虽然仍大部分在省外务工，但是，在省内就近务工的人数逐年增加。2008 年中国外出农民工数量为14 041 万人，2017 年中国外出农民工数量为 17 185 万人，中国外出农民工增长了 22.39%，2008—2017 年平均增速为 2.49%。但是从 2012 年开始，外出农民工增速有所放缓，2012—2017 年平均增速为 1.35%（图 7-8）。

**图 7-8　外出农民工数量及增速**

资料来源：历年《全国农民工监测调查报告》。

从农民工的年龄结构来看，虽然近几年 50 岁以上农民工比例有所增加，但是仍然有约 80% 农民工年龄位于 16 岁和 50 岁之间（图 7-9）。大量青壮年劳动力向城市或者非农部门转移的原因在于对收入的更高预期。由于非农就业的收入往往较高，造成农业劳动力的机会成本增加，加之劳动力转移带来的农业劳动力稀缺，进一步加剧了农业劳动力成本上涨。另外，外出务工以青壮年劳动力为主，农业劳动力结构呈现出老龄化趋势。

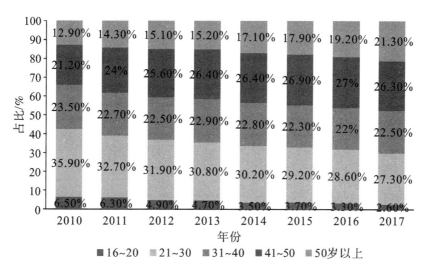

图 7-9　农民工年龄占比

资料来源：历年《全国农民工监测调查报告》。

当然，从另一个角度来看，这也是农业发展的历史性机遇，黄宗智和彭玉生认为中国农业处于大规模非农就业、人口自然增长减慢和农业生产结构转型三大历史性变迁的交汇之中①。这样的交汇将同时导致农业从业人员的降低和农业劳动需求的增加。面对这样的历史性契机，政府若能采取适当措施，农业当前的隐性失业问题应该可以改善，而农业的低收入问题也应该可以缓解。这条出路应以市场化的种植—养殖结合的小规模家庭兼业农场为主，并迈向绿色农业。

另外，农民工资性收入占农民人均纯收入的比重也从 2000 年的 31% 上涨到 2010 年的 41%，也在一定程度上说明了农民对农业的依赖和对土地的依赖继续呈现下降趋势，土地出现撂荒现象和土地以无偿或有偿的方式流转（图 7-10）。

① 黄宗智，彭玉生. 三大历史性变迁的交汇与中国小规模农业的前景 [J]. 中国社会科学，2007（4）：74-88，205-206.

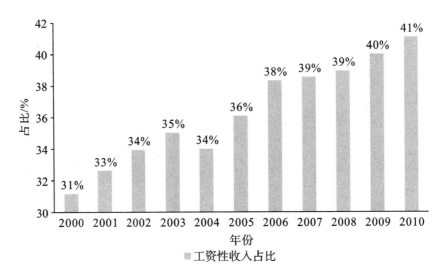

**图 7-10 2000—2010 年农民工资性收入占比**

资料来源：历年《中国农村统计年鉴》。

　　这一时期伴随着劳动力转移，土地流转也得到推进。2008—2016 年，农民工总量从 22 542 万人增长到 28 171 万人，土地流转率也从 9% 增长到 35%（图 7-11）。

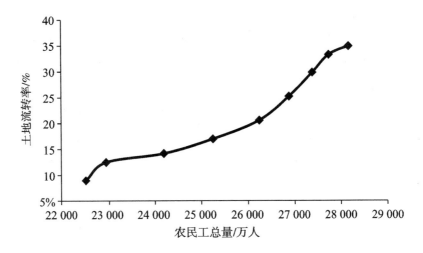

**图 7-11 土地流转率和农民工总量交叉分析图**

资料来源：历年《中国农村统计年鉴》，土流网 https://www.tuliu.com/土地数据库。

（二）制定完善农村土地相关政策

在适度规模经营过程中，部分地区土地流转在各主体的收益分配上出现矛盾或纠纷。主要表现在：第一，部分地区土地性质和用途的随意变更。第二，部分地区强制土地流转，流转价格过低。第三，部分农民毁约收回土地。原因在于：第一，土地流转行为没有严格的规范。第二，土地流转中各主体的权属不清。在家庭联产承包责任制初期，人们普遍将这种承包经营权认为是承包方（农户）向发包方（村集体）的租赁行为。虽然1986年《中华人民共和国民法通则》首次提出了"农民的承包经营权"的概念，并将其界定为"财产权"，但是人们对土地承包经营权属问题仍然存在争论。第三，农民承包的土地普遍存在地块面积不准、四至不清、履约机制不健全等问题。

因此，政府主要从确定土地权属关系和强调推进适度规模经营两个大方向制定了政策。

1. 明晰土地经营各主体权属

（1）从法律和政策上明确土地权属关系。2002年颁布了《中华人民共和国农村土地承包法》，坚持了上述关于土地流转的规定，提出："国家依法保护农村土地承包关系的长期稳定。农村集体经济组织成员有权依法承包由本集体经济组织发包的农村土地。任何组织和个人不得剥夺和非法限制农村集体经济组织成员承包土地的权利。"强调"土地承包经营权流转的主体是承包方。承包方有权依法自主决定土地承包经营权是否流转和流转的方式"。这部法律颁布的目的就是要稳定和完善以家庭承包经营为基础、统分结合的双层经营体制，通过赋予农民长期而有保障的土地使用权，切实维护土地承包者的合法权益，达到促进农业、农村经济发展和农村社会稳定的目的。2003年《中华人民共和国农村土地承包法》正式施行，开启了土地适度规模经营的新起点。该法着重强调国家保护承包方依法、自愿、有偿地进行土地承包经营权流转，首次以法律规定的条文形式在第二章第五节明确了土地流转的合法形式、遵循原则、流转主体及合同等基本内容，为农地流转的规范提供了直接的法律依据。在土地确权、登记与颁证等方面的规定为土地适度规模经营奠定了法律基础。该法是一个分水岭，此前，土地承包关系是一种责任制关系，权利与义务由承包合同约定；此后，土地承包关系被明确为国家赋权关系，权利与义务由法律规定[①]。

因此，2007年在全国人民代表大会通过的《中华人民共和国物权法》（以下简称《物权法》），再次对土地承包经营权流转予以明文规定。《物权法》虽然没有对流转、规模经营等问题作出更新、更详细的规定，但该法确认了承包经营权的用益物权属性，保证承包经营人享有合法、自由的处分权利，成为实现土地适度规模经营的法理基础。法律规定，农民对所承包的土地，是有"用益物权"的，不仅有使用权，更重要的是有排他性的占有权。"用益物权"是一种财产权。因此，农民的土地承包经营权，根据《物权法》，就是一种排他性的财产权。当然，需要强调的是，农民承包土地并不是私有制。《物权法》第六十条规定："集体所有的土地……由村集体经济组织或村民委员会代表集体行使所有权。"因此，物权法还强调了集体组织是农民集体的"代表"，中国农民承包的土地，农民既有排他性的"占有权"，又有与集体共享的"所有权"[②]。以《物权法》的颁布施行为标志，集体成员获得的土地承包经营权正式成为具有占有、使用、收益权能的用益物权。此后，土地承包经营权的权能不断扩大，以致在所有权之下、使用权之上衍生出一种中国独有的土地权利。《物权法》将土地承包经营权的性质界定为用益物权，从法律层面为市场经济条件下进行土地经营权交易，发展适度规模经营奠定了产权基础，全国土地经营权流转快速推进，土地适度规模经营实现了规模不断扩大，速度不断加快。2019年中央一号文件提出坚持家庭经营基础性地位，赋予双层经营体制新的内涵。在不改变"集体统一经营—农户分散经营"的前提下，使农民可依据自身条件选择土地等要素的配置方式，以此推动城乡要素的双向流动和农村产业融合，稳步提高城乡要素配置效率和农民收入水平[③]。

（2）以全国性的确权颁证量化了各主体所拥有的权利。为进一步稳定土地承包关系，需要明确农民承包的土地实际面积是多少，承包出去能不能按

① 叶兴庆. 农业经营体制创新的前世今生 [J]. 中国发展观察，2013（2）：7-9.
② 高亮之. 中国农民有财产吗——兼谈农民承包地的补偿问题 [J]. 炎黄春秋，2008（9）：4-12.
③ 高帆. 农村双层经营体制的新内涵 [J]. 农村·农业·农民（B版），2019（4）：29-31.

合同期收回。承租人也需要明晰的权能界定，才能放心租地。因此，中央和地方政府开始开展确权颁证工作。2008 年中央一号文件《关于切实加强农业基础建设 进一步促进农业发展农民增收的若干意见》强调要加强土地流转中介服务，鼓励发展多种形式的适度规模经营，各级政府和社会组织应积极培育有利于农地规模经营的市场环境。并首次提出"加强农村土地承包规范管理，加快建立土地承包经营权登记制度"。2009 年开始启动确权颁证。2013 年中央一号文件对全面开展农村土地确权登记颁证工作做出了具体部署。截止到 2017 年年底，承包地确权面积 11.59 万亩，占二轮家庭承包地（账面）面积的 80% 以上。

（3）"三权分置"的提出。

①提出的背景。工业化和城镇化不断推进的背景下，农村劳动力配置出现了变化，大量农村劳动力转移到城镇或非农部门，出现大量农民离土、离乡的现象。这就造成拥有土地承包经营权的农民不再经营自己土地的情况，带来农村土地承包权和经营权事实上分离，长年外出务工或者在城镇定居的农民继续拥有承包权，但是已经不再经营土地。在大多数地区，承包权与经营权分置的条件已经基本成熟。在这一情况下，如果单一强调所有权和承包经营权，既不利于稳定承包权，也不利于放活经营权。这样，实现土地所有权、承包权、经营权三权分置，就成为引导土地有序流转的重要基础。因此，2014 年开始了"三权分置"改革：一是要两权变三权，在原有农地所有权与承包经营权两分的基础上，实现承包权与经营权的再分离。二是要在坚持农地集体所有权的前提下，稳定承包权，放活经营权，容许经营权抵押，明确了土地所有权、承包权、经营权属于三种不同的、可以独立行使的权利。对没有发生流转的土地而言，实现了土地集体所有权与农户承包经营权的"两权分离"，而且农户承包经营权的权能不断扩大；对发生了流转的土地而言，土地经营权从承包经营权中分离出来，出现了所有权、承包权、经营权的"三权分置"。通过放活土地经营权，盘活了农村土地产权，并且提出了土地流转和适度规模经营是发展现代农业的必由之路的论断，肯定了农业规模经营的必要性和重要性。

②相关文件法规。2014年中央一号文件《关于全面深化农村改革加快推进农业现代化的若干意见》对于农村土地承包经营权制度，明确指出，"在落实农村土地集体所有权的基础上，稳定农户承包权、放活土地经营权，允许承包土地的经营权向金融机构抵押融资"，首次在中央文件中提出"农户承包权"和"土地经营权"的概念，这既是对近些年地方农地产权制度改革探索的官方回应，也为未来农地产权制度改革指明了方向。这正式宣告了我国农地由两权进入三权时代，被视为我国农地制度现代化改革的又一次重大创新①。同年11月《关于引导农村土地经营权有序流转发展农业适度规模经营的意见》又再次强调"坚持农村土地集体所有权，稳定农户承包权，放活土地经营权"。

2016年《关于落实发展新理念加快农业现代化实现全面小康目标的若干意见》，做出稳定农村土地承包关系，落实集体所有权，稳定农户承包权，放活土地经营权，完善"三权分置"办法，明确农村土地承包关系长久不变的具体规定。依法推进土地经营权有序流转，鼓励和引导农户自愿互换承包地块实现连片耕种。同年，中共中央办公厅、国务院办公厅印发《关于完善农村土地所有权承包权经营权分置办法的意见》，通过不断健全归属清晰、权能完整、流转顺畅、保护严格的农村土地产权制度，优化土地资源配置，培育新型经营主体，来提高土地产出率、劳动生产率和资源利用率，推动现代农业发展。

党的十九大《决胜全面建成小康社会夺取新时代中国特色社会主义伟大胜利》报告提出，"保持土地承包关系稳定并长久不变，第二轮土地承包到期后再延长三十年"，进一步明确了承包户的占有权权能。报告进一步强调，巩固和完善农村基本经营制度，构建现代农业产业体系、生产体系、经营体系，发展多种形式适度规模经营，培育新型农业经营主体，健全农业社会化服务体系，实现小农户和现代农业发展有机衔接。

---

① 郑志峰. 当前我国农村土地承包权与经营权再分离的法制框架创新研究——以2014年中央一号文件为指导 [J]. 求实，2014（10）：82-91.

2019 年新修订的《中华人民共和国农村土地承包法》将原有土地承包法中的农村土地所有权与承包经营权"两权"分离，变成所有权、承包权和经营权"三权"分置。不仅对承包农户的权益给予足够保护，也充分保障各种新型经营主体流转经营权后的权益，促进了土地适度规模经营，推进农业现代化发展。强调了承包集体土地的农户经营权可以自己来使用，也可以流转给别人。但是流转了承包土地经营权以后，承包农户和集体签订的原来土地承包关系并不改变，即承包农户流转了土地经营权之后，仍然享有集体土地的承包权，这一条不改变。

③改革的内涵。"三权分置"改革有着丰富、深刻的政策含义。

第一，继续坚持了土地公有制下的家庭承包经营制。通过落实集体所有权、稳定农户承包权，进一步强调了以家庭承包经营为基础、统分结合的双层经营体制。土地所有权归集体所有，强调了集体组织拥有土地发包权和处置权，拥有承包经营权的农户不得买卖土地。"三权分置"也肯定了集体在促进土地流转、规范土地流转行为和提供农业综合服务等方面的重要作用。只有坚持家庭承包经营制度才能赋予农民充分的经营自主权，才能充分调动广大农民的生产积极性。这是中国历史经验的总结，是防止中国历史上多次出现过的土地兼并现象的有效措施。

第二，经营权与承包权彻底分离。在《物权法》中强调了承包经营权是用益物权，承包经营权人具有占有、使用、收益的用益物权。但是这一阐述仍然没有对流转后会不会影响农民的土地承包权做出规定。"三权分置"在坚持农村土地集体所有的基础上，一方面保障和明确了农民的土地权益。强调了农民之所以享有承包土地的权利，关键在于他是本集体的成员。承包权不能进行流转，是属于农户的权利。农民可以通过土地经营权的出租依法取得收益。土地的增值收益归农民所有，农村土地经营权的转让与城市土地经营权转让的一个重要区别是，土地的增值收益将以级差地租Ⅱ的形式留给农民（而不是像城市中，土地增值收益被土地经营者拿走）。另一方面遵从在当代经济社会发展过程中人地不断分离的事实，将土地承包经营权中能够进行市场交易、具有使用价值和交换价值的权能分离出来形成土地经营权。经营权

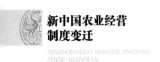

主体没有资格限制，具有开放性和可交易性，任何有能力和意愿的主体均可能获得。农民家庭承包的土地既可以由农民家庭经营，也可以通过流转经营权由其他经营主体经营，为非本村村民的外来经营者经营本村的土地扫清了障碍，经营权在广阔的范围内流转。在此之后，新的农业经营主体不再局限于农民，包括农业产业化经营组织、家庭农场、工商企业以及职业农民等。非农主体参与农地经营为农业生产带来了急需的资金、科技、人才等生产要素。

第三，有利于解决土地撂荒问题。土地、资金、技术、劳动力是农业生产的基本要素，我国发展现代农业的一个瓶颈就是缺乏有效地资源配置机制。以上几大要素不能有效地组合在一起的障碍就是土地承包权与经营权没有剥离。一方面，有土地的人没有资金，不想种地；另一方面，有资金又想种地的人却没有土地。土地三权分置消除了这个障碍，放活了土地经营权，通过发挥市场在农村土地资源配置中的决定性作用，引导土地经营权规范有序流转，促进了农业生产要素的优化组合，把农村的闲置土地利用起来，有利于解决土地撂荒问题。

第四，有利于发挥农业补贴的作用。发展农业、保持农产品的充足供给是各国政府宏观调控的一个重要目标。但是只要市场上的农产品处于供给充足状态，农业生产的效益必然就很低，甚至出现亏损。因而要保持农产品充足供给，政府必须对农业生产者提供补贴。我国自加入 WTO 以后，不断加大了对农业的补贴。但是，农业补贴过去一直是按土地面积发放，有相当大一部分没有补贴到经营者手中，而是补贴到土地所有者头上。土地承包权与经营权分离以后，土地经营者的身份明确了，农业补贴就可以直接对生产经营者发放，真正发挥农业补贴对生产的促进作用。另外，允许土地经营权向金融机构抵押融资，发挥了扶持作用。

2. 强调推进适度规模经营

在不断完善土地流转的基础上，中央强调了发展农业适度规模经营的重要意义。2014 年，中共中央办公厅、国务院办公厅印发了《关于引导农村土地经营权有序流转发展农业适度规模经营的意见》。意见指出，国家之所以坚定不移地扶持发展土地适度规模经营，是由于"伴随我国工业化、信息化、城镇化和农业现代化进程，农村劳动力大量转移，农业物质技术装备水平不断提高，农户承包土地的经营权流转明显加快，发展适度规模经营已成为必然趋势"。并强调了发展适度规模经营的重要意义："实践证明，土地流转和适度规模经营是发展现代农业的必由之路，有利于优化土地资源配置和提高劳动生产率，有利于保障粮食安全和主要农产品供给，有利于促进农业技术推广应用和农业增效、农民增收。"进一步对稳定完善农村土地承包关系、规范引导农村土地经营权有序流转、加快培育新型农业经营主体、建立健全农业社会化服务体系等内容做出了政策性的安排。

另外，政府采用补贴的方式，鼓励针对种粮的适度规模经营。2016年，财政部、农业部两部委下发《关于全面推开农业"三项补贴"改革工作的通知》指出，鼓励各地创新新型经营主体支持方式，采取贷款贴息、重大技术推广与服务补助等方式支持新型经营主体发展多种形式的粮食适度规模经营，不鼓励对新型经营主体采取现金直补。全国各地的补贴标准略有不同，一般是一亩地40~80元。例如，四川省成都市《关于加快推进粮食适度规模化经营的意见》提出："水稻、小麦、玉米（含制种）规模化生产连片面积在50亩及以上，并向市粮食局确认的粮食收购单位按照150公斤/亩交售所产稻谷（小麦、玉米、制种除外），同时秸秆综合利用率达到100%的，由市级财政按照以下标准给予奖励：面积在50~100亩（不含100亩）的，每亩奖励160元；面积在100~500亩（不含500亩）的，每亩奖励180元；面积在500亩（含500亩）以上的，每亩奖励200元。"

（三）取消农业税

2005年12月关于废止《中华人民共和国农业税条例》的决定取消农业税，实现了"均田免赋"的重大战略。

农业税的取消有利于闲置土地的利用和流转，原来低效利用的农地向高效利用农地的农户流转。征收农业税使土地利用效益不高的农民面临两难抉择：如果租给别人耕种，租金不够农业税，且很难租出；如果抛荒，却欠下农业税债，不敢轻易放弃土地。土地利用效益较高的农民也因为比较效益和用地成本，不愿意转入土地。免征农业税后，农民不仅没有了税费负担，还增加了各项惠农政策的补贴，使得种地变得有利可图，原来因土地负担过重而流转出土地的农民，纷纷回到村里重新要回承包地[①]。免征农业税打开了农用土地利用的新局面，对于农用土地使用权流转、资源优化配置、农用土地经营规模、保护耕地等都产生了积极的作用。农村税费改革对农村土地承包经营权流转的影响大致有两个方面：一是对原来已经流转的土地承包经营权，大部分的农民希望通过协商调整租金，农村土地承包经营权流转的租金可能出现一定的上涨。二是农业税在土地流转过程中会影响流转合约的签订和执行，供求双方需要对农业税费由谁负担以及如何负担进行谈判，这就增加了土地流转的谈判成本以及合同执行成本，是一种交易成本；而取消农业税会降低土地流转过程中的交易成本，促进土地流转[②]。

（四）工商资本下乡

为进一步推进规模经营，解决规模经营中的资金问题，通过鼓励工商资本下乡，向农业注入现代技术和资金。党的十八届三中全会《中共中央关于全面深化改革若干重大问题的决定》提出："鼓励和引导工商资本到农村发展适合企业化经营的现代种养业，向农业输入现代生产要素和经营模式"，为工商资本进入农业提供了明确的政策导向。仅就经济目标而言，中央希望通过改革基于均田制的农地小规模经营模式实现粮食增产和农民增收"双重目标"，进而推动工业化、城镇化和农业现代化同步发展。

伴随着规模经营主体的培养和工商资本下乡，农业适度规模经营已经不仅停留于粮食生产，开展了经济作物、畜牧业等多种形式的经营。但是一些地方也出现了一些问题：第一，违背农民意愿，为追求土地流转规模，强迫农民土地流转。第二，少数工商企业为争取用地指标或获取扶持政策，大面积流转（囤积）土地，导致"非粮化""非农化"问题突出。第三，一些村集体对外流转土地时，少数基层干部牟取私利。

---

① 张曙光. 土地流转与农业现代化 [J]. 管理世界，2010（7）：66-85，97.

② 吴鸾莺，李力行，姚洋. 农业税费改革对土地流转的影响——基于状态转换模型的理论和实证分析 [J]. 中国农村经济，2014（7）：48-60.

因此，中央和地方政策采取了一系列规范土地流转的政策。例如，提出"不得改变土地集体所有性质，不得改变土地用途，不得损害农民土地承包权益"。2016 年《农村土地经营权流转交易市场运行规范》，对土地流转市场运行提出要求，尤其是对集体对外流转土地以及工商资本下乡等情况进行了明确。

大量工商资本通过流转农民土地直接进入农业生产环节，流转土地面积大，动辄上百亩上千亩甚至上万亩，农业规模化经营迅速推广开来。截至2012 年 12 月底，全国家庭承包经营耕地流转面积已达 2.7 亿亩，其中流入工商企业的耕地面积为 2 800 万亩，占流转地总面积的 10.3%，2009 年增长了115%，到 2014 年 6 月底，流入工商企业的承包地面积已达到 3 864.7 万亩[①]。党的十八届三中全会决定提出："鼓励和引导工商资本到农村发展适合企业化经营的现代种养业，向农业输入现代生产要素和经营模式。"党的十八届五中全会公报也明确提出要鼓励和支持工商资本进入农村投资农业，重点从事农民干不了、干不好、干起来不经济的领域，把一般种养环节留给农户。据农业部统计，截至 2016 年 6 月底，全国农地流转规模已达 4.6 亿亩，超过承包耕地总面积的 1/3，在东部沿海的部分地区，农地流转比例已经超过 1/2，其中，流入工商企业的承包地面积达 3 882.5 万亩（截至 2014 年年底），约占全国承包地流转总面积的 10%，2012—2014 年流入企业的农地平均增速超过 20%[②]。

（五）规模经营和土地流转概况

1. 土地流转概况

中央的支持和鼓励迅速加快了土地流转的速度。伴随着土地流转制度的完善和劳动力转移的新形势，农地流转开始进入全新的发展阶段。2005—2016 年，土地流转率增长了 30%（图 7-12）。土地流转规模在持续扩大，但

---

① 王彩霞. 工商资本下乡与农业规模化生产稳定性研究［J］. 宏观经济研究，2017（11）：157-162，187.

② 四部门发文加强监管工商资本租赁农地［EB/OL］.（2015-04-30）［2019-03-15］. http://scitech. people.com.cn/n/2015/0430/c1057-26927974.html.

是土地流转规模增长率却波动较大，2008 年增长率达到 70%，2008—2015 年都保持两位数增长趋势，到 2016 年下降到 5%（图 7-13）。土地流转发展经历了缓慢期—加速期—减速期的转变，当前农地流转增速有放缓趋势。

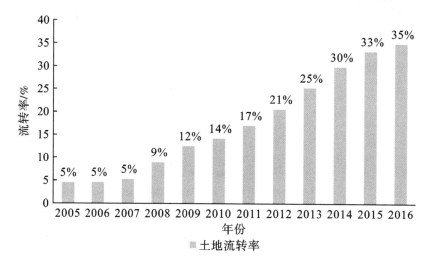

图 7-12　2005—2016 年土地流转率

资料来源：土流网 https://www.tuliu.com/土地数据库。

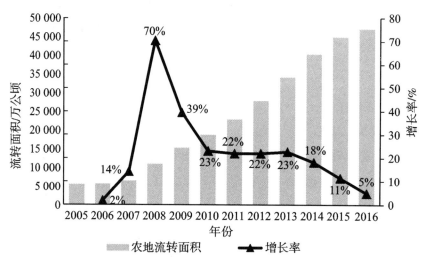

图 7-13　农地流转面积及增长率

资料来源：《中国农村统计年鉴》。

截至 2018 年 6 月底，全国家庭承包经营耕地流转面积 4.97 亿亩，比 2016 年年底增长 3.8%，比上年同期增长 8.1%；流转率 36.5%，比 2016 年年底提高 1.4 个百分点[①]。

2. 规模经营概况

土地流转既促进了普通农户经营规模的扩大，也促进了家庭农场、土地股份合作社、生产型企业等新型经营主体的成长。根据 2006 年全国第二次农业普查，我国各地区按经营耕地规模分的农业生产经营户数量、农业生产经营单位数量，其中，10 亩以下的农业生产经营户数量有 85% 左右，10~20 亩规模的不超过 10%；10 亩以下的农业生产经营单位数量有 88% 左右，但是值得关注的是 50 亩以上规模的达到了 8.8% 左右（表 7-2、表 7-3）。到 2016 年全国第三次农业普查，全国 2.3 亿户农户，其中 2.1 亿户农业经营户，平均每户承包 8 亩地。规模农业经营户和农民专业合作社分别约为 398 万户和 91 万个（表 7-4）。

表 7-2　各地区按经营耕地规模分的农业生产经营户数量（2006 年）

| 地区 | 10 亩以下 | 10~20 亩 | 20~30 亩 | 30~40 亩 | 40~50 亩 | 50 亩以上 |
|------|-----------|----------|----------|----------|----------|-----------|
| 全国总计 | 85.4% | 9.9% | 2.3% | 1.0% | 0.5% | 0.9% |
| 东部地区 | 92.8% | 6.1% | 0.6% | 0.2% | 0.1% | 0.2% |
| 中部地区 | 88.6% | 9.7% | 1.1% | 0.3% | 0.1% | 0.2% |
| 西部地区 | 83.3% | 10.4% | 3.0% | 1.3% | 0.7% | 1.3% |
| 东北地区 | 41.9% | 27.4% | 13.5% | 6.8% | 3.7% | 6.7% |

数据来源：国家统计局第二次农业普查。

---

[①]　农业农村部农村合作经济指导司. 当前农村经营管理基本情况［EB/OL］.（2018-01-05）［2019-03-15］. http://www.jgs.moa.gov.cn/txjsxxh/201801/t20180105_6134218.htm.

表7-3　各地区按经营耕地规模分的农业生产经营单位数量（2006年）

| 地区 | 10亩以下 | 10~20亩 | 20~30亩 | 30~40亩 | 40~50亩 | 50亩以上 |
|------|---------|---------|---------|---------|---------|---------|
| 全国总计 | 87.9% | 1.3% | 0.8% | 0.6% | 0.7% | 8.8% |
| 东部地区 | 89.2% | 1.0% | 0.7% | 0.5% | 0.7% | 7.9% |
| 中部地区 | 88.8% | 1.6% | 0.9% | 0.5% | 0.6% | 7.6% |
| 西部地区 | 86.5% | 1.5% | 1.0% | 0.7% | 0.6% | 9.7% |
| 东北地区 | 78.8% | 1.8% | 1.2% | 0.7% | 0.9% | 16.6% |

数据来源：国家统计局第二次农业普查。

表7-4　农业经营主体数量（2016年）

| | 全国 | 东部 | 中部 | 西部 | 东北 |
|------|------|------|------|------|------|
| 农业经营户/万户 | 20 743 | 6 479 | 6 427 | 6 647 | 1 190 |
| 规模农业经营户/万户 | 398 | 119 | 86 | 110 | 83 |
| 农业经营单位/万个 | 204 | 69 | 56 | 62 | 17 |
| 农民合作社/万个 | 91 | 32 | 27 | 22 | 10 |

数据来源：国家统计局第三次农业普查。

## 四、我国适度规模经营的主要形式

农业经营形式是与生产关系相联系的农业经济组织形式和运行形式，是以基本生产资料所有制为核心的人与人之间的利益关系和劳动分工协作关系。农业适度规模经营的实现路径是多种多样的，不同地区、不同阶段、不同资源禀赋、不同生产经营性质、不同的种养品种所对应的最佳实现路径均不相同。改革开放以来，我国农业适度规模经营在实践中形成了家庭经营、合作经营和公司经营三种主要形式。

（一）家庭经营

家庭经营是指主要依靠家庭自有劳动、自主经营、自负盈亏的农业经营形式。家庭经营形式在实践中主要体现为家庭农场。

家庭农场指由家庭成员自己经营的有一定规模和技术含量的农业生产单位，主要以家庭劳动力为主，是建立在农户间农地流转集中基础上的家庭经营，是现代化技术、规模化经营、企业化管理的农业经营形式。在家庭经营的基础上适度扩大经营规模并实行农业企业化经营管理就变成了家庭农场。家庭农场专门从事农业，主要进行种、养业专业化生产。经营者大都接受过农业教育或技能培训，经营管理水平较高，示范带动能力较强①。家庭农场经营规模适度，种养规模与家庭成员的劳动生产能力和经营管理能力相适应，符合当地确定的规模经营标准，收入水平能与当地城镇居民相当，实现较高的土地产出率、劳动生产率和资源利用率②。以家庭作为农业的基本经营单位，劳动者具有很大的主动性、积极性和灵活性，能够对农业劳动全过程共同负责、对农业最终产品负责。

家庭农场包含四个方面的特征：一是大多通过土地流转方式，实现了适度规模；二是以家庭劳动力为主，区别于工商资本农场的雇工农业；三是强调其稳定性，区别于承包农民土地的短期行为；四是需要进行工商注册。2013 年中央一号文件《关于加快发展现代农业、进一步增强农村发展活力的若干意见》首次提出"家庭农场"经济模式之后，家庭农场得到了迅速发展。2016 年年底，纳入农业部统计调查的家庭农场总数达 44.5 万户。各类家庭农场经营耕地 5 675.0 万亩，平均每个家庭农场经营耕地在 175 亩左右。从事粮食生产的家庭农场，耕地经营规模在 50~200 亩之间的占 63.2%，200~500 亩的占 27.5%，500~1 000 亩的占 6.8%，1 000 亩以上的占 2.5%③。

（二）合作经营

合作经营形式是个体农户按照自愿互利原则参与合作组织。合作经营形式在实践中主要包括农民专业合作组织和土地股份合作组织两种形式。

---

① 曾福生. 中国现代农业经营模式及其创新的探讨 [J]. 农业经济问题，2011，32（10）：4-10，110.

② 中华人民共和国农业部. 农业部关于促进家庭农场发展的指导意见 [EB/OL].（2015-05-07）[2018-03-09]. http://jiuban.moa.gov.cn/sjzz/jgs/cfc/zcfg/bmgz/201505/t20150507_4583485.htm.

③ 中华人民共和国农业部. 2016 年家庭农场发展情况 [J]. 农村经营管理，2017（8）：41-42.

农民专业合作组织是农民自愿参加的，以农户经营为基础，以某一专业
化产品或产业为纽带，形成的资金、技术、采购、生产、加工、销售等互助
合作经济组织。这种形式能够通过生产环节的合作，实现规模经济。例如，
通过合作实现共享农业机械服务、农业技术服务等。在这种形式中，合作社
成员之间形成了紧密的利益链条，有完善的制度体系和利益分配机制，组织
中既有具有丰富的传统种、养经验的社员，又有具备现代经营意识的社员，
主要适用于种植业、养殖业和高效农业，适宜于有大户或经济能人牵头，相
关产业已经形成显著规模和良好发展基础的地区[①]。中国各类农民专业合作组
织的迅速发展，有力促进了农业适度规模经营和现代农业发展。截至 2016 年
年底，纳入统计调查的农民专业合作社总数达 156.2 万个，比 2015 年年底增
加 22.6 万个，增长 16.9%，其中，被农业部门认定为示范社的 14 万个，占
合作社总数的 9%[②]。

农村土地股份合作组织是指在家庭承包经营基础上，农民群众按照依法
自愿有偿的原则，以土地承包经营权入股联合经营并共享收益的农业合作形
式。这种形式最早产生于 20 世纪 80 年代的广东珠三角地区，以南海市为例，
是将土地的使用权和社区其他资产以入股的方式重新集中到农业公司（或合
作社）由其统一规划、统一经营，或者采用"二次承包"，即由农业公司
（合作社）将土地承包给机耕户、专业大户开展适度规模经营[③]。然而，这一
模式出现了把集体用地用于工业建设的问题。后来发展的土地股份合作组织
更多强调的是在不改变土地用途前提下，通过土地股份合作组织的中介作用，
实现土地的集中经营和"二次承包"。2016 年中央一号文件提出"鼓励发展
股份合作，引导农户自愿以土地经营权等入股龙头企业和农民合作社，采取
'保底收益+按股分红'等方式，让农户分享加工销售环节收益，建立健全风
险防范机制"。鼓励发展土地股份合作社。实践中，四川、重庆、浙江、江苏
等地已经积极开展试点工作，并形成了一定规模的发展。例如，四川省崇州

① 蒋和平. 农业适度规模经营多种形式实现路径探讨 [J]. 农村工作通讯, 2013 (3)：56-59.
② 中华人民共和国农业部. 2016 年农民专业合作社发展情况 [J]. 农村经营管理, 2017 (8)：45.
③ 杜润生. 杜润生自述：中国农村体制变革重大决策纪实 [M]. 北京：人民出版社, 2005：159.

市通过引导农户以土地承包经营权折资折股，组建土地股份合作社。农户成为合作社社员，合作社招聘农业职业经理人负责专业化种植。在此基础上，形成了以培育农业职业经理人队伍推进农业的专业化经营，以农户为主体自愿自主组建土地股份合作社推进农业的规模化经营，以强化社会化服务推进农业的组织化经营，实现多元主体"共建、共营、共享、多赢"的农业共营制模式①。土地股份合作组织的经营方式主要有三类：第一，合作社只发挥流转中介的作用，不直接从事土地经营活动。合作社将土地全部委托给第三方经营，不从事具体的经营活动。第二，合作社自主经营部分土地。除了向外出租土地外，合作社自主经营或由成员承包经营部分土地。以江苏省为代表，多数是一个行政村成为一个农场，农场规模多数在千亩以上，村民为"股民"，从农场中可获得地租和红利收入；留场务农的可获得工资，其他人员往往外出就业挣工资。第三，土地股份合作社与农民专业合作社相结合。即参加土地股份合作社的部分成员又组建专业合作社，承包土地股份合作社的土地开展农业生产。

（三）公司经营

公司经营是依托企业，特别是龙头企业，在政府的协调和引导下运用市场机制的作用推进适度规模经营。其特点是企业已经形成完善、固定、可复制的合作模式，与农户有全面的合作与收益分配协议，企业掌控生产经营核心环节，统一供种苗及生产资料，与农户结成了利益共同体，主要适用于生产经营环节比较容易分开进行的某些产业，如养殖业，适宜于那些有较高抗风险能力的企业牵头、当地农户有较好的养殖传统和规模的地区推广②。公司经营一般以"公司+农户"的组织化方式开展，一般采取租赁农场模式开展适度规模经营。租赁农场模式属于要素合约，基本形式是企业租赁农户的土地（土地经营权）进行经营，农户由此获得土地租金，换言之是工商资本租地进入农业的模式。

---

① 罗必良，李玉勤. 农业经营制度：制度底线、性质辨识与创新空间——基于"农村家庭经营制度研讨会"的思考 [J]. 农业经济问题，2014，35（1）：8-18.
② 蒋和平. 农业适度规模经营多种形式实现路径探讨 [J]. 农村工作通讯，2013（3）：56-59.

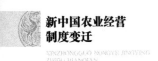
需要说明的是，实践中，往往存在政府、企业、合作社和农户都参与的类型，本书只是按照在规模经营中起主要作用或带头作用的主体进行类型划分。在扩大农场规模的途径选择中往往会看到主张某种形式的争论。理论上，没有绝对的途径优劣之分，应以目标实现效果为准绳，重要的是需要看到不同形式的利弊之处及其适用时空，要看到不同形式下的阶段性和可持续性。

## 第四节　待解决的问题

在农业适度规模经营道路探索过程中，存在适度规模经营方向选择、适度规模经营规模决策、适度规模经营过程违约和适度规模经营要素投入四大类待解决问题。适度规模经营要素投入问题又主要表现在劳动力要素投入问题、土地要素投入问题、资金要素投入问题。

### 一、适度规模经营方向选择问题

第一，"非农化"和"非粮化"仍然存在。政府推进适度规模经营都希望看到的结果是粮食增产和农民增收。然而在实践中，经营方向可能出现与预期目标的偏差。长期以来粮食生产的比较效益低下，政府推行适度规模经营的政策初衷与农户经营目的就可能产生偏差，出现"非粮化"甚至"非农化"的倾向。部分适度规模经营主体开展适度规模经营的目标并不是真正发展农业，而是以经营农业的名义获得用地指标，从事旅游、养老和房地产等产业。特别是由于部分适度规模经营主体与农户签订了长期土地流转合同，如果在短期没有实现预期收益或土地非农化的目标，其流转的土地就可能出现撂荒现象或者部分企业"跑路"的情况。

第二，经营"同质化"严重。在实践中，存在部分规模经营主体较严重的跟风升级现象，普遍认为传统种植的大田品种"过时了"，打着调整农业结构的旗号发展一些当下市场价格较高的特色品种，并且规模普遍较大，不是"一村一品""一村一业"，而是"多村一业""整乡推进"。农业面临市场和自然的双重风险，如果不遵循自然规律和市场规律，盲目确定种植品种，可能会造成：①由于自然灾害或病虫害带来农作物减产。②市场价格波动造成农作物增产不增收。加上适度规模经营主体的经营面积较大，造成的损失往往比散户经营更加严重。

## 二、适度规模经营规模决策问题

部分规模经营主体盲目扩大经营规模，原因在于：①由于政府对规模经营实施了激励政策，并且规模越大，补贴力度越大，导致一些地区盲目扩大规模，而缺乏对农业生产长远的规划。另外，也出现了部分地区集中几个规模经营主体以名义上一体的规模化经营获取更高的规模经营补贴。②如前所述，部分适度规模经营主体开展适度规模经营的目标并不是真正发展农业，而是以经营农业的名义获得用地指标，期待土地政策放宽后，可以顺理成章地实现土地的"非农化"。

盲目的规模扩大，造成了以下问题：①土地集中难度增大。土地规模的扩大，增加了土地集中的难度，交易费用增加。②资金需求增大。规模的扩大，土地租金和农业生产资料投入成本都将增加，因此，带来较高的资金需求。然而，农业生产又是一个投资回报周期相对较长的行业，农村金融市场尚不成熟，由此造成规模经营主体较大的资金压力。③经营风险增大。由于经营规模的扩大，也会面临较严重的自然风险和市场风险。④管理难度增大。由于规模的扩大，必然带来较大的劳动力需求。一方面，雇佣劳动力的难度增大；另一方面，监督管理劳动力的难度也将增大。

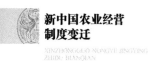
## 三、违约问题

适度规模经营过程违约问题主要体现在伴随着土地集中过程，受让方（规模经营主体）和承包方（农户）的违约问题。一方面，农户可能因为有其他的更高的土地流转价格需求，而转向流转给另外的规模经营主体，出现"毁约要地"的现象。另一方面，规模经营主体可能由于农业经营不善、自然灾害等问题，未能达到预期的收益而违约，出现"毁约退地"现象。面对违约风险的问题，各地也试点采取了诸如土地履约保证保险这一类措施，试图规避由于土地流转合同违约造成的利益受损。例如，四川省邛崃市用引入土地流转履约保证保险的方法来防范违约风险，如果规模经营主体跑路，则由保险公司来偿付当年或次年土地租金。这种做法一定程度保护了农户流转土地的利益和积极性，减轻了部分规模经营主体的经济负担，同时减轻了基层政府兜底解决纠纷的负担。然而从土地流转的长期与短期风险，投保主体与承保主体的性质等角度还存在较多问题（范丹 等，2018）。

## 四、适度规模经营要素投入问题

### （一）劳动力要素投入问题

适度规模经营存在一定的雇工需求，但是雇佣的劳动力不管从"量"还是"质"上都存在一定的问题。第一，从"量"上来看，存在较严重的短缺问题。由于大量劳动力外出务工，缺乏留在农村的劳动力，特别是农业雇工存在较严重的季节性需求，适度规模经营的雇工时间与普通农户农忙时间重叠，造成农业雇工的不稳定和高成本问题。第二，从"质"上来看，大量受教育程度较高的中青年外出务工，老人、妇女成为当前农业生产经营活动的主体，经营者综合素质有待提高。虽然适度规模经营主体通过推进农业各环节的机械化，一定程度上缓解了劳动力投入的问题，但是由于中国资源禀赋约束和成本问题，机械对劳动力的替代有一定难度。

普遍缺乏规模经营人才。在适度规模经营主体中，缺乏"懂农业，爱乡村，爱农民，有志向，有身手，有担任"的"一懂两爱三有"人才。第一，目标错位。部分适度规模经营主体从事适度规模经营的目标并不是发展农业，而是为了争取政府部门对其的项目资金支持或补贴，或者是为了"圈地"。第二，缺乏农业经营经验。部分适度规模经营主体是转行开展农业经营的，对农业技术和农业市场缺乏了解。另外，也有部分规模经营主体虽然是想从事农业生产经营，但是缺乏长远的规划和先进的经营理念。

（二）土地要素投入问题

土地要素投入是适度规模经营重要的保障。目前适度规模经营主要存在土地要素配置问题、土地违约风险和流转价格的问题。

第一，土地要素的配置问题。伴随着城镇化的不断推进，土地仍然保留"生不增、死不减"的制度，导致"人地分离"的问题日趋严重。有的农民反映，"现在活人没地种，死人有地种"。规模经营主体因为需要转入土地，承担着日益增长的租金成本和交易费用。另外，已有政策和法律重点强化了农民土地的使用权、收益权的赋权，但是对处置权、抵押担保权、继承权等权能的赋权重视不够。以抵押担保权为例，2019 年，新修订的《中华人民共和国农村土地承包法》规定：承包方和受让方均可通过土地经营权向金融机构融资担保。即"承包方可以用承包地的土地经营权向金融机构融资担保，并向发包方备案。受让方通过流转取得的土地经营权，经承包方书面同意并向发包方备案，可以向金融机构融资担保"。但是土地的经营权抵押，实际上抵押的只是土地的预期收益，是现金流而非不动产，类似于订单质押的性质，存在弱抵押的问题。

第二，租金的定价不公问题。目前各地区的土地流转定价大多采用固定现金价格或以黄谷、大米等折价的形式进行租金定价。但是由于定价往往由村集体与承包方确定，难免造成部分农民对流转价格的不满意，或者是当年满意，但是第二年希望增加的情况。另外，由于承包方往往是大规模的土地流转，定价一般都是采用统一价格，而土地存在不同的等级，这样可能因为良田定了低价而产生矛盾或纠纷。

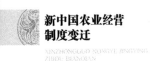

（三）资金要素投入问题

规模经营主体的资金要素投入问题主要是由于农村正规金融市场不完善带来的融资难问题。

第一，适度规模经营主体的融资能力不足。①适度规模经营也存在农业自身的自然风险和市场风险，加上经营规模更大，可能存在更严重的自然风险和市场风险。②适度规模经营主体缺乏有效的抵押担保手段。③资金需求特征与资金供给特征不匹配。适度规模经营主体对资金需求具有季节性，而资金周转周期又较长，所以造成融资难的问题。

第二，农村金融机构信贷供给意愿不强。①适度规模经营主体融资风险较大。风险控制是金融机构最关注的内容，然而农业的自然和市场风险导致了贷款的坏账风险高，进一步导致金融机构的信贷供给向工商业和城市倾斜，农村金融产品供给不足。②适度规模经营主体融资规模较小。适度规模经营主体融资规模较小，金融机构的收益较低。③适度规模经营主体监督难度较大。由于适度规模经营主体信贷用途是用于农业各个环节，然而农业各环节难以监督，金融机构的监督难度和管理难度都较大，这都导致了农村金融机构的信贷供给意愿不强。

第三，农业保险供给不足。为了降低农业生产的自然风险，减少不确定性损失，新型农业经营主体愿意多付保费、多购保险以提高赔偿金额，但市场上难以找到符合农业生产需求的保险产品。

# 参考文献

"无农不稳，无工不富，无商不活"江苏人最早提出"三句话"［EB/OL］. (2018-12-18）［2019-4-20］. http://www.yangtse.com/jiangsu/2018/12/18/ 1375814.html.

2014年度全国农民专业合作社总数达128. 88万户［EB/OL］. （2015- 01-26）［2019-06-14］. http://www.ccfc.zju.edu.cn/Scn/NewsDetail? newsId= 19633&catalogId=338.

艾云航，1993. 把农业引向市场经济的好形式——贸工农一体化、产加销 一条龙问题研究［J］. 中国农村经济，（4）：19-22.

艾云航，2008. 发展产业化经营 增加农民收入［J］. 理论学习，（8）： 8-10.

安徽省委党史研究室，2006. 安徽农村改革口述史［M］. 北京：中共党 史出版社.

薄一波，1992. 农业社会主义改造加速进行的转折点（四）［J］. 农村合 作经济经营管理，（7）：38-40.

薄一波，1992. 农业社会主义改造加速进行的转折点（一）［J］. 农村合 作经济经营管理，（4）：35-39.

薄一波，1997. 若干重大决策与事件的回顾（修订本）：上卷［M］. 北 京：人民出版社.

蔡昉，王德文，都阳，2008. 中国农村改革与变迁：30 年历程和经验分析 [M]. 上海：上海人民出版社.

曾福生，2011. 中国现代农业经营模式及其创新的探讨 [J]. 农业经济问题，32（10）：4-10，110.

产业化联合体激发现代农业发展活力 [EB/OL].（2018-02-25）[2019-06-02]. http://www.farmer.com.cn/wszb2018/fz2018/xwjb/201802/t20180225_1358788.htm.

陈大斌，1998. 饥饿引发的变革——一个资深记者的亲身经历与思考 [M]. 北京：中共党史出版社.

陈大斌，2008. 中国农村改革纪事 [M]. 成都：四川人民出版社.

陈大斌，2011. 从合作化到公社化——中国农村的集体化时代 [M]. 北京：新华出版社.

陈怀仁，夏玉润，1998. 起源：凤阳大包干实录 [M]. 合肥：黄山书社.

陈希玉，傅汝仁，1998. 山东农村改革发展二十年回顾与展望 [M]. 济南：山东人民出版社.

陈锡文，2018. 读懂中国农业农村农民 [M]. 北京：外文出版社.

陈锡文，罗丹，张征，2018. 中国农村改革 40 年 [M]. 北京：人民出版社.

陈锡文，赵阳，陈剑波，等，2009. 中国农村制度变迁 60 年 [M]. 北京：人民出版社.

陈云，1995. 陈云文选：第 2 卷 [M]. 北京：人民出版社.

陈云，1995. 陈云文选：第 3 卷 [M]. 北京：人民出版社.

程婧涵，2015. "能人主导型"合作社治理机制对绩效的影响 [D]. 蚌埠：安徽财经大学.

程荣喜，蔡长立，1990. 种养加销一体化经营的优势和思路 [J]. 农垦经济研究，(2)：32-34.

崔海燕，2008. 改革开放三十年重要档案文献·安徽——安徽农村改革开放三十年 [M]. 北京：中国档案出版社.

邓子恢，1966. 邓子恢文集 [M]. 北京：人民出版社.

丁力，1997. 农户：农业产业化的主角 ［J］. 经济工作导刊，(2)：20-21.

丁龙嘉，1998. 改革从这里起步——中国农村改革 ［M］. 合肥：安徽人民出版社.

丁泽吉，1979. 农工联合企业浅论 ［J］. 经济研究，(8)：23-27.

杜虹，1998. 20 世纪中国农民问题 ［M］. 北京：中国社会出版社.

杜润生，1997. 当代中国的农业合作制 ［M］. 北京：当代中国出版社.

杜润生，1999. 中国农村改革决策纪事 ［M］. 北京：中央文献出版社.

杜润生，2003. 中国农村制度变迁 ［M］. 成都：四川人民出版社.

杜润生，2005. 杜润生自述：中国农村体制变革重大决策纪实 ［M］. 北京：人民出版社.

杜润生，袁成隆，1992. 建国以来合作化史料汇编 ［M］. 北京：中央党史出版社.

段志洪，徐学初，2009. 四川农村 60 年经济结构之变迁 ［M］. 成都：巴蜀书社.

房维中，1984. 中华人民共和国经济大事记 ［M］. 北京：中国社会科学出版社.

傅晨，2000."公司+农户"产业化经营的成功所在——基于广东温氏集团的案例研究 ［J］. 中国农村经济，(2)：41-45.

傅晨，2013. 中国农业改革与发展前沿研究 ［M］. 北京：中国农业出版社.

高帆，2019. 农村双层经营体制的新内涵 ［J］. 农村·农业·农民（B 版），(4)：29-31.

高化民，1999. 农业合作化运动始末 ［M］. 北京：中国青年出版社.

高亮之，2008. 中国农民有财产吗——兼谈农民承包地的补偿问题 ［J］. 炎黄春秋，(9)：4-12.

高鸣，郭芸芸. 2018 中国新型农业经营主体发展分析报告——基于农业产业化龙头企业的调查和数据 ［N/OL］. 农民日报，(2018-02-22) ［2019-05-14］. http://www.tudi66.com/zixun/6935.

贵州农业合作化史料编写委员会，1989. 贵州农村合作经济史料：第四辑

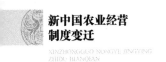
[M]. 贵阳：贵州人民出版社.

郭庆海，2014. 土地适度规模经营尺度：效率抑或收入 [J]. 农业经济问题，35（7）：4-10.

国家体改委办公厅，1993. 十一届三中全会以来经济体制改革重要文件汇编（上）[M]. 北京：改革出版社.

国家统计局国民经济综合统计司，1999. 新中国 50 年统计资料汇编 [M]. 北京：中国统计出版社.

郝立新，2002. 我国农村专业技术协会现状及发展对策研究 [D]. 大连：大连理工大学.

何秀荣，2016. 关于我国农业经营规模的思考 [J]. 农业经济问题，37（9）：4-15.

河南省统计局，1985. 河南统计年鉴 1984 [M]. 北京：中国统计出版社.

贺吉元，2013. 邓子恢与毛泽东关于农业合作社的争论 [J]. 文史精华，（7）：10-14.

胡定寰，2002. 美国养鸡产业的发展和一体化经营模式 [J]. 世界农业，（9）：11-14.

胡小平，1994. 粮食适度规模经营及其比较效益 [J]. 中国社会科学，（6）：36-49.

胡晓泉，1995. 试论家庭联产承包经营与农业产业化经营 [J]. 福建学刊，（5）：78-80.

华而实，1953. 全面丰产模范王蟒村互助联组，农业生产互助组参考资料：第一集 [M]. 北京：中央人民政府农业部.

黄道霞，1992. 建国以来农业合作化史料汇编 [M]. 北京：中共党史出版社.

黄道霞，1999. 五个"中央一号文件"诞生的经过 [J]. 农村研究，（1）：32-38.

黄连贵，1996. 全国农业产业化座谈会在黑龙江肇东召开 [J]. 农村合作经济经营管理，（4）：3.

黄书元，1997. 起点——中国农村改革发端纪实 ［M］. 合肥：安徽教育出版社.

黄伟，2008. 为农业"大包干"报户口——访安徽省原省长王郁昭 ［J］. 百年潮，(7)：63-67.

黄宗智，2000. 长江三角洲小农家庭与乡村发展 ［M］. 北京：中华书局.

黄宗智，彭玉生，2007. 三大历史性变迁的交汇与中国小规模农业的前景 ［J］. 中国社会科学，(4)：74-88，205-206.

黄祖辉，邵科，2009. 合作社的本质规定性及其漂移 ［J］. 浙江大学学报 (人文社会科学版)，(7)：12-16.

回良玉，2012. 中国农业产业化龙头企业协会成立大会上的讲话 ［N］. 农民日报，11-29 (001).

建国以来毛泽东文稿 (5) ［M］. 北京：中央文献出版社，1991.

江泽民. 加强农业基础，深化农村改革，推进农村经济和社会全面发展 ［EB/OL］. (2012-09-10) ［2019-4-27］. http://www.china.com.cn/guoqing/201209/10/content_26748149.htm.

姜春云. 在诸城召开的农村改革现场会议上的讲话——走贸工农一体化的发展路子 (1987年6月25日). ［EB/OL］. (2010-01-17) ［2019-04-23］. http://theory.people.com.cn/GB/405-57/179597/10784023.html.

姜睿清，黄新建，谢菲，2013. 为什么农民无法从"公司+农户"中受益 ［J］. 中国农业大学学报 (社会科学版)，(3)：54-60.

姜长云，2015. 推进农村一二三产业融合发展 新题应有新解法 ［J］. 中国发展观察，(2)：18-22.

姜长云，2018. 龙头企业与农民合作社、家庭农场发展关系研究 ［J］. 社会科学战线，(2)：58-67.

蒋和平，2013. 农业适度规模经营多种形式实现路径探讨 ［J］. 农村工作通讯，(3)：56-59.

柯福艳，徐红玳，毛小报，2015. 土地适度规模经营与农户经营行为特征研究——基于浙江蔬菜产业调查 ［J］. 农业现代化研究，36 (3)：374-379.

孔祥智，2015. 从"委托—代理"关系看合作社现状 [N]. 河北科技报，08-11（A03）.

雷起荃，胡小平，徐芳，等，1989. 建立稳定的粮食供给机制及实现途径 [J]. 经济研究，(3)：54-60.

冷溶，汪作玲，2004. 邓小平年谱（一九七五—一九九七）：上册 [M]. 北京：中央文献出版社.

李国强，何友良，1999. 当代江西五十年 [M]. 南昌：江西人民出版社.

李建勇，胡小平，1987. 关于粮食生产问题的若干思考 [J]. 天府新论，(2)：14-19.

李锦，2000. 大转折的瞬间：目击中国农村改革 [M]. 长沙：湖南人民出版社：84.

李琳，1956. 积极领导初级社转为高级社 [N]. 人民日报，01-19.

李谦，1998. 发展农业产业化经营的几个问题 [J]. 中国农村经济，(12)：40-44.

李文明，罗丹，陈洁，等，2015. 农业适度规模经营：规模效益、产出水平与生产成本——基于 1 552 个水稻种植户的调查数据 [J]. 中国农村经济，(3)：4-17，43.

李小群，2011. 安徽农村改革 [M]. 合肥：安徽文艺出版社.

李兴民，2018. 适应新形势 发展农业产业化联合体 [N]. 河南日报，08-17（08）.

廖盖隆，庄浦明，2000. 中华人民共和国编年史 [M]. 郑州：河南人民出版社.

林德荣，2009. 中国农民专业合作经济组织的变迁与启示 [J]. 中国集体经济，(13)：8-9.

林毅夫，1994. 制度、技术与中国农业发展 [M]. 上海：格致出版社.

刘必坚，1980. 包产到户是否坚持了公有制和按劳分配？ [J]. 农村工作通讯，(3).

刘德萍，2009. 论毛泽东加快农业合作化进程的经济原因 [J]. 河南大学学报（社会科学版），（5）：110-115.

刘恩云，2011. 粮食危机、统购统销与农业合作化步伐加快 [J]. 经济研究导刊，（11）：49-50.

刘凤芹，2003. 不完全合约与履约障碍——以订单农业为例 [J]. 经济研究，（4）：22-30，92.

刘秋香，郑国清，赵理，1993. 农业适度经营规模的定量研究 [J]. 河南农业大学学报，（3）：244-247.

刘小童，李录堂，张然，等，2013. 农民专业合作社能人治理与合作社经营绩效关系研究——以杨凌示范区为例 [J]. 贵州社会科学，（12）：59-65.

刘绪茂，1981. 我国农村现行的几种主要生产责任制简介 [J]. 经济管理，（9）：12-14.

刘一明，傅晨，2005. 农村专业技术协会的组织制度与运行机制 [J]. 华南农业大学学报（社会科学版），（2）：21-25.

柳建辉，1997. 人民公社所有制关系的变化 [J]. 中共中央党校学报，（3）：90-98.

芦千文，2017. 现代农业产业化联合体：组织创新逻辑与融合机制设计 [J]. 当代经济管理，（7）：38-44.

鲁振宇，1996. 贸工农一体化产生的诱因及规模界定 [J]. 中国农村经济，（6）：24-28，49.

陆子修，1986. 农村改革哲学思考 [M]. 上海：上海人民出版社.

罗必良，李玉勤，2014. 农业经营制度：制度底线、性质辨识与创新空间——基于"农村家庭经营制度研讨会"的思考 [J]. 农业经济问题，35（1）：8-18.

罗纳德·哈里·科斯，王宁，2013. 变革中国——市场经济的中国之路 [M]. 北京：中信出版集团股份有限公司.

罗伊·普罗斯特曼，李平，蒂姆·汉斯达德，1996. 中国农业的规模经营：政策适当吗？[J]. 中国农村观察，（6）：17-29，63.

吕名，2007. 美国肉鸡产业化主要特点 [J]. 山西农业，（2）：53-54.

马立成，凌志军，1998. 交锋——当代中国三次思想解放实录 [M]. 北京：今日中国出版社.

马立诚，凌志军，1998. 一次至关重要的中共中央工作会议 [J]. 党史天地，(5)：11-15.

马石纪，1956. 有计划有步骤地领导初级社向高级社过渡 [J]. 新华半月刊，(2)：48.

毛东凡，1997. 对贸工农一体化经营的研究 [J]. 江西农业经济，(4)：7-11.

莫日达，1957. 我国农业合作化的发展 [M]. 北京：统计出版社.

南振中，沈祖润，张广友，1978. 落实党的政策非批假左真右不可——安徽滁县地区落实农村经济政策的一条重要经验 [N]. 人民日报，07-06 (2).

泥元，等，1985. 湖北省农业合作经济史料 [M]. 武汉：湖北人民出版社.

倪国华，蔡昉，2015. 农户究竟需要多大的农地经营规模？——农地经营规模决策图谱研究 [J]. 经济研究，50 (3)：159-171.

牛若峰，2002. 中国农业产业化经营的发展特点与方向 [J]. 中国农村经济，(5)：4-8, 12.

农业部. 关于支持农业产业化龙头企业发展的意见 [EB/OL]. (2008-12-25) [2019-05-29]. http://www.scio.gov.cn/xwfbh/xwbfbh/wqfbh/2012/1225/xgxwfbh/Document/1259965/1259965.html.

农业部. 全国农产品加工业与农村一二三产业融合发展规划 (2016—2020年) [EB/OL]. (2018-06-15) [2019-06-01]. http://jiuban.moa.gov.cn/zwllm/tzgg/tz/201611/t20161117_5366803.html.

农业部农村改革试验区办公室，1994. 从小规模均田制走向适度规模经营——全国农村改革试验区土地适度规模经营阶段性试验研究报告 [J]. 中国农村经济，(12)：3-10.

农业部农村合作经济研究课题组，1993. 中国农村土地承包经营制度及合作组织运行考察 [J]. 农业经济问题，(11)：45-53.

农业部农政司，1953. 农业生产互助组参考资料 [M]. 北京：中央人民政府农业部.

农业部乡镇企业局，2003. 中国乡镇企业统计资料（1978—2002 年）[M]. 北京：中国农业出版社.

农业部新闻办公室. 农业部举办第五批农业产业化国家重点龙头企业认定情况新闻发布会［EB/OL］.（2012-2-27）［2019-5-03］. http://www.moa.gov.cn/hdllm/wszb/zb44/.

农业农村部农村合作经济指导司. 当前农村经营管理基本情况［EB/OL］.（2018-01-05）［2019-04-12］. http://www.jgs.moa.gov.cn/txjsxxh/201801/t20180105_6134218.htm.

农业农村部新闻办公室. 农村一二三产业融合助力乡村振兴［EB/OL］.（2018-06-15）［2019-06-01］. http://www.moa.gov.cn/xw/zwdt/201806/t20180615_6152210.html.

齐城，2008. 农村劳动力转移与土地适度规模经营实证分析——以河南省信阳市为例［J］. 农业经济问题，(4)：38-41.

钱克明，彭廷军，2014. 我国农户粮食生产适度规模的经济学分析［J］. 农业经济问题，35（3）：4-7，110.

施晟，卫龙宝，伍骏骞，2012. 中国现代农业发展的阶段定位及区域聚类分析［J］. 经济学家，(4)：63-69.

史敬棠，等，1959. 中国农业合作化运动史料（上）［M］. 北京：三联书店.

四部门发文加强监管工商资本租赁农地［EB/OL］.（2015-04-30）［2019-03-15］. http://scitech.people.com.cn/n/2015/0430/c1057-26927974.html.

宋斌全，1994. 第一个人民公社的由来［J］. 当代中国史研究，(2)：58-60.

苏丹，陈俊，2008. 顶云经验：中国农村改革第一乡［M］. 贵阳：贵州人民出版社.

苏少之，1989. 论我国土地改革后的"两极分化"问题［J］. 中国经济史研究，(10)：1-17.

苏昕，王可山，张淑敏，2014. 我国家庭农场发展及其规模探讨——基于资源禀赋视角 [J]. 农业经济问题，35 (5)：8-14.

隋立新，1992. 美国农工商一体化的考察与思考 [J]. 山东大学学报（哲学社会科学版），(4)：36-41.

孙健，1992. 中华人民共和国经济史（1949—90 年代初）[M]. 北京：中国人民大学出版社.

孙孺，1959. 关于人民公社当前的分配制度 [J]. 学术研究，(1)：8-11.

孙正东，2015. 现代农业产业化联合体运营效益分析——一个经验框架与实证 [J]. 华东经济管理，(5)：108-112.

谭术魁，2003. 耕地撂荒程度描述、可持续性评判指标体系及其模式 [J]. 中国土地科学，(6)：3-8.

汤应武，2008. 改革开放 30 年重大决策纪实：上册 [M]. 北京：中共中央党校出版社.

唐明霞，程玉静，顾卫兵，等，2016. 日韩"第六产业"经验对南通现代农业发展的启示 [J]. 江苏农业科学，44 (10)：533-539.

陶鲁笳，2003. 毛主席教我们当省委书记 [M]. 北京：中央文献出版社.

天津市北郊区农村合作制经济发展简史 [M]. 天津：天津人民出版社，1989.

童青林，2008. 回首 1978——历史在这里转折 [M]. 北京：人民出版社.

万俊毅，2008. 准纵向一体化、关系治理与合约履行——以农业产业化经营的温氏模式为例 [J]. 管理世界，(12)：93-102，187-188.

万里，1995. 万里文选 [M]. 北京：人民出版社.

王彩霞，2017. 工商资本下乡与农业规模化生产稳定性研究 [J]. 宏观经济研究，(11)：157-162，187.

王德文，蔡昉，2006. 中国农村劳动力流动与消除贫困 [J]. 中国劳动经济学，3 (3)：46-70.

王洪模，等，1989. 1949—1989 年的中国改革开放的历程 [M]. 郑州：河南人民出版社.

王鸿模，苏品端，2001. 改革开放的征程 [M]. 郑州：河南人民出版社.

王克英，1995. 实施农业产业化经营 建设农业强省 [J]. 中国农村经济，(10)：29-31.

王立新，2000. 要吃米，找万里：安徽农村改革实录 [M]. 北京：北京图书馆出版社.

王猛舟，2008. 中国农村改革第一乡：让历史见证贵州关岭"顶云经验"三十年 [M]. 贵阳：贵州人民出版社.

王能典，陈文书，1999. 农村改革逐浪高 [M]. 成都：四川人民出版社.

王士花，2014. 论建国初期的农村互助组 [J]. 东岳论丛，(3)：54-73.

王郁昭，1998. 大包干是亿万农民的自觉选择——纪念中国农村改革20周年 [J]. 党的文献，(6)：37-42.

温家宝. 努力提高我国农业产业化经营水平 [EB/OL]. (2001-11-07) [2019-04-18]. http://-www.people.com.cn/GB/channe14/996/20011108/304526.html.

温涛，王小华，杨丹，等，2015. 新形势下农户参与合作经济组织的行为特征、利益机制及决策效果 [J]. 管理世界，(7)：82-97.

吴鸾莺，李力行，姚洋，2014. 农业税费改革对土地流转的影响——基于状态转换模型的理论和实证分析 [J]. 中国农村经济，(7)：48-60.

吴象，2001. 中国农村改革实录 [M]. 杭州：浙江人民出版社.

吴晓华，尹晓萍，1998. 农业产业化经营：农村经济改革和发展的新主题 [J]. 经济改革与发展，(2)：56-60.

武力，郑有贵，2004. 解决"三农"问题之路 [M]. 北京：中国经济出版社.

辛生，卢家丰，1979. 正确看待联系产量的责任制 [N]. 人民日报，03-30 (1).

辛逸，2005. 农村人民公社分配制度研究 [M]. 北京：中共党史出版社.

徐国普，2001. 建国初期农村权力结构的特征及其影响 [J]. 求实，(5)：51-53.

徐美银，2010. 基于农民认知视角的中国农地制度变迁研究 [D]. 南京：南京农业大学.

徐旭初，吴彬，2017. 异化抑或创新？——对中国农民合作社特殊性的理论思考 [J]. 中国农村经济，(12)：2-17.

许庆，尹荣梁，2010. 中国农地适度规模经营问题研究综述 [J]. 中国土地科学，24 (4)：75-81.

许庆，尹荣梁，章辉，2011. 规模经济、规模报酬与农业适度规模经营——基于我国粮食生产的实证研究 [J]. 经济研究，46 (3)：59-71，94.

许治民，1994. 种植专业户经营规模适度分析 [J]. 安徽农业科学，(1)：85-88.

杨灿君，2016. "能人治社"中的关系治理研究——基于 35 家能人领办型合作社的实证研究 [J]. 南京农业大学学报（社会科学版），(2)：44-53，153.

杨宏涛，2003. 天堂实验纪事——回眸中国第一个人民公社的建立 [J]. 农村工作通讯，(7)：52-53.

杨欢进，杨洪进，1998. 组织支撑：农业产业化的关键 [J]. 管理世界，(4)：207-210，213.

杨继绳，1998. 邓小平时代：中国改革开放二十年纪实：上卷 [M]. 北京：中央编译出版社.

杨明. 韩国推动第六产业化 [EB/OL]. [2019-7-1]. 经济日报. 2014 年 4 月 2 日第 13 版. http://paper.ce.cn/jjrb/html/2014-04/02/content_195146.htm.

杨胜群，田松年，1997. 共和国重大决策的来龙去脉 [M]. 南京：江苏人民出版社.

杨天石，2005. 亲历者记忆 [M]. 上海：上海辞书出版社.

叶兴庆，2013. 农业经营体制创新的前世今生 [J]. 中国发展观察，(2)：7-9.

佚名，2014. 2013 年农民专业合作社发展情况 [J]. 农村经营管理，

（5）：46.

佚名，2016. 美国肉鸡产业成长史［J］. 北方牧业，（12）：10-13.

佚名，2018. 2017年农民专业合作社发展情况［J］. 农村经营管理，（10）：22-23.

佚名，2019. 让党的农村政策惠及广大小农户——中央农办副主任、农业农村部副部长韩俊等介绍《关于促进小农户和现代农业发展有机衔接的意见》并答记者问［J］. 农村工作通讯，（5）：10-16.

印存栋，1980. 分田单干必须纠正［J］. 农村工作通讯，（2）：12.

于光远，1992. 经济大辞典：上册［M］. 上海：上海辞书出版社.

俞可平，1997. 论农业"适度规模经营"问题——警惕强制性"两田制"对农民的剥夺［J］. 马克思主义与现实，（6）：43-46.

逾1 500万新型职业农民活跃在田间地头——听他们说说种地的事儿（讲述·特别报道）［EB/OL］.（2019-01-03）［2019-06-02］. http://paper.people.com.cn/rmrb/html/2019-01/03/nw.D110000renmrb_20190103_1-06.htm.

张炳霖，2011. 龙头企业与农户利益联结机制研究［D］. 北京：北京工商大学.

张广友，1983. 联产承包责任制的由来与发展［M］. 郑州：河南人民出版社.

张广友，2007. 风云万里［M］. 北京：新华出版社.

张广友，丁龙嘉，2006. 万里［M］. 北京：中央党史出版社.

张浩，1979."三级所有，队为基础"应该稳定［N］. 人民日报，03-15(1).

张红宇，2014. 新中国农村的土地制度变迁［M］. 长沙：湖南人民出版社.

张红宇. 家庭农场并非规模越大越好 各地标准不一［EB/OL］.（2014-02-27）［2019-03-02］. http://politics.people.com.cn/n/2014/0227/c70731-24481782.html.

张晶，2012. 美国肉鸡业价值链对我国的启示［J］. 江苏农业科学，40（2）：353-355.

张丽丽，张丹，朱俊峰，2013. 中国小麦主产区农地经营规模与效率的实证研究——基于山东、河南、河北三省的问卷调查 [J]. 中国农学通报，29（17）：85-89.

张丽娜，2015. 以农村一二三产业融合，助推农业改革发展 [J]. 奋斗，（12）：21-22.

张润清，张卫彪，2017. 培育壮大农业产业化联合体 [N]. 河北日报，04-19（007）.

张曙光，2010. 土地流转与农业现代化 [J]. 管理世界，(7)：66-85，97.

张晓山，2008. 中国农村改革30年：回顾与思考 [J]. 学习与探索，(6)：1-19.

张晓山，2019. 我国农村集体所有制的理论探讨 [J]. 中南大学学报（社会科学版），(1)：1-10.

张永森，1997. 山东农业产业化的理论与实践探索（下）[J]. 农业经济问题，(12)：9-12.

张昭国，2010. 人民公社时期农村的瞒产私分 [J]. 当代中国史研究，(3)：67-72.

赵德馨，1989. 中华人民共和国经济史（上卷）[M]. 郑州：河南人民出版社.

赵光，1958. 基本工资加奖励——遂平县卫星人民公社的分配制度 [J]. 中国劳动，(18)：7-10.

赵国翔，2010. 农民专业合作社发展中存在的问题及对策研究 [D]. 长春：东北师范大学：3-6.

赵海，2015. 论农村一、二、三产业融合发展 [J]. 中国乡村发现，(14)：107-114.

赵继新，2004. 中国农民合作经济组织发展研究 [D]. 北京：中国农业大学.

赵健武，1993. 贸工农一体化发展的基本态势 [J]. 中国农村经济，(5)：30-33.

赵凯, 2003. 中国农业经济合作组织发展研究 [D]. 咸阳: 西北农林科技大学.

赵令新, 1988. 牧工商一体化是加速畜牧业两个转化的捷径 [J]. 黑龙江畜牧兽医, (1): 38-39, 13.

赵辛初, 1953. 农业生产互助组参考资料: 第一集 [M]. 北京: 中央人民政府农业部.

郑定荣, 2003. 重新构建农村经营新体制——农业产业化联合体问题探讨 [J]. 广东经济, (10): 26-28.

郑文凯, 2005. 全面提高农业产业化工作水平 [J]. 农业产业化, (4): 18-20.

郑志峰, 2014. 当前我国农村土地承包权与经营权再分离的法制框架创新研究——以 2014 年中央一号文件为指导 [J]. 求实, (10): 82-91.

中共天津北郊区党史资料征集委员会, 1989. 天津市北郊区农村合作制经济发展简史 [M]. 天津: 天津人民出版社.

中共中央, 国务院, 2008. 中共中央 国务院关于"三农"工作的十个一号文件 (1982—2008 年) [M]. 北京: 人民出版社.

中共中央党史研究室, 2011. 中国共产党历史第二卷 (1949—1978): 下册 [M]. 北京: 中共党史出版社.

中共中央党史研究室, 中共中央政策研究室, 中华人民共和国农业部, 1998. 中国新时期农村的变革 · 中央卷 (下) [M]. 北京: 中共党史出版社.

中共中央文献编辑委员会, 1993. 邓小平文选: 第三卷 [M]. 北京: 人民出版社.

中共中央文献编辑委员会, 1994. 邓小平文选: 第二卷 [M]. 北京: 人民出版社.

中共中央文献研究室, 1992. 建国以来重要文件选编: 第 2 册 [M]. 北京: 中央文献出版社.

中共中央文献研究室, 2002. 中共十三届四中全会以来历次全国代表大会

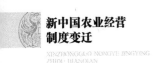
中央全会重要文献选编［M］. 北京：中央文献出版社.

中共中央文献研究室，2011. 三中全会以来重要文献选编：上册［M］.
北京：人民出版社.

中共中央文献研究室，2011. 十二大以来重要文献选编：上册［M］. 北
京：中央文献出版社.

中共中央文献研究室，国务院发展研究中心，1992. 新时期农业和农村工
作重要文献选编［M］. 北京：中央文献出版社.

中国科学技术协会，2003. 中国科学技术协会统计年鉴［M］. 北京：中
国统计出版社.

中国农业年鉴编辑委员会，2010. 中国农业年鉴［M］. 北京：中国农业
出版社.

中国人民大学马克思列宁主义基础系，1958. 论人民公社与共产主义
［M］. 北京：中国人民大学出版社.

中国人民大学农业经济系，1958. 人民公社参考资料选集：第2集［M］.
北京：中国人民大学出版社.

中华人民共和国国家农业委员会办公厅，1981. 农业集体化重要文件汇
编：上册［M］. 北京：中共中央党校出版社.

中华人民共和国国民经济和社会发展"九五"计划和2010年远景目标纲
要［EB/OL］.（2015-10-14）［2019-4-25］. http://china. huanqiu. com/poli-
tics/2015-10/775719-4.html？agt＝15438.

中华人民共和国国史学会，1992. 毛泽东读社会主义政治经济学批注与谈
话（清样本）（上）［M］. 北京：中央文献出版社.

中华人民共和国农民专业合作社法［EB/OL］.（2017-12-27）［2019-06-
10］. http://www.npc.gov.cn/npc/xinwen/2017-12/27/content_2035707.htm.

中华人民共和国农业部，2009. 新中国农业60年统计资料［M］. 北京：
中国农业出版社.

中华人民共和国农业部，2017. 2016年农民专业合作社发展情况［J］. 农

村经营管理，（8）：45.

中华人民共和国农业部. 农业部关于促进家庭农场发展的指导意见［EB/OL］.（2015-05-07）［2018-03-09］. http：//jiuban.moa.gov.cn/sjzz/jgs/cfc/zcfg/bmgz/201505/t20150507_4583485.htm.

中华人民共和国农业部. 印发《农业产业化国家重点龙头企业认定和运行监测管理暂行办法》的通知［EB/OL］.（2008-06-06）［2019-05-24］. http：//jiuban.moa.gov.cn/zwllm/zcfg/nybgz/200806/t20080606_1057287.htm.2008-03-04.2010 年 9 月 19 日对其进行修订印发（农经发［2010］11 号），2018 年 5 月 10 日农业农村部多部门再次对 2010 年版进行了修改印发（农经发［2018］1 号）.

中华人民共和国农业部计划司，1989. 中国农村经济统计大全（1949—1986）［M］. 北京：农业出版社.

中华人民共和国农业部政策法规司，中华人民共和国国家统计局农村司，1989. 中国农村 40 年［M］. 郑州：中原农民出版社.

中华人民共和国农业农村部. 关于促进农业产业化联合体发展的指导意见［EB/OL］.（2017-10-25）［2019-06-03］. http：//www.moa.gov.cn/govpublic/NCJJTZ/201710/t20171025_585004 0.htm.

中华人民共和国农业农村部. 农业部就《关于支持农业产业化龙头企业发展的意见》情况举行发布会［EB/OL］.（2012-03-26）［2019-06-10］. http：//www. scio. gov. cn/xwfbh/xwbfbh/wqfbh/2012/1225/xgxwfbh /Document/1259965/1259965.htm.

中华人民共和国宪法［M］. 北京：中国法制出版社，1999.

中央财政安排 30.95 亿元资金扶持 3826 个龙头农企［EB/OL］.（2012-12-18）［2019-05-30］. http：//www.gov.cn/gzdt/2012-12/18/content_2292656.htm.

中央人民政府农业部农政司，1953. 农业生产互助组参考资料：第二集［M］. 北京：中央人民政府农业部.

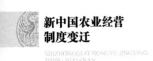

周恩来，1984. 第一个五年计划的执行情况和第二个五年计划的基本任务，周恩来选集（下册）[M]. 北京：人民出版社.

周太和，1984. 当代中国的经济体制改革 [M]. 北京：中国社会科学出版社.

周日礼，1998. 农村改革的理论与实践 [M]. 北京：中共党史出版社.

朱行巧，1978. PKB（"贝科倍"）——贝尔格莱德农工联合企业简介 [J]. 世界经济，（4）：14-16.

尊重生产队的自主权 [N]. 人民日报，1978-02-16（1）.

# 后记

　　在中华人民共和国的发展历史上，农业无疑是最值得关注的一个领域。70 年里，我国农业发生了翻天覆地的变化，从走出最困难的低谷到取得举世瞩目的成就，我们彻底地解决了世界第一人口大国的吃饭问题，使广大群众过上了衣食丰足的日子。

　　农业 70 年的发展历程也是我国社会主义实践的缩影。我们在建立社会主义经济体制时，并无成熟的经验可以借鉴，只能靠在实践中不断摸索前进。虽然经历了一定的挫折和反复，但最终恢复了实事求是的优良传统，找到了一条有中国特色的社会主义的正确发展道路。促成一切变化的重大转折是 20 世纪 80 年代初的改革开放，而拉开改革开放大幕的就是农村改革。

　　制度创新是生产力发展的关键因素，农业生产经营制度的改革理所当然地成为农村改革的突破口。改革一旦启动，就以不可阻挡的势头向前发展，从突破人民公社体制的束缚开始到一步步地走向市场，中国农民成为社会主义市场经济的先行者。农村改革的成功也为启动城市经济体制改革提供了宝贵的经验，乘着改革开放的东风，我们创造出令世人震惊的"中国奇迹"，中国成为世界第二大经济体。

　　中国农业经营制度的变迁过程是一个内容丰富的宝库。在回顾这个变迁过程时，我们深深体会到还有许多经验值得总结，还有许多经济规律有待揭示。在本书编写过程中，我们尽可能地在叙述历史事实的基础上提出自己的

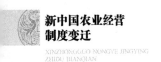
分析和见解，力求把它写成一本有价值的学术著作，向中华人民共和国 70 周年生日献礼。但限于我们自身的能力，本书很难说达到了这个目标，还留有不少缺憾。我们衷心希望能够得到关心中华人民共和国农业生产经营制度变迁的读者的宝贵的批评和建议。

本书由胡小平提出研究思路和框架。各章写作分工如下：第一章，胡小平；第二章、第三章，汪希成；第四章，钟秋波；第五章、第六章，谢小蓉；第七章，伍骏骞。全书由胡小平、毛中根统稿。

编写组

2019 年 9 月于成都